高校实验室安全基础

范 伟 何旭东 主编

苏州大学出版社

图书在版编目(CIP)数据

高校实验室安全基础/范伟,何旭东主编. —苏州:苏州大学出版社,2022.8(2024.12重印)
ISBN 978-7-5672-3992-0

Ⅰ.①高… Ⅱ.①范…②何… Ⅲ.①高等学校-实验室管理-安全管理-教材 Ⅳ.①G642.423

中国版本图书馆 CIP 数据核字(2022)第 136133 号

书　　名:	高校实验室安全基础
主　　编:	范　伟　何旭东
责任编辑:	周建兰
封面设计:	吴　钰
出版发行:	苏州大学出版社(Soochow University Press)
地　　址:	苏州市十梓街1号　邮编: 215006
印　　装:	常熟市华顺印刷有限公司
网　　址:	http://www.sudapress.com
邮　　箱:	sdcbs@suda.edu.cn
邮购热线:	0512-67480030
销售热线:	0512-67481020
开　　本:	787 mm×1 092 mm　1/16　印张: 12.25　字数: 276千
版　　次:	2022年8月第1版
印　　次:	2024年12月第5次印刷
书　　号:	ISBN 978-7-5672-3992-0
定　　价:	49.00元

凡购本社图书发现印装错误,请与本社联系调换。服务热线: 0512-67481020

前言
PREFACE

　　实验室是高校进行人才培养、科学研究和社会服务的重要场所,其安全性直接关系到广大师生的身体健康和生命财产安全。实验室安全基础知识的普及,有助于学生树立正确的安全价值观念和社会责任意识,形成实验室安全文化。系统而规范的实验室安全培训,是提高实验室工作人员安全意识、丰富安全知识的有效手段,可促进师生们增强实操技能,养成良好的实验习惯,提高师生预防安全风险和应急救援的能力。结合科学的管理制度和正确的安全技术,可为高校实验室打造持久而安全的工作环境,从而有效地防范安全事故的发生。

　　本教程分为七章内容,第一章、第六章和模拟试卷由何旭东编写,阐明了实验室安全概论等基础知识,汇总了与实验室安全相关的国家法律、法规、规章及标准等内容,介绍了消防与火场逃生相关知识、常用消防器材的使用方法等,有助于学生掌握正确的实验室火情火警处理方法,同时提供了几份模拟试卷,供不同专业学生学习和练习;第二章、第五章、第七章及附录一至附录五由王华编写,系统地梳理了高校化学类实验室工作人员需要掌握的实验室安全基础知识,包含化学品安全、生物安全等,介绍了实验室各种危险废物的处置方法;第三章由刘增元编写,介绍了用电安全的基础知识,具有普适性和实用性的特点;第四章由蒋勇编写,介绍了特种设备安全的基础知识。全书由范伟组织编写,何旭东统稿。

　　在编写本教材的过程中,引用了部分标准、相关教材、网络资源等,在此向原作者表示衷心的感谢!

　　由于编写时间仓促,加之编者水平有限,书中疏漏和不当之处在所难免,敬请读者批评指正。

2022 年 8 月

目录
CONTENTS

- **第一章 实验室安全概论** / 1
  - 第一节 实验室常见安全事故类型及原因分析 / 1
  - 第二节 实验室安全教育与实验室安全文化 / 7
  - 第三节 实验室安全法律法规 / 8
  - 复习思考题 / 9

- **第二章 化学品安全** / 10
  - 第一节 危险化学品基础知识 / 10
  - 第二节 各类危险化学品简介 / 11
  - 第三节 易制毒、易制爆、剧毒化学品 / 19
  - 第四节 常见危险化学品的危害 / 21
  - 第五节 化学品安全技术说明书 / 31
  - 第六节 危险化学品的采购、储存与使用 / 32
  - 第七节 化学实验室安全防护与安全操作 / 35
  - 第八节 化学实验室常见险情及处理 / 48
  - 复习思考题 / 53

- **第三章 实验室用电安全** / 54
  - 第一节 电的基本知识 / 54
  - 第二节 触电及其防治 / 58
  - 第三节 电气火灾及其防治 / 64
  - 复习思考题 / 67

- **第四章 旋转机械及特种设备的使用安全** / 68
  - 第一节 旋转机械的安全使用 / 68
  - 第二节 特种设备的安全使用 / 73

复习思考题 / 90

第五章 实验室生物安全 / 91

第一节 实验室生物安全基础知识 / 91
第二节 病原微生物实验室的分级 / 93
第三节 病原微生物实验室的风险评估 / 97
第四节 感染性材料的保存与运输 / 98
第五节 实验室生物废物的处置 / 99
第六节 实验室生物安全管理 / 100
第七节 实验室生物安全事故与应急处理 / 105
复习思考题 / 107

第六章 实验室消防安全 / 108

第一节 消防基础知识 / 108
第二节 实验室火灾的预防 / 112
第三节 灭火常识与技术 / 116
第四节 火场疏散与逃生 / 120
复习思考题 / 122

第七章 实验室危险废物的处理 / 123

第一节 危险废物的基础知识 / 123
第二节 实验室危险废物的收集 / 125
第三节 实验室危险废物的前处理 / 126
第四节 实验室危险废物的储存与管理 / 127
第五节 放射性废物的处理 / 128
复习思考题 / 129

附录 / 130

附录一 危险化学品标识图例 / 130
附录二 易制毒化学品名录 / 131
附录三 化学品安全技术说明书（MSDS）（以 NaN_3 为例） / 132
附录四 实验室常用安全防护用品与用具 / 136
附录五 实验室安全标识图例 / 139

模拟试卷 / 140

模拟试卷答案 / 186

参考文献 / 189

第一章 实验室安全概论

随着我国高校办学规模的不断扩大,实验室规模持续扩大,仪器设备不断增多,教学科研活动创新活跃,实验类型日趋复杂,人员交流合作日益频繁。科研创新要求不同学科间交叉融合,实验室的类型划分越来越不清晰,实验室的管理和使用过程中出现了许多新情况和新问题,导致实验室事故时有发生,实验室安全管理工作面临着巨大的压力和挑战,特别是使用危险化学品,以及实验过程中涉及高温、高压、辐射安全、生物安全等,加强高校实验室安全工作刻不容缓。

第一节 实验室常见安全事故类型及原因分析

"安全第一、预防为主!""防患于未然!"这些警句时时刻刻提醒着人们:要避免安全事故的发生,就要及时消除安全隐患,把事故消灭在萌芽状态。

任何安全事故的发生都有其必然性,都是与实验室工作者不懂得安全知识、违章操作、安全管理不到位等因素密切联系在一起的。前车之辙,后车之鉴。以下列举较典型的实验室安全事故案例,希望读者引以为戒。

一、实验室常见事故类型

(一)实验室火灾事故

火灾在高校实验室事故中所占比例较大,其主要诱因有如下几点:

(1)电气火灾,占实验室火灾的大多数。过载、短路、漏电、设备过热及违规操作是这类火灾发生的主要诱因。

(2)化学品火灾,主要是由于化学品使用或储存不当引起的。由于许多化学品是易燃易爆品,一旦发生火灾,火势会迅猛发展而难以控制,危害性极大。

(3)操作不慎或违规吸烟等,使火源接触易燃物导致火灾。

2021年7月13日,深圳某大学一实验室在实验过程中发生火情。现场一名博士后实验人员头发着火,诊断为轻微烧伤。

2019年2月27日,南京某大学一实验室发生火灾,火灾烧毁三楼热处理实验室内办公物品,并通过外延通风管道引燃五楼楼顶风机及杂物。

2017年3月18日,山西某大学的实验楼突发大火,现场传出爆炸声,主楼和操场周围有明显刺鼻味道。火灾导致财产损失预估有200万元。

2016年1月10日,北京某大学一化学实验室突然起火,并伴有刺鼻气味的黑烟冒出。起火时室内无人,未造成人员伤亡。

2011年10月10日,湖南某大学化学化工实验室,因药物储存柜内的三氯氧磷、氰乙酸乙酯等化学试剂存放不当遇水自燃,引起火灾,整个四层楼被烧为灰烬,实验室内电脑和资料全部被烧毁,过火面积约790平米。

2010年6月21日,宁波某大学发生大火,原因是两名学生做电磁炉熔化石蜡实验时因有事暂时离开了一会儿,结果发生了火灾。

2010年5月15日,巴西最大生物研究所——布坦坦研究所发生火灾,许多珍藏了近百年的动物标本被毁。

2008年12月29日,美国加州大学洛杉矶分校(UCLA)一学生在实验过程中引发火灾,造成Ⅲ度烧伤,18天后死亡,起火原因是未按正确操作规范使用叔丁基锂。随后,其导师和加州大学洛杉矶分校被告上法庭。该起涉及刑事责任的事故引发科学领域的广泛热议。

(二) 实验室爆炸事故

爆炸事故多发生在具有易燃易爆化学品或存有压力容器的实验室,主要类型有可燃气体爆炸、化学品爆炸、活泼金属爆炸、高压容器爆炸、粉尘爆炸等。发生的原因主要有:

(1) 操作不当,引燃易燃蒸气,导致爆炸。
(2) 搬运时使爆炸品受热、撞击、摩擦等,从而引起爆炸。
(3) 易燃易爆药品储存不当,造成泄漏,引发爆炸。
(4) 高压装置操作不当或使用不合格产品,引发物理爆炸。
(5) 在密闭或狭小容器中进行反应,反应产生的热量或大量气体难以释放,导致爆炸。
(6) 加错试剂,形成爆炸反应或形成爆炸混合物,引发爆炸。
(7) 用普通冰箱存储闪点低的有机试剂,引发冰箱爆炸。
(8) 实验室发生火灾,引发爆炸。

 事故案例二

2021年7月27日,广州某大学发生一起实验安全事故。一博士生在清理此前毕业生遗留在烧瓶内的未知白色固体,用水冲洗时烧瓶发生炸裂。炸裂产生的玻璃碎片刺穿该博士生手臂动脉血管。

2018年12月26日,北京某大学市政与环境工程实验室发生爆炸燃烧,事故造成3人死亡。

2016年9月21日,上海某大学化学化工与生物工程学院一实验室发生爆炸事故,导致2名学生受重伤,伤及头、面部及眼睛。

2015年12月18日,北京某大学化学系发生氢气瓶爆炸事故,导致一名正在工作的博士后死亡。

2015年4月5日,江苏某大学化工学院发生甲烷混合气体爆炸事故,导致3人轻伤、2人重伤、1人死亡。

2011年4月14日,四川某大学化工学院一实验室3名学生在做常压流化床包衣实验过程中,实验物料意外发生爆炸,3名学生受伤。

2010年6月9日,由于做实验时发生差错,中科院某研究所一实验室发生爆炸,部分居民家玻璃被震碎,所幸没有造成人员伤亡。爆炸化学物为双氧水。

2009年10月25日,北京某大学实验室发生爆炸,5人受伤。爆炸的厌氧培养箱为新购进的设备,调试过程中可能因压力不稳引发事故。

(三)实验室电气事故

电气事故多发生在带电作业的电气实验室。引发事故的原因有违规操作、设备老化或设备故障造成的触电、漏电等电击电伤事故。

 事故案例三

2011年3月31日,青岛某高校化学实验楼的一间实验室突然起火,大火很快将里面的仪器烧毁,并蔓延到楼上房间,5辆消防车扑救半小时才将大火扑灭。事故原因是实验仪器夜间未断电导致起火。

2005年8月8日,北京某大学化学系学生做化学实验,因中午出去吃饭没有关闭电源,实验仪器在无人照看情况下运转,继而电线短路,引发实验室火灾。

2005年1月4日,南京某大学材料科学与技术学院学生在做"三相异步电动机的继电接触控制"电工实验时不慎触电身亡。

2004年2月,北京某大学实验室发生电气事故,导致仪器设备受损、实验室天花板损坏。消防部门认定事故原因是:插线板电线过长且没有固定,位于工作台和墙体之间的电线长期受到工作台振动挤压,部分电线中铜线断开,从而引发火灾。

（四）危险化学品事故

危险化学品事故是指由一种或数种危险化学品或其能量意外释放造成的人身伤亡、财产损失或环境污染事故，包括危险化学品火灾事故、危险化学品爆炸事故、危险化学品中毒和窒息事故、危险化学品灼伤事故、危险化学品泄漏事故、其他危险化学品事故。

事故案例四

2012年2月15日，南京某大学实验室发生甲醛泄漏事故，不少学生喉咙痛、流眼泪、感觉不适。原因是老师做实验时违规离开。

2011年11月17日，广东某大学有机化学实验室突然起火，大火蔓延至实验楼二、三楼，顶楼发电机也被波及。实验室内存放的大量化学用品被点燃，散发大量有毒气体，起火原因初步怀疑为化学药品发生反应。

2010年9月9日，香港某大学一实验室试剂储存柜内一桶已稀释的丙烯醛出现液体泄漏并冒出浓烈刺鼻气味。

2009年7月3日，浙江某大学化学系误将一氧化碳气体接入另一实验室，导致在实验室中工作的一位博士生死亡。

2007年8月，某高校实验室学生在处理一瓶四氢呋喃时没有仔细核对，误将一瓶硝基甲烷当作四氢呋喃投入氢氧化钠中，发生爆炸，玻璃碎片将2人手臂割伤。

2004年3月，四川某大学基础化学教学实验室发生易燃易爆气体泄漏，丁二烯气体从一个出现阀门故障的气瓶中喷泻而出，所幸消防救援人员及时赶到并排除故障。当天泄漏的丁二烯气体浓度未达到爆炸极限，否则一丁点火星就可能引发爆炸，后果不堪设想。

（五）压力容器事故

压力容器事故是指压力容器由于失效而造成严重后果的事故。

事故案例五

2021年3月31日，中科院化学所发生反应釜爆炸，一名研究生死亡。

2020年7月14日，湖北黄冈市某建材有限责任公司在生产中使用蒸压釜时发生容器爆炸事故，造成1人死亡、5人受伤，直接经济损失216万元。

2017年6月9日，浙江某化工股份有限公司在产品试验过程中发生爆炸事故，造成3人死亡、1人受伤，直接经济损失525万元。

2017年3月27日，上海某大学化学系实验室发生微反应釜爆炸事故，导致一名学生左手掌炸飞，左臂永久残疾。

2009年12月5日，北京某研究所气瓶室发生爆炸，一名研究生被飞溅的玻璃片划伤，楼内多个仪器损坏。消防部门初步调查发现，气瓶室内的乙炔气瓶发生泄漏，可能因实验室内仪器带电导致爆炸的发生。

2004年2月,北京某大学一实验室发生高压反应釜破裂爆炸事故。事故原因可能是采用的加热炉不合适,所使用的反应釜是没有资质的厂家生产的不合格产品,并且没有定期进行必要的安全检查。

2001年12月,北京某大学一化学实验室通风橱内正在运行的500 mL高压反应釜发生爆炸,爆炸时溅出的热溶液和玻璃碴儿造成实验人员面部和眼部受轻伤。事故原因是所用反应釜不是正规产品,而且没有可靠的控温和测温手段。

(六)机械中伤事故

机械中伤事故主要指机械设备运动(静止)部件、工具、加工件直接与人体接触引起的夹击、碰撞、剪切、卷入、绞、碾、割、刺等形式的伤害。

事故案例六

2018年8月15日,四川某实业有限责任公司发生一起机械伤害事故,导致1人死亡。事故原因是操作人员违规擅自脱离岗位,因脚踩滑,不慎坠落到正在工作的机械间,因受挤压导致死亡。

2011年4月13日,美国某大学天文物理学专业一位大四女生,在位于地下室的机械间操作时,头发被车床绞缠,最终颈部受压迫而窒息身亡。

2009年7月,四川某大学机械传动国家重点实验室内,一位同学在做机械实验时,右手的整个大拇指和食指第一关节被齿轮绞得粉碎。

(七)生物安全事故

生物安全事故多发生在生物或医药学实验室,主要有细菌或病毒感染、传染事故,外源生物或转基因生物违规释放对生物多样性、生态环境及人体健康产生潜在危害等。这类事故一旦发生,对人类健康及生活环境将产生极大的危害作用。

事故案例七

2014年,亚特兰大美国联邦政府实验室因操作失误,导致86人无意中接触活体炭疽杆菌。人感染炭疽杆菌后,会出现发烧、皮肤脓疱、咳嗽、吐痰、呼吸困难、脾脏肿胀等症状,最长潜伏期达60天,如不及时治疗可能导致死亡。

2011年3月至5月,黑龙江某大学27名学生和1名教师相继被确认感染了布鲁氏菌病,事故原因是实验中使用了4只未检验的山羊而发生感染。

（八）危险废物意外事故

危险废物意外事故是指危险废物在产生、收集、储存、处理等环节上出现了扩散、流失、泄漏、人员受伤等情况。

事故案例八

2016年3月11日，上海某大学材料科学系学生在用水处理废金属锂片时，因处理的锂片过大导致其发生自燃，烧毁了实验台及水槽等设施。

2015年6月17日，江苏某大学实验室在处理锂块时发生爆炸，消防队员调集7辆消防车参与救援，无人员受伤。

2013年4月30日，南京某大学校内一废弃实验室在拆迁时发生爆炸，导致4名工人中1名死亡、1名重伤、2名轻伤。

（九）其他事故

实验室还可能发生设备使用不当造成损坏的事故，管理不善或违规操作造成辐射或放射性污染的事故，物品失窃、信息资料被盗、网络被黑客攻击等事故。

事故案例九

2009年12月，北京某大学学生在基础工业训练中心做实验时，电阻坩埚熔化炉内的金属液体意外飞溅，引燃旁边垃圾桶内的可燃物，导致1名教师和3名学生不同程度的烫伤。

二、实验室安全事故原因分析

根据博德（Frank Bird）提出的现代事故因果连锁理论，事故的直接原因是人的不安全行为、物的不安全状态及管理上的缺陷。它的实质是有危险的、不安全的、有缺陷的"状态"，这种状态可不经意地在细小的事情上表现出来。实验室安全事故发生的原因，可从人的不安全因素、物的不安全因素、管理问题及缺陷三个方面进行分析。

（一）人的不安全因素

人的不安全因素主要包括：实验室工作人员的安全意识淡漠，缺乏安全知识和技能，不遵守操作规程，操作不正确、规范，个人防护不当，实验习惯不良，行为动机不正确，生理或心理有问题，等等。据英国健康保护机构（Health Protection Agency）报道，安全事故中90%是由人为因素导致的。

（二）物的不安全因素

实验室内物的不安全因素主要包括：实验室规划设计不合理，用电负荷达不到实验室使用要求，设备放置密集，危险化学品较多且储存不规范，设备带故障工作，水管、下水道、电线及插座等存在质量问题或老化问题,实验室应急救援设备和物资缺乏,等等。

（三）管理问题及缺陷

管理上的问题主要体现在如下两个方面:一是安全管理制度不完善,落实不到位,奖罚不明;二是管理人员不足,缺乏安全管理专业技能,或者管理人员本身对安全责任认识不够,对安全管理工作敷衍了事。

三、实验室安全事故的预防措施

墨菲法则(Murphy's Law)指出,只要存在发生事故的因素,不管其发生可能性有多小,事故就一定会发生,并且可能造成极大的损失。对实验室中存在的各种安全隐患,我们不能抱有任何侥幸心理!实验室工作应始终坚持"安全第一、预防为主"的基本原则,采取切实有效的措施,建立健全实验室安全管理规章制度和设施设备的安全操作规程,改善硬件条件和设施,消除实验室环境中物的不安全因素;而最重要和关键的措施是加强实验人员的安全教育与培训,消除人的不安全行为。

第二节　实验室安全教育与实验室安全文化

在实验室安全事故的发生和预防中,人为因素占据主要地位。在实验室工作的第一线人员只有提高自身的安全意识及认识,具备基本的实验室安全知识、环保知识、安全技能及事故应急处置能力,把"安全第一、预防为主"的理念变成个人的自觉行为,进而形成实验室乃至校园的安全文化,才能有效地预防和控制实验室安全事故的发生。

一、实验室安全教育的重要性

安全教育不仅是保证实验室安全的前提和基础,更为重要的是有助于学生形成受用终生的安全理念和能力。然而我国高校的实验室安全教育发展滞后于教育整体的发展,尤其与实验室安全教育体系较为成熟完备的日本、美国等发达国家相比,整体水平存在明显差距。调查研究发现,近年来国内高校大多数实验室发生安全事故的根本原因在于实验者安全意识淡漠,思想麻痹大意,缺乏必要的实验室安全基础知识和技能,甚至违规操作,这跟国内某些高校的实验室安全教育流于形式,没有实施系统的实验室安全教育密切相关。

教育部科技司每年都组织开展高校科研实验室安全检查,并多次修订《高校实验室安全检查表》的条款,这些条款对实验室安全常规培训、考核准入、应急演练等不同安全教育内容均有具体要求,以引导各高校在安全教育课程体系建设、安全文化营造等方面真正做深、做实。保证实验室安全的根本之道是进行入脑入心的安全教育与培训,切实提高实验者及实验室管理者本身的安全意识和安全素质。

二、实验室安全文化建设

实验室安全文化是高等学校在实验室安全管理实践中,经过长期积淀、不断总结完善形成的,为全体师生所认同的,并与学校文化有机融合的安全价值观、安全理念与行为准则,是师生们在校园中对安全的意识、观念、态度、素养和能力等的综合表现,其作用是从理念、制度、行为及环境等多方面影响师生,使其树立"以人为本、安全第一"的责任和意识,使实验者、管理者和决策者对安全的重视由被动的需要变成主动的内在需要,而不是被规章制度强制地要求,自觉建立安全、健康、环保的实验室环境。

近年来发生的各类实验室安全事故暴露出高校安全文化的缺失。在日常实验室安全工作中,有些师生是"有章不循、有规不遵",甚至于口头上说"安全第一",实际操作中不注意实验环境和实验操作的安全性。因为安全意识的缺失,对实验室大量存在的安全隐患和危险性行为心存侥幸心理。有的实验室人员待上级检查时狠抓一下,时间一长又放松了安全意识,不能持之以恒。

培育实验室安全文化,既要着眼于"物质",具体反映为实验室基础设施、仪器设备状态、规章制度、实验条件与环境;又要着眼于"精神",主要反映为安全理念、价值标准、行为规范、工作作风等。居安思危,才能防患于未然。保障实验室安全需要每一位实验室工作人员,包括师生、管理者、决策者每日对安全工作的坚持,每一个人都能健康、安全地进行科学研究工作,不断提升实验室的工作环境和人文环境,营造出整洁、健康、安全、和谐的实验室环境,促进实验室安全文化的形成,激发师生们的自豪感和凝聚力,从而促进教学与科研竞争力的提高。

第三节 实验室安全法律法规

我国陆续制定和颁布了一些法律法规、标准和规范,涉及实验室安全管理、危险化学品和消防等现行的法律法规、规范和标准主要有:

(1)《中华人民共和国安全生产法》(2002年发布,2009年第一次修正,2014年第二次修正,2021年第三次修正)。

(2)《中华人民共和国消防法》(1998年通过,2008年第一次修订,2019年第一次修正,2021年第二次修正)。

(3)《中华人民共和国环境保护法》(1989年通过,2014年修订)。

(4)《中华人民共和国固体物废物污染环境防治法》(1995年颁布,2004年第一次修订,2020年第二次修订)。

(5)《中华人民共和国放射性污染防治法》(2003年通过)。

(6)《中华人民共和国职业病防治法》(2001年通过,2011年第一次修正,2016年第二次修正,2017年第三次修正,2018年第四次修正)。

(7)《高等学校消防安全管理规定》(2009年通过,2010年施行)。

(8)《危险化学品安全管理条例》(2002年发布,2011年第一次修订,2013年第二次修订)。

(9)《易制毒化学品管理条例》(2005年发布,2014年第一次修订,2016年第二次修订,2018年第三次修订)。

(10)《易制爆危险化学品治安管理办法》(2019年通过)。

(11)《教育部办公厅关于进一步加强高等学校实验室危险化学品安全管理工作的通知》(2013年发布)。

(12)《特种设备安全监察条例》(2003年发布,2009年修订)。

(13)《放射性同位素与射线装置安全和防护条例》(2005年发布,2014年第一次修订,2019年第二次修订)。

(14)《病原微生物实验室生物安全管理条例》(2004年发布,2016年第一次修订,2018年第二次修订)。

(15)《实验动物管理条例》(1988年发布,2011年第一次修订,2013年第二次修订,2017年第三次修订)。

(16)《安全生产事故隐患排查治理暂行规定》(2008年施行)。

(17)《生产安全事故应急条例》(2019年施行)。

(18)《生产安全事故报告和调查处理条例》(2007年施行,2015年修订)。

(19)《普通高等学校学生安全教育及管理暂行规定》(1992年发布)。

(20)《学生伤害事故处理办法》(2002年发布,2010年修订)。

(21)《高等学校实验室工作规程》(1992年发布)。

(22)《化学品分类和危险性公示 通则》(GB 13690—2009)。

(23)《危险货物分类和品名编号》(GB 6944—2012)。

(24)《常用危险化学品的分类及标志》(GB 13690—2009)。

(25)《实验室生物安全通用要求》(GB 19489—2008)。

(26)《电离辐射防护与辐射源安全基本标准》(GB 18871—2002)。

(27)《化学品安全技术说明书内容和项目顺序》(GB/T 16483—2008)。

(28)《化学品安全标签编写规定》(GB 15258—2009)。

(29)《危险化学品目录》(2015版)(2015年施行)。

【复习思考题】

1. 实验室发生安全事故的主要原因是什么?
2. 如何预防实验室发生安全事故?
3. 谈谈你对实验室安全的认识。

第二章 化学品安全

目前世界上存在的化学物质大约有上百万种,常用的约 7 万种,每年大约有上千种新的化学物质问世,其中有相当部分的化学物质具有爆炸性、毒性、腐蚀性、致癌性等。如果对化学品缺乏安全使用知识,在化学品的生产、储存、使用、废弃物处置中操作不当或者防护不当,就有可能发生损害健康、威胁生命、破坏环境等事故。高校的化学实验室中常常涉及各种危险化学品,因此,学习化学品的安全基础知识,对于预防与化学品相关的实验室安全事故具有非常重要的意义。

第一节 危险化学品基础知识

一、危险化学品的概念和分类

根据《危险化学品安全管理条例》第三条规定,危险化学品是指具有毒害、腐蚀、爆炸、燃烧、助燃等性质,对人体、设施、环境具有危害的剧毒化学品和其他化学品。

危险化学品简称危化品。危化品在不同的场合,叫法或者称呼是不一样的,如在生产、经营、使用场所统称化工产品,一般不单称危险化学品;在运输过程中,包括铁路运输、公路运输、水上运输、航空运输都称为危险货物;在储存环节,一般又称为危险物品或危险品。

根据我国发布的《危险货物分类和品名编号》,将化学品按其危险性划分为九个类别:第一类爆炸品;第二类气体;第三类易燃液体;第四类易燃固体、易于自燃的物质和遇水放出易燃气体的物质;第五类氧化性物质和有机过氧化物;第六类毒性物质和感染性物质;第七类放射性物质;第八类腐蚀性物质;第九类杂项危险物质和物品,包括危害环境物质。

危险化学品目录,由国务院安全生产监督管理部门会同国务院工业和信息化部、公安部、环境保护部、卫生部、国家质量监督检验检疫总局、交通运输部、铁路局、民用航空局、农业行政主管部门,根据化学品危险特性的鉴别和分类标准确定、公布,并适时调整。《危险化学品目录》(2015 版)共收录了 2 828 种危险化学品。

危险化学品的易燃易爆性和有毒性都具有利弊两重性。虽然化学品容易造成火灾、爆炸等事故,对人类造成危害,但化学品又对人类社会的发展非常有益,如炸药在开矿和铁道等工程中的应用,石油液化气作为家庭燃料,等等。一方面,化学品会使人类中毒而产生伤害;另一方面,许多化学品的毒性对人类是有益的,如农药可以杀虫和杀菌等。因此,可以说,当今社会没有化学品是不可想象的,"没有化学品,就没有文明的人类社会"。我们对危险化学品需要有一个正确的认识。

科学和社会发展离不开新材料,而新材料的研发必然涉及化学研究。不能说化学品有危险就不要进行研究了,关键是如何重视安全,做好防范工作。虽然许多化学品对人类构成了中毒、火灾和爆炸等潜在危害,但只要正确地了解与掌握化学品的特性,建立健全各类规章制度,加强安全教育与防护,就能从根本上预防和根治潜在的危险,就一定能使化学品的危害大大减小并可控。

二、危险化学品的标识

危险化学品的标识,是指危险化学品在市场上流通时,由生产销售单位提供的附在化学品包装上的标识,是向作业人员传递安全信息的一种载体,它用简单、易于理解的文字和图形表述有关化学品的危险特性及其安全处置的注意事项,警示作业人员进行安全操作和处置。

《危险货物包装标志》(GB 190—2009)规定了危险化学品的分类图形、尺寸、颜色及使用方法等,常用的危险化学品的标签共有26种,由表示9类危险化学品危险特性的图案、文字说明、底色和危险类别号四个部分组成菱形标志。附录一给出了以上9类危险化学品的标识图例,其中菱形图标最下方的阿拉伯数字表示属于第几类危险化学品。

第二节 各类危险化学品简介

一、爆炸品

(一) 爆炸品的分类

凡是受到撞击、摩擦、震动、高热或其他因素的激发,能产生激烈变化并在极短时间内放出大量的热和气体,同时伴有声、光等效应的物质,均称为爆炸品。按爆炸品的组成,可分为爆炸化合物和爆炸混合物。

1. 爆炸化合物

这类爆炸品具有一定的化学组成,在分子中含有某种活性基团(又称爆炸基团),这些基团结构中多含有双键、三键或键长较长的单键,化学键活性高,不稳定,在外界能量的作用下很容易被活化,发生爆炸反应。表2-1列出了几种实验室常见的爆炸化学品。

表 2-1　实验室常见的爆炸化学品

爆炸化合物名称	爆炸基团	化合物举例	说明
乙炔类化合物	C≡C	乙炔银、乙炔亚汞	
叠氮类化合物	N=N	叠氮铅、叠氮镁	叠氮酸的重金属盐具有高度爆炸性;烷基叠氮化合物在室温下较稳定,加热易爆炸
雷酸盐类化合物	N≡C	雷汞、雷酸银	
亚硝基化合物	N=O	亚硝基乙醚、亚硝基胺类	
臭氧、过氧化合物	O—O	臭氧、过氧化氢	
氯酸或过氯酸化合物	O—Cl	氯酸钾、高氯酸钾	
氮的卤化物	N—X	氯化氮、溴化氮	
硝基化合物	R—NO$_2$	三硝基甲苯、三硝基苯酚	在蒸馏残留物中有多硝基化合物时,不能过分蒸馏
硝酸酯类物质	R—ONO$_2$	硝化甘油、硝化棉	

2. 爆炸混合物

这类爆炸物质通常是由两种或两种以上爆炸组分和非爆炸组分经机械混合而成的。例如,硝铵炸药[由硝酸铵加入还原剂、有机物、易燃物(硫、磷或金属粉末)等构成]、黑色火药(木炭、硫磺和硝酸钾)、液氧炸药等,都属于爆炸混合物。氢气和氯气的混合气体,光照可以引发爆炸反应;在酸、碱存在下,丙烯醛会发生爆炸性的聚合反应;等等。表 2-2 给出了几种加热时发生爆炸的混合物。

表 2-2　加热时发生爆炸的混合物

氧化剂—还原剂	铝粉—氧化铜
镁粉—重铬酸铵	有机化合物—氧化铜
镁粉—硝酸银	还原剂—硝酸铅
镁粉—硫磺	氧化亚锡—硝酸铋
锌粉—硫磺	浓硫酸—高锰酸钾
铝粉—氧化铅	三氯甲烷—丙酮

(二) 爆炸品的危险特性

1. 爆炸性强

爆炸性物质都具有化学不稳定性,在一定外界因素作用下,会进行快速、猛烈的化学反应,并释放出巨大的能量。

2. 敏感度高

爆炸品对热、火花、撞击、摩擦、冲击波等敏感,特定的催化剂或杂质等都可能引发爆炸品发生爆炸反应。爆炸品的爆炸需要外界供给一定的能量,即能起爆。一些化学品的起爆能量非常低,如雷酸银,稍有不慎即可引发爆炸。

3. 毒害性

很多爆炸品具有一定的毒性。有些爆炸品在发生爆炸时可能产生 CO、HCN、CO_2、NO_2 等有毒或窒息性气体，它们可从呼吸道、食道、皮肤等进入人体内，引起中毒。

4. 着火危险性

很多爆炸品是含氧化合物或是可燃物与氧化剂的混合物，受激发能源作用发生氧化还原反应，形成分解式燃烧，而且着火不需要外界供给氧气。

（三）实验室常见的爆炸事故

由于实验操作不规范、粗心大意或违反操作规程，都会酿成爆炸事故。以下为实验室常见的爆炸事故，需要引起注意。

（1）配制溶液时，错将水往浓硫酸里倒；或者配制浓氢氧化钠时，未等冷却就将瓶塞塞住摇动。以上两种情况都可能发生爆炸。

（2）减压蒸馏时，若使用平底烧瓶或锥形瓶作蒸馏瓶或接收瓶，因其平底处不能承受较大的负压而发生爆炸。

（3）四氢呋喃、乙醚等试剂放久后会产生一定的过氧化物，在对这些物质进行蒸馏前，未检验有无过氧化物并除掉过氧化物，当过氧化物被浓缩达到一定程度或蒸干时极易发生爆炸。

（4）制备易燃气体时，一定要注意附近不要有明火；制备和检验氧气时，一定要注意不要混有其他易燃气体。例如，氧气制备、氢气制备实验中若操作不慎，易发生爆炸。

（5）金属钾、钠、白磷遇火都易发生爆炸。

二、气体

（一）气体的分类

气体按其危险性大小可分为如下三类：

1. 易燃气体

易燃气体是指在 20 ℃、1 个标准大气压（101.3 kPa）时，爆炸极限≤13%（体积分数）的气体；或不论易燃下限如何，与空气混合，燃烧范围的体积分数至少为 12% 的气体。

实验室中常见的可燃气体有：氢气、甲烷、乙烷、乙烯、丙烯、乙炔、环丙烷、丁二烯、一氧化碳、甲醚、环氧乙烷、氨气、硫化氢等。

2. 非易燃无毒气体

非易燃无毒气体是指在 20 ℃、蒸气压不低于 280 kPa 或作为冷冻液体运输的不燃无毒气体。此类气体虽然不燃、无毒，但处于压力状态下，依然具有潜在的爆裂危险。此类气体又分为窒息性气体（如氮气、惰性气体、CO_2 等）、氧化性气体（如氧气）和其他气体（空气等）。

3. 毒性气体

毒性气体是指对人体生理及生命安全产生直接危害的气体。此类气体对人畜具有强烈的毒害、窒息、灼伤、刺激作用，如氯气、一氧化碳、氨气、二氧化硫、溴化氢等。

（二）气体的危险特性

1. 物理性爆炸

储存于钢瓶内压力较高的压缩气体或液化气体，受热膨胀压力升高，当压力超过钢瓶的耐压强度时，钢瓶即会发生爆炸。特别是液化气体，在钢瓶内是液态和气态共存，在运输、使用或储存中，一旦受热或受到撞击等外力作用，瓶内的液体会迅速汽化，从而使钢瓶内压力急剧增高，导致爆炸。钢瓶爆炸时，易燃气体及爆炸碎片的冲击能间接引起火灾。

2. 化学活泼性

易燃和具有氧化性的气体的化学性质很活泼，在普通状态下可与很多物质发生反应或爆炸燃烧。例如，乙炔、乙烯与氯气混合遇日光会发生爆炸；液态氧与有机物接触能发生爆炸；压缩氧与油脂接触能发生自燃；等等。

3. 可燃性

易燃气体遇火源能燃烧，与空气混合到一定浓度会发生爆炸。爆炸极限宽的气体若发生火灾，爆炸危险性更大。

4. 腐蚀性、致敏性、毒害性、窒息性

大多数气体都具有毒性，有些气体还具有腐蚀性，主要是一些含硫、氮、氟元素的气体，如硫化氢、氨、三氟化氮等。这些气体不仅可以引起人畜中毒，还会使皮肤、呼吸道黏膜等受到严重刺激和灼伤而危及生命。因此，在处理和扑救具有毒性、腐蚀性和窒息性的气体火灾时，应特别注意做好个人防护。

（三）常见气体的性质举例

1. 氢气

氢气是一种无色、无味、无毒、易燃易爆的气体，和氟气、氯气、氧气、一氧化碳及空气混合均有爆炸的危险。其中，氢气与氟气的混合物在低温和黑暗环境下能发生自发性爆炸；氢气与氯气的混合体积比为1∶1时，在光照下也会爆炸。

氢气虽无毒，在生理上对人体是惰性的，但若空气中氢气含量增高，将引起缺氧性窒息。与所有低温液体一样，直接接触液氢将引起冻伤。液氢外溢并突然大面积蒸发还会造成环境缺氧，并有可能和空气一起形成爆炸混合物，引发燃烧爆炸事故。当空气中氢气的体积分数为4%~75%时，遇热或明火即会发生爆炸。氢气比空气轻，在室内使用和储存时，漏气上升滞留屋顶不易排出，遇火星会引起爆炸。氢气与氟、氯、溴等卤素会发生剧烈化学反应。

2. 乙炔

乙炔在室温下是一种无色、极易燃的气体，微溶于水，溶于乙醇、苯、丙酮。闪点（开杯）-17.7 ℃，在空气中爆炸极限为2.3%~72.3%（体积分数）。乙炔在液态和固态下或在气态和一定压力下有猛烈爆炸的危险，受热、震动、电火花等因素都可以引发爆炸。

乙炔极易燃烧爆炸。乙炔与空气混合，可形成爆炸性的混合物，遇火源能引起燃烧爆炸，与氧化剂接触发生猛烈反应，与铜、银等的化合物生成爆炸性物质。乙炔对人体具有弱麻醉作用,急性中毒可引起不同程度的缺氧症状,如头痛、头晕、全身无力等。

3. 氧气

氧气是一种无色、无味的气体。氧气虽然是生命赖以生存的物质,但当氧气浓度过高时,也会引起中毒或死亡。常压下,当氧气的浓度超过40%时,就可能发生氧中毒;当吸入的氧浓度在80%以上时,会出现眩晕、心动过速、虚脱、昏迷、呼吸衰竭以至死亡。

氧气本身不燃烧,但具有助燃性,能与多数可燃气体或蒸气混合形成爆炸性的混合物。纯氧与矿物油、油脂或细微分散的可燃粉末接触时,由于剧烈的氧化升温、积热能引起自燃,甚至发生燃烧爆炸。

三、易燃液体

凡在常温下以液体状态存在,遇火容易引起燃烧,闪点在60 ℃以下的物质叫作易燃液体。易燃液体是在常温下极易着火燃烧的液态物质,如汽油、乙醇、苯等。这类物质大都是有机化合物,其中很多属于石油化工产品。

(一) 易燃液体的分类

所谓闪点,即在规定条件下,可燃性液体加热到它的蒸气和空气组成的混合气体与火焰接触时,能产生闪燃的最低温度。闪点是表示易燃液体燃爆危险性的一个重要指标,闪点越低,燃爆危险性越大。

按照闪点大小,易燃液体可分为三类:

(1) 低闪点液体,指闭杯试验闪点 < -18 ℃的液体。

(2) 中闪点液体,指 -18 ℃≤闭杯试验闪点 <23 ℃的液体。

(3) 高闪点液体,指 23 ℃≤闭杯试验闪点 <61 ℃的液体。

(二) 易燃液体的危险特性

1. 高度易燃性

易燃液体通常容易挥发,闪点和燃点较低,着火能量小,接触火源容易着火而持续燃烧。有些易燃液体蒸气的密度比空气大,易于聚集在低洼处,从而增加了着火危险。

2. 易爆性

易燃液体蒸气与空气形成可燃混合物,达到一定浓度后遇火源发生爆炸。

3. 受热膨胀性

一些易燃液体的热膨胀系数较大,容易膨胀,受热后蒸气压也较高,从而使密闭容器内的压力升高。当容器承受不了压力时会发生爆裂甚至爆炸。因此,易燃液体在罐装时,容器内应留有5%以上的空间。

4. 易聚集静电

易燃液体电阻率大,在受到摩擦、震荡后极易产生静电,当聚集到一定程度会放电产生电火花而导致燃烧爆炸事故。

5. 高度的流动扩展性

易燃液体的黏度很小,容易流动,还因渗透及毛细现象等,其表面积扩大,加快挥发,使空气中的蒸气增大,增加了燃烧爆炸的危险。

6. 毒性和麻醉性

绝大多数易燃液体及其蒸气都具有一定的毒性,会通过皮肤接触或呼吸道进入体内,使人昏迷后窒息死亡。

四、易燃固体、易自燃物质和遇水放出易燃气体的物质

（一）易燃固体

易燃固体是指燃点低,遇火、受热、撞击、摩擦或与氧化剂接触后,极易引起急剧燃烧或爆炸的固态物质,但不包括已经列入爆炸品的物质。实验室常见的易燃固体有：含磷化合物（三硫化四磷、五硫化二磷）、硝基化合物（二硝基苯、二硝基萘）、亚硝基化合物（如亚硝基苯酚）、氨基化钠、重氮氨基苯、萘及其类似物（如樟脑）、易燃金属粉末（如镁粉、锌粉、铝粉）。

（二）易自燃物质

易自燃物质,是指在正常运输条件下易自发地放热或与空气接触发生温度升高现象,从而易着火的物质。此类液体或固体物质的自燃点低,且能自行发热,当热量积聚使其温度到达自燃点时,不需要外界明火即能自行燃烧,如黄磷、三乙基铝等。

易自燃物质可因积热不散而发生自燃,遇火星也可致燃,应储存在阴凉、干燥、通风处。浸油的金属屑应与酸类物质分开,以防致燃。储存易自燃物质的场所应严禁烟火、暴晒。

（三）遇水放出易燃气体的物质

与水相互作用,易自燃或产生危险的易燃气体,并放出热量而引起燃烧或爆炸的物质,称为遇水放出易燃气体的物质。按照遇水或受潮后发生反应的剧烈程度和危险性大小,可将遇水放出易燃气体的物质分为两级。

1. 一级遇水放出易燃气体的物质

遇水发生剧烈反应,单位时间内产生气体多且放出大量的热,在火源的作用下容易引起燃烧和爆炸。例如,锂、钠、钾及其氢化物,碳化物等。

2. 二级遇水放出易燃气体的物质

遇水或酸反应速度慢,放出易燃气体,在火源作用下引起燃烧或爆炸的物质。例如,金属钙、锌粉、氢化铝等。

五、氧化性物质和有机过氧化物

氧化性物质是指处于高氧化态,遇酸、碱、潮湿、高热或与还原剂、易燃物品等接触,或经摩擦、撞击,能迅速反应并放出大量热量的物质。这类物质本身不一定可燃,但能导致可燃物的燃烧,有些氧化剂与松软的粉末状可燃物能组成爆炸性混合物。

按物质形态,氧化性物质可分为固体氧化性物质和液体氧化性物质;按化学组成,氧化性物质可分为无机氧化性物质和有机氧化性物质。

（一）无机氧化性物质

根据氧化性能强弱，无机氧化性物质分为两级。

1. 一级无机氧化剂

这类氧化剂除无机氧化物分子中含有过氧基外，其余都是分子中含有高价态元素的物质。这类物质化学性质活泼，如过氧化钠、过氧化钾、高氯酸、高氯酸钾、高锰酸钾等。

2. 二级无机氧化剂

二级无机氧化剂是指除一级无机氧化剂之外的氧化剂。其化学性质较活泼，但与一级无机氧化剂相比，氧化性较弱。主要有一些亚硝酸及其盐类（如亚硝酸钠、亚硝酸钾）、过氧酸盐类、高价态金属及其盐类（如高锰酸银、重铬酸钠等）及其他氧化物（如二氧化铅、五氧化二碘等）。

（二）有机过氧化物

有机过氧化物是指分子组成中含有过氧基的有机物，其本身易燃易爆，极易分解，对热、震动或摩擦极为敏感。有机过氧化物按照氧化性强度和化学组成可分为一级有机氧化剂和二级有机氧化剂。

1. 一级有机氧化剂

一级有机氧化剂主要指有机过氧化物和硝酸化合物（如过氧化苯甲酰、过氧化二叔丁醇、硝酸胍等），具有较强的氧化性，能引起燃烧和爆炸。与其他氧化剂不同，由于本身是有机物，无须其他可燃物的存在，也可发生燃烧。

2. 二级有机氧化剂

此类氧化剂（如过氧乙酸、过氧化环己酮等）均为有机过氧化物，也容易分解出氧和自身进行氧化还原反应，但化学性质比一级有机氧化剂稳定。

六、毒性物质与感染性物质

（一）毒性物质

毒性物质是经吞食、吸入或与皮肤接触后可能造成死亡或严重受伤或损害人体健康的物质。毒性物质的毒性分为急性口服毒性、皮肤接触毒性和吸入毒性。有毒物质的毒性主要用半数致死量 LD_{50}（half-lethal dose）或半数致死浓度 LC_{50}（half-lethal concentration）来度量。毒物的 LD_{50} 值或 LC_{50} 值越小，毒性越大。

（二）感染性物质

感染性物质是指含有或怀疑含有病原体的物质，包括微生物（如细菌、病毒、寄生虫、真菌）或微生物重组体（交杂体或突变体），以及已知含有或认为可能含有任何感染性物质的生物制品和诊断样品。

七、放射性物质

依据国家标准《危险货物分类和品名编号》（GB 6944—2012），属于危险化学品范畴的放射性物质是指含有放射性核素,并且其活度和比活度均高于国家规定豁免值的物质。放射性物质可以破坏中枢神经系统、神经-内分泌系统及血液系统;可使血管通透性改变,导致出血及并发感染。

八、腐蚀品

腐蚀品是指能灼伤人体组织,并对金属、纤维制品等物质造成损坏的固体或液体。

(一)腐蚀品的分类

腐蚀品按其化学性质可分为酸性腐蚀品、碱性腐蚀品和其他腐蚀品三类。

1. 酸性腐蚀品

如硫酸、硝酸、氢氯酸、氢溴酸、氢碘酸、高氯酸、王水(1体积浓硝酸+3体积浓盐酸的混合液体)等。

2. 碱性腐蚀品

如氢氧化钠、氢氧化钙、氢氧化钾、硫氢化钙等。

3. 其他腐蚀品

如二氯乙醛、苯酚钠等。

(二)腐蚀品的危险特性

1. 强烈的腐蚀性

在危险化学品中,腐蚀品是化学性质比较活泼,能和很多金属、有机化合物、动植物机体等发生化学反应的物质。这类物质能灼伤人体组织,对金属、动植物机体、纤维制品等具有强烈的腐蚀作用。

2. 毒害性

多数腐蚀品有不同程度的毒性,有的还是剧毒品。

3. 易燃性

许多有机腐蚀品都具有易燃性,如甲酸、冰醋酸、苯甲酰氯、丙烯酸等。

4. 氧化性

如硝酸、硫酸、高氯酸、溴素等,当这些物品接触木屑、食糖、纱布等可燃物时,会发生氧化反应,引起燃烧。

九、杂项危险物质或物品

具有其他类别未包括的危险物质或物品,称为杂项危险物质或物品。

1. 危害环境的物质

如以微细粉尘吸入可危害健康的物质、会放出易燃气体的物质、锂电池组、一旦发生火灾可形成二噁英的物质和物品、污染水生环境的液体或固体物质等。

2. 高温物质

在液态温度达到或超过100 ℃,或固态温度达到或超过240 ℃条件下运输的物质。

3. 经过基因修改的微生物或组织

如需了解详细信息,可自行查询相关资料。

第三节 易制毒、易制爆、剧毒化学品

一、易制毒化学品

易制毒化学品,是指国家规定管制的,可用于制造毒品的前体、原料和化学助剂等物质。简单来说,易制毒化学品就是指国家规定管制的可用于制造麻醉药品和精神药品的原料和配剂,广泛应用于工农业生产和人民日常生活,若流入非法渠道,又可用于制造毒品。

2005年,《易制毒化学品管理条例》(国务院令〔2005〕445号)发布,列管了三类、24个品种,2014、2016、2018年对之进行了修改,并于2008、2012、2014、2017和2021年对其进行了增补。最新版的《易制毒化学品管理条例》中共列出了三类、32种物料(详细清单见附录二)。表2-3列出了实验室常见的易制毒化学品。其中,第一类主要是用于制造毒品的原料;第二类、第三类主要是用于制造毒品的配剂。

表2-3 实验室常见的易制毒化学品

第一类	第二类	第三类
N-乙酰邻氨基苯酸	苯乙酸	甲苯
邻氨基苯甲酸	醋酸酐(乙酸酐)	丙酮
1-羟基环戊基-2-氯苯基-N-甲基亚胺基酮(羟亚胺)	三氯甲烷(氯仿)	甲基乙基酮
3,4-亚甲基二氧基苯甲醛(胡椒醛)	乙醚	高锰酸钾
1-苯基-2-丙酮	哌啶	硫酸
3,4-亚甲二氧基-2-丙酮	溴素	盐酸
邻氯苯基环戊酮	1-苯基-1-丙酮	
1-苯基-2-溴-1-丙酮(溴代苯丙酮)		
3-氧-2-苯基丁腈		

二、易制爆化学品

易制爆化学品,是指其本身不属于爆炸品,但是可以用于制造爆炸品的原料或辅料的危险化学品。易制爆化学品通常包括强氧化剂、可燃/易燃物、强还原剂和部分有机物。

根据《危险化学品安全管理条例》(国务院令〔2013〕645号),公安部编制《易制爆危险化学品名录》(国务院令〔2017〕591号),将易制爆化学品分为九类,共74种。表2-4列出了实验室常见的易制爆化学品。

表 2-4　实验室常见的易制爆化学品

序号	类别	举例
第一类	酸类	高氯酸、发烟硝酸
第二类	硝酸盐类	硝酸钾、硝酸钠、硝酸钡等
第三类	氯酸盐类	氯酸钠、氯酸钾、氯酸铵等
第四类	高氯酸盐类	高氯酸钠、高氯酸钾、高氯酸铵等
第五类	重铬酸盐类	重铬酸锂、重铬酸钠、重铬酸钾、重铬酸铵等
第六类	过氧化物和超氧化物类	过氧化氢、过氧化钠、过氧化钾等
第七类	易燃物还原剂类	一甲胺(无水)、1,2-乙二胺、金属钠、金属钾等
第八类	硝基化合物类	硝基甲烷、硝基乙烷等
第九类	其他	硝化纤维素、高锰酸钠、高锰酸钾、水合肼等

三、剧毒化学品

剧毒化学品是指按照国务院安全生产监督管理部门会同国务院公安、环保、卫生、质检、交通部门确定并公布的《剧毒化学品目录》中的化学品,一般是具有剧烈毒性危害的化学品,包括人工合成的化学品及其混合物和天然毒素,还包括具有急性毒性易造成公共安全危害的化学品。

《危险化学品目录》(国家安全监管总局等 10 部门公告〔2015 年〕5 号)共收录 148 种剧毒化学品。以下列举几种实验室常见的剧毒化学品。

1. 氰化物

凡是含有 CN^- 的物质都有剧毒。此外,HCN、$(CN)_2$ 和异氰酸及其酯也都有毒性,一些经过水解能产生 CN^- 的糖苷也有剧毒(如苦杏仁,口服 10 粒以上即可中毒)。一般无机氰化物的致死剂量在 100 mg 以内。

2. 二甲基肼($C_2H_{10}Cl_2N_2$)

二甲基肼的别名有 1,2-二甲基肼二盐酸盐、二甲基肼吡啶等。二甲基肼易溶于水和乙醇,有潮解性;是一种诱变剂,科学实验中用于诱导结肠癌;误服、吸入或经皮肤吸收可引起中毒,蒸气对黏膜有刺激作用,可皮肤灼伤。

3. 氯化汞($HgCl_2$)

氯化汞俗称升汞,溶于水、醇、醚和乙酸。氯化汞可用于木材和解剖标本的保存、皮革鞣制和钢铁镂蚀,是分析化学的重要试剂,还可用作消毒剂和防腐剂。

汞虽然未被列入剧毒化学品名录,但其蒸气较易透过肺泡壁含脂质的细胞膜,与血液中的脂质结合,很快分布到全身各组织。汞在红细胞和其他组织中被氧化成 Hg^{2+},并与蛋白质结合而蓄积,很难再被释放。汞离子易与巯基结合,使与巯基有关的细胞色素氧化酶、丙酮酸激酶、琥珀酸脱氢酶等失去活性。汞还能与氨基、羧基、磷酰基结合而影响功能基团的活性。由于这些酶和功能基团的活性受影响,阻碍了细胞生物活性和正常代谢,最终导致细胞变性和坏死。

4. 三氧化二砷(As_2O_3)

三氧化二砷俗称砒霜,是最具商业价值的砷化合物及主要的砷化学起始物料。三氧化二砷是最古老的毒物之一,无臭无味,外观为白色霜状粉末,故称砒霜。其主要用途是提炼元素砷,是冶炼砷合金和制造半导体的原料,可用于制作澄清剂、脱色剂、保藏剂、杀虫剂、消毒剂和除锈剂,还可用于气体脱硫、木材防腐、锅炉防垢等方面。

5. 叠氮化钠(NaN_3)

叠氮化钠又名三氮化钠,虽然无可燃性,但有爆炸性。叠氮化钠与酸反应产生氢叠氮酸(HN_3),氢叠氮酸为低沸点(37 ℃)无色液体,可与水随意混溶,有难闻的臭味,其毒性及爆炸性很强。

叠氮化钠能和大多数的碱土金属、一价或多价的重金属的盐类、氢氧化物反应,生成叠氮化物,特别是能与铜、铅、银、黄铜、青铜等反应,生成爆炸性大的重金属叠氮化物。叠氮化钠还能与活性有机卤化物反应,生成不稳定的有机叠氮化物。

6. 炔丙醇(C_3H_4O)

炔丙醇是一种无色透明液体,具有挥发性且带有刺激性气味,有毒,对皮肤和眼睛有严重的刺激作用,可用作除锈剂、化学中间体、腐蚀抑制剂、溶剂、稳定剂等。

第四节 常见危险化学品的危害

危险化学品的危害主要包括燃爆危害、健康危害和环境危害。

一、燃爆危害

燃爆危害是指化学品能引起燃烧、爆炸的危险程度。火灾与爆炸都会带来生产设施的重大破坏和人员伤亡,但两者的发展程度显著不同。火灾是在起火后火势逐渐蔓延扩大,随着时间的延续,损失数量迅速增长,损失大约与时间的平方成比例,如火灾时间延长一倍,损失可能增加四倍。爆炸则猝不及防,可能仅在 1 s 内爆炸过程已经结束,设备损坏、厂房坍塌、人员伤亡等巨大损失也将在瞬间发生。爆炸通常伴有发热、发光、压力上升、真空和电离等现象,具有很强的破坏作用,包括直接的破坏作用和冲击波的破坏作用,造成火灾、中毒和环境污染等。

(一)燃烧

1. 燃烧的定义

燃烧是一种同时有光和热发生的剧烈的氧化还原反应,在氧化还原反应中,某些物质被氧化,而另一些物质被还原。

燃烧必须具有如下三个特征:
(1) 是一个剧烈的氧化还原反应。
(2) 放出大量的热。
(3) 发光。

根据这三个特征,在日常生活和生产中常见的燃烧现象,大都是可燃物和空气中的氧进行的剧烈的氧化还原反应,但燃烧并非都要有氧参加,如铁或氢在氯气中的反应均具有以上特征,都属燃烧。

2. 燃烧的条件

燃烧必须同时具备三个条件(或称三要素):

(1) 有可燃物存在。固体物质如木材、煤、硫黄,液体物质如汽油、苯,气体物质如氢气、乙炔等。

(2) 有助燃物即氧化剂存在。常见的氧化剂有空气(其中的氧)、纯氧或其他具有氧化性的物质。

(3) 有点火源存在。如高温的灼热体撞击或摩擦所产生的热量或火灾,以及电气火花、静电火花、明火、化学反应热、绝热压缩产生的热能等。

三个条件缺一不可,否则不会引起燃烧,但并非具备了上述三个条件就一定能燃烧。当混合物中各物质达到一定的比例才能燃烧。例如,甲烷在空气中的浓度小于5.3%或大于14%时,由于甲烷浓度过低或氧气浓度过低,甲烷都不能燃烧。同时,要使燃烧发生必须具备一定能量的点火源。若用热能引燃甲烷和空气的混合物,当点燃温度低于538℃时燃烧便不能发生;若用电火花点燃,则最小点火能为0.18 mJ,若点火源能量小于该数值,则该混合气体不着火。

3. 燃烧的形式

由于可燃物质存在的状态不同,它们的燃烧形式是多种多样的。

(1) 按参加燃烧反应相态的不同,可分为均一系燃烧和非均一系燃烧。均一系燃烧是指燃烧反应在同一相中进行,如氢气在氧气中燃烧、煤气在空气中燃烧等均属于均一系燃烧;与此相反,在不同相内进行的燃烧称为非均一系燃烧,如石油、苯和煤等液、固体的燃烧均属于非均一系燃烧。

(2) 根据可燃气体的燃烧过程,可分为混合燃烧和扩散燃烧两种形式。可燃气体和空气(或氧气)预先混合成混合可燃气体的燃烧称混合燃烧,混合燃烧由于燃料分子与氧分子充分混合,所以燃烧时速度很快,温度也高;另一类就是可燃气体,如煤气,直接由管道中喷出点燃,在空气中燃烧,这时可燃气体分子与空气中的氧分子通过互相扩散,边混合边燃烧,这种燃烧称为扩散燃烧。

(3) 根据物质是否具有挥发性,可分为蒸发燃烧和分解燃烧。在可燃液体燃烧中,通常不是液体本身燃烧而是由液体产生的蒸气燃烧,这种形式的燃烧称为蒸发燃烧。例如,硫黄等受热后先熔融成液体,液体再蒸发成气体,而引起的燃烧均属蒸发燃烧。很多固体或不挥发性液体,由于热分解,产生可燃烧的气体而发生燃烧,这种燃烧叫作分解燃烧。例如,木材和煤的燃烧即属分解燃烧。

蒸发燃烧和分解燃烧均有火焰产生,因此属于火焰型燃烧。当可燃固体燃烧到最后,分解不出可燃气体时,只剩下炭,燃烧在空气和固体炭的表面接触部分进行,看不出扩散火焰,这种燃烧称为表面燃烧(又称为均热型燃烧)。例如,焦炭、金属铝和镁的燃烧。木材的燃烧是分解燃烧与表面燃烧交替进行的。

(4)根据燃烧反应进行的程度(燃烧产物),可分为完全燃烧和不完全燃烧。

(二)爆炸

1. 爆炸的特征

物质自一种状态迅速转变为另一种状态,并在瞬间以对外做机械功的形式放出大量能量的现象称为爆炸。爆炸是一种非常迅速的物理或化学的能量释放过程。

爆炸现象一般具有如下特征:

① 爆炸过程进行得很快。

② 爆炸附近瞬间压力急剧上升。

③ 发出声响。

④ 周围建筑物或装置发生震动或遭到破坏。

2. 爆炸的分类

(1)按爆炸性质分类。

① 物理爆炸:由物理变化引起的爆炸,如蒸汽锅炉或液化气、压缩气体超压引起的爆炸。

② 化学爆炸:由化学变化引起的爆炸,如可燃气体、可燃液体蒸气的爆炸及炸药爆炸等。

(2)按爆炸速度分类。

① 轻爆:传播速度为每秒数十厘米至数米的爆炸过程。

② 爆炸:传播速度为每秒数十米至数百米的爆炸过程。

③ 爆轰:传播速度为每秒一千米至数千米以上的爆炸过程。

(3)按反应相分类。

① 气相爆炸。

• 可燃气体混合物爆炸:可燃气体或可燃液体蒸气同助燃性气体按一定比例混合,在着火源作用下而引起的爆炸。

• 气体热分解爆炸:单一气体由于分解反应产生大量的反应热而引起的爆炸,如乙炔、乙烯、氯乙烯、环氧乙烷、丙二烯等在分解时的爆炸。

• 可燃性粉尘爆炸:可燃性固体的微细粉尘呈悬浮状态,分散在空气等助燃气体中时,由着火源作用而引起的爆炸。

• 可燃液体雾滴爆炸:空气中易燃液体被喷成雾状物剧烈燃烧时引起的爆炸,如油压机喷出的油雾所引起的爆炸。

• 可燃蒸气云爆炸:可燃蒸气云是指产生于泄漏、喷出后所形成的蒸气滞留状态,比空气轻的气体浮于上方,比空气重的气体则沉覆于地面,滞留于低洼、阴井之处,可随风飘移形成连续气流带,同空气混合至其爆炸极限,在火源存在下即可引起爆炸。

② 凝聚相爆炸。
- 液相爆炸:包括聚合爆炸、液体爆炸品的爆炸。
- 固相爆炸:包括爆炸性物质的爆炸、固体物质混合所引起的爆炸等。

(三) 可燃气体、可燃蒸气、可燃粉尘的燃烧危险性

可燃气体、可燃蒸气或可燃粉尘与空气组成的混合物,遇火源时极易发生爆炸,但并非在任何混合比例下都能发生,而是有固定的浓度范围,在此浓度范围内,浓度不同,放热量不同,火焰蔓延速度(即燃烧速度)不同。对浓度在上限以上的混合气体,通常仍认为它们是危险的。

爆炸范围通常用可燃气体、可燃蒸气在空气中的体积分数表示,可燃粉尘则用 mg/m^3 表示。例如,乙醇爆炸范围为 4.3%~19.0%,4.3% 称为爆炸下限,19.0% 称为爆炸上限。爆炸上限和爆炸下限统称为爆炸极限,爆炸极限的范围越宽,爆炸下限越低,爆炸危险性越大。

另外,某些气体即使在没有空气或氧气存在时,同样可以发生爆炸。如乙炔即使在没有空气或氧气存在时,若被压缩到两个大气压以上,遇到火星也能引起爆炸。这种爆炸是由物质的分解引起的,称为分解爆炸。乙炔发生分解爆炸时所需的外界能量随压力的升高而降低。

(四) 液体的燃烧危险性

易(可)燃液体在火源或热源作用下,先蒸发成蒸气,然后氧化分解进行燃烧。开始时燃烧速度较慢,火焰也不高,因为这时的液面温度低,蒸发速度慢,蒸气量较少。随着燃烧时间的延长,火焰向表面传热,使表面温度上升,蒸发速度和火焰温度则同时增加,这时液体就会达到沸腾程度,使火焰显著增高。如果不能隔断空气,易(可)燃液体就可能完全烧尽。

闪点是评价液体化学品燃烧危险性的重要参数,闪点越低,它的危险性越大。

(五) 固体的燃烧危险性

固体燃烧分为两种情况:对于硫、磷等低熔点简单物质,受热时先熔化,继而蒸发变为蒸气进行燃烧,分解过程中容易着火;对于复杂物质,受热时首先分解,生成气态和液态产物,然后气态和液态产物的蒸气再发生氧化而燃烧。

工业事故中,固体火灾事故较多的是化学品自燃和受热自燃。可燃固体因内部所发生的化学、物理或生物化学过程而放出热量,这些热量在适当条件下逐渐积累,使可燃物温度上升,达到自燃点而燃烧,这种现象称为自燃。

在常温的空气中能发生化学、物理、生物化学作用放出氧化热、吸附热、聚合热、发酵热等热量的物质均可能发生自燃。例如,硝化棉及其制品(如火药、硝酸纤维素、电影胶片等)在常温下会自发分解放出分解热,而且它们的分解反应具有自催化作用,容易导致燃烧或爆

炸;植物和农副产品含有水分,会因发酵而放出发酵热,若积热不散,温度逐渐升高至自燃点,则会引起自燃。

(六)爆炸的破坏作用

前已述及,火灾与爆炸都会带来生产设施的重大破坏和人员伤亡。

爆炸通常伴随发热、发光、压力上升、真空和电离等现象,具有很强的破坏作用。它与爆炸物的数量和性质、爆炸时的条件及位置等因素有关。其主要的破坏作用有以下几种。

1. 直接的破坏作用

机械设备、装置、容器等爆炸后产生许多碎片,飞出后会在相当大的范围内造成危害。一般碎片在 100~500 m 内飞散。如某电化厂液氯钢瓶爆炸,钢瓶的碎片飞离爆炸中心最远可达 830 m,部分碎片击穿了附近的液氯钢瓶、液氯计量槽、储槽等,导致大量氯气泄漏,发展成为重大恶性事故。

2. 冲击波的破坏作用

物质爆炸时,产生的高温高压气体以极高的速度膨胀,像活塞一样挤压周围空气,把爆炸反应释放出的部分能量传递给压缩的空气层,空气受冲击而发生扰动,使其压力、密度等产生突变,这种扰动在空气中的传播就称为冲击波。冲击波的传播速度极快,在传播过程中,可以对周围环境中的设备和建筑物产生破坏作用,造成人员伤亡。冲击波还可以在它的作用区域内产生震荡作用,使物体因震荡而松散甚至破坏。

冲击波的破坏作用主要是由其波阵面上的超压引起的。在爆炸中心附近,空气冲击波波阵面上的超压可达几个甚至十几个大气压[1 大气压(1 atm) = 101 325 Pa],在这样高的超压作用下,建筑物被摧毁,机械设备、管道等也会受到严重破坏。

当冲击波大面积作用于建筑物,波阵面超压在 20~30 kPa 之间时,就足以使大部分砖木结构建筑物受到强烈破坏;当超压大于 100 kPa 时,除坚固的钢筋混凝土建筑外,其余部分将全部遭受破坏。

3. 造成火灾

爆炸发生后,爆炸气体产物的扩散只发生在极其短促的瞬间内,对一般可燃物来说,不足以造成起火燃烧,而且冲击波造成的爆炸风还有灭火作用。但是爆炸时产生的高温高压、建筑物内遗留大量的热或残余火苗,会把从破坏的设备内部不断流出的可燃气体及易燃或可燃液体的蒸气点燃,也可能把其他易燃物点燃引起火灾。如某液化石油厂 2 号球罐破裂时,涌出的石油气遇明火而燃烧爆炸,大火持续了整整 23 h,造成了巨大损失。

4. 造成中毒和环境污染

在实际生产中,许多物质不仅是可燃的,而且是有毒的。发生爆炸事故时,大量有害物质会发生外泄,造成人员中毒和环境污染。

二、健康危害

由于化学品具毒性、刺激性、致癌性、致畸性、致突变性、腐蚀性、麻醉性、窒息性等特性,导致人员中毒的事故每年都有发生。关注化学品的健康危害,将是化学品安全管理的一项重要内容。

（一）毒物

1. 毒物的定义

毒物通常是指较小剂量的化学物质，在一般条件下作用于人的机体与细胞成分产生生物化学作用或生物物理学变化，扰乱或破坏机体的正常功能，引起功能性或器质性改变，导致暂时性或持久性病理损害，甚至危及生命。

理论上讲，在一定条件下，任何化学物质只要给予足够剂量，都可引起生物体损害。也就是说，任何化学品都是有毒的，所不同的是引起生物体损害的剂量。习惯上，人们把较小剂量就能引起生物体损害的那些化学物质称为毒物，其余称为非毒物。但实际上，毒物与非毒物之间并不存在着明确和绝对的量限，而只是根据易引起生物体损害的剂量大小相对地加以区别。

工业毒物（生产性毒物）是指工业生产中产生的有毒化学物质。

2. 毒物的形态和分类

（1）毒物的形态。

在一般条件下，毒物常以一定的物理形态（即固体、液体或气体）存在，但在生产环境中随着加工或反应等不同过程，则可成下列5种状态造成环境污染。

① 粉尘：为飘浮于空气中的固体微粒，直径大于 $0.1\ \mu m$，大都在机械粉碎、研磨固体物质时形成。例如，制造铅丹颜料时产生的铅尘，研磨锰矿时产生的锰尘，等等。

② 烟尘：又称烟雾或烟气，为悬浮在空气中的烟状固体微粒，直径小于 $0.1\ \mu m$，多为某些金属熔化时产生的蒸气在空气中氧化凝聚而成。例如，熔炼黄铜时，锌蒸气在空气中冷凝、氧化形成氧化锌烟尘，熔镉时产生的氧化镉烟尘，等等。

③ 雾：为悬浮于空气中的液体微滴，多为空气冷凝或液体喷散所形成。例如，铬电镀时产生的铬酸雾，喷漆作业中的含苯漆雾，等等。烟尘和雾又称为气溶胶。

④ 蒸气：为液体蒸发或固体物质升华而形成。例如，苯蒸气、磷蒸气，等等。

⑤ 气体：为生产场所的温度、气压条件下散发于空气中的气态物质。例如，常温常压下的氯、一氧化碳、二氧化硫等。

（2）毒物的分类。

毒物可按照各种方法予以分类，如按化学结构分类，按用途分类，按进入途径分类，按生物作用分类，等等。

毒物的生物作用，又可按其作用的性质和损害的器官或系统加以区分。按作用的性质，可分为刺激性、腐蚀性、窒息性、麻醉性、溶血性、致敏性、致癌性、致突变性、致畸性等毒物。按损害的器官或系统，可分为神经毒性、血液毒性、肾脏毒性、全身毒性等毒物。有的毒物具有一种作用，有的毒物则具有多种或全身性作用。

3. 毒物的毒性

毒性通常是指某种毒物引起机体损伤的能力，它是同进入人体内的量相联系的，所需要的剂量（浓度）越小，表示毒性越大。通常用以下量表示：

(1) 绝对致死量或浓度（LD_{100}或LC_{100}）：全组染毒动物全部死亡的最小剂量或浓度。

(2) 半数致死量或浓度（LD_{50}或LC_{50}）：全组染毒动物半数死亡的剂量或浓度。

(3) 最小致死量或浓度（MID或MIC）：全组染毒动物中个别动物死亡的剂量或浓度。

(4) 最大耐受量或浓度（LD_0或LC_0）：全组染毒动物全部存活的最大剂量或浓度。

除用死亡表示毒性外，还可用机体的其他反应表示，如引起某种病理改变、上呼吸道刺激、出现麻醉和某些体液的生物化学改变等。引起机体发生某种有毒作用的最小剂量（浓度）称为阈剂量（阈浓度）。不同的反应指标用不同的阈剂量（阈浓度）表示，如麻醉阈剂量（阈浓度）、上呼吸道刺激阈浓度、嗅觉阈浓度等，是最小致死量或浓度的一种。一次染毒所得的阈剂量（阈浓度）被称为急性阈剂量（阈浓度），长期多次染毒所得的阈剂量（阈浓度）被称为慢性阈剂量（阈浓度）。

上述各种剂量通常用毒物的质量（mg）与动物的千克体重之比，即用毫克/千克（mg/kg）来表示。浓度表示方法，常用1 m^3（或1 L）空气中的质量mg（或g）表示，其单位有（mg/m^3、g/m^3或mg/L、g/L）。

（二）毒物进入人体的途径

毒物可经呼吸道、消化道和皮肤进入体内。在工业生产中，毒物主要经呼吸道和皮肤进入体内，亦可经消化道进入。

1. 呼吸道

呼吸道是工业生产中毒物进入体内的最重要的途径。凡是以气体、蒸气、烟、雾、粉尘形式存在的毒物，均可经呼吸道进入体内。人的肺脏由亿万个肺泡组成，肺泡壁很薄，壁上有丰富的毛细血管，毒物一旦进入肺脏，很快就会通过肺泡壁进入血液循环而被运送到全身。通过呼吸道吸收最重要的影响因素是其在空气中的浓度，浓度越高，吸收越快。

2. 皮肤

在工业生产中，毒物经皮肤吸收引起中毒亦比较常见。脂溶性毒物经表皮吸收后，还需有水溶性，才能进一步扩散和吸收，所以水、脂皆溶的物质（如苯胺）易被皮肤吸收。

3. 消化道

在工业生产中，毒物经消化道吸收多半是由于个人卫生习惯不良，手沾染的毒物随进食、饮水或吸烟等进入消化道。

（三）毒物对人体的危害

1. 刺激

(1) 皮肤。当某些化学品和皮肤接触时，化学品可使皮肤保护层脱落，而引起皮肤干燥、粗糙、疼痛，这种情况称作皮炎。许多化学品能引起皮炎。

(2) 眼睛。化学品和眼部接触，轻则导致轻微的、暂时性的不适，重则导致永久性的伤残。其伤害严重程度取决于中毒的剂量及采取急救措施的快慢。

(3) 呼吸系统。雾状、气态、蒸气化学刺激物和上呼吸系统（鼻和咽喉）接触时，会导致上呼吸道有火辣辣的感觉，这一般是由可溶物引起的，如氨水、甲醛、二氧化硫、酸、碱，它们易被鼻咽部湿润的表面所吸收。

一些刺激物对气管的刺激可引起气管炎,甚至严重损害气管和肺组织,如二氧化硫、氯气、煤尘等。一些化学物质会渗透到肺泡区,引起强烈的刺激或导致肺水肿,表现为咳嗽、呼吸困难(气短)、缺氧及痰多,如二氧化氮、臭氧及光气等。

2. 过敏

(1) 皮肤。皮肤过敏是指身体接触毒物后在身体接触部位或其他部位产生的皮炎(皮疹或水泡),引起皮肤过敏的化学品有环氧树脂、胺类硬化剂、偶氮染料、煤焦油衍生物和铬酸等。

(2) 呼吸系统。若呼吸系统对化学物质过敏,会引起职业性哮喘,表现为常咳嗽(特别是夜间)、呼吸困难,如气喘和呼吸短促。引起这种反应的化学品有甲苯、聚氨酯、福尔马林等。

3. 缺氧(窒息)

窒息涉及对身体组织氧化作用的干扰。这种症状分为三种:单纯窒息、血液窒息和细胞内窒息。

(1) 单纯窒息。这种情况是由于周围氧气被惰性气体所代替,如氮气、二氧化碳、乙烷、氢气或氦气,而使氧气量不足以维持生命的继续。一般情况下,空气中含氧量为21%。如果空气中氧浓度降到17%以下,机体组织的供氧不足,就会引起头晕、恶心、调节功能紊乱等症状。这种情况一般发生在空间有限的工作场所,缺氧严重时会导致人和动物昏迷,甚至死亡。

(2) 血液窒息。这种情况是由于化学物质直接影响机体传送氧的能力。典型的血液窒息性物质就是一氧化碳,空气中一氧化碳含量达到0.05%时就会导致血液携带氧的能力严重下降。

(3) 细胞内窒息。这种情况是由于化学物质直接影响机体和氧结合的能力。例如,氰化氢、硫化氢等物质影响细胞和氧的结合能力,尽管血液中含氧充足。

4. 昏迷和麻醉

接触高浓度的某些化学品,如乙醇、丙醇、丙酮、丁酮、乙炔、烃类、乙醚、异丙醚等会导致中枢神经抑制。这些化学品有类似醉酒的作用,一次大量接触可导致昏迷甚至死亡,但也会导致一些人沉醉于这种麻醉剂。

5. 全身中毒

全身中毒是指化学物质引起的对一个或多个系统产生有害影响并扩展到全身的现象,这种作用不局限于身体的某一区域。

6. 致癌

长期接触一定的化学物质可能引起细胞的无节制生长,形成癌性肿瘤。这些肿瘤可能在第一次接触这些物质以后许多年才表现出来,这一时期被称为潜伏期,一般为4~40年。造成职业肿瘤的部位是变化多样的,未必局限于接触区域。例如,砷、石棉、铬、镍等物质可能导致肺癌;鼻腔癌和鼻窦癌是由铬、镍、木材、皮革粉尘等引起的;膀胱癌与接触联苯胺、萘胺、皮革粉尘有关;皮肤癌与接触砷、煤焦油和石油产品等有关;接触氯乙烯单体可引起肝癌;接触苯可引起再生障碍性贫血和白血病。

7. 致畸

接触化学物质可能对未出生的胎儿造成伤害,干扰胎儿的正常发育。一些研究表明,化学物质可能干扰正常的细胞分裂过程,如麻醉性气体、水银和有机溶剂,从而导致胎儿畸形。

8. 致突变

某些化学品对人遗传基因的影响可能导致后代发育异常。实验结果表明,80%~85%的致癌化学物质对后代有影响。

9. 致肺尘埃沉着病

肺尘埃沉着病是由于肺的换气区域小,尘粒的沉积及肺组织对这些沉积物的反应很难在早期被发现,当X射线检查发现这些变化的时候病情已经较重。肺尘埃沉着病患者肺的换气功能下降,在紧张活动时将发生呼吸短促症状,这种作用是不可逆的。能引起肺尘埃沉着病的物质有石英晶体、石棉、滑石粉和煤粉等。

三、环境危害

环境危害是指化学品对环境的危害程度。随着化学工业的发展,各种化学品的用量大幅度增加,新化学品也不断涌现。人们在充分利用化学品的同时,也产生了大量的化学废物,其中不乏有毒有害物质。同时,由于无控制地随意排放化学品或没有采取有效措施,导致环境状况日益恶化。如何认识化学品的污染危害,最大限度地降低化学品污染,加强环境保护力度,已是人们亟待解决的重大问题。

(一) 化学品进入环境的途径

化学品进入环境的途径主要有以下四种:

(1) 事故排放。在生产、储存和运输过程中由于着火、爆炸、泄漏等突发性化学事故,致使大量有害化学品外泄进入环境。

(2) 生产废物排放。在生产、加工、储存过程中,以废水、废气、废渣等形式排放进入环境。

(3) 人为施用直接进入环境,如农药、化肥的施用等。

(4) 人类活动中废物的排放。在石油、煤炭等燃料燃烧过程中及家庭装饰等日常生活中直接排入或者使用后作为废物进入环境。

(二) 有害化学品的污染危害

1. 对大气的危害

(1) 破坏臭氧层。研究结果表明,含氯化学物质,特别是氯氟烃进入大气会破坏同温层的臭氧。另外,N_2O、CH_4等对臭氧也有破坏作用。

臭氧可以减少太阳紫外线对地表的辐射。臭氧减少会导致地面接收的紫外线辐射量增加,从而导致皮肤癌和白内障的发病率大量增加。

(2) 导致温室效应。大气层中的某些微量组分能使太阳的短波辐射透过加热地面,而地面增温后所放出的热辐射都被这些组分吸收,使大气增温,这种现象称为温室效应。这些能使地球大气增温的微量组分,称为温室气体。主要的温室气体有 CO_2、CH_4、N_2O、氯氟烷烃等,其中 CO_2 是造成全球变暖的主要因素。

温室效应产生的影响主要使全球变暖和海平面上升。如全球海平面,在过去的百年里平均上升了 14.4 cm,我国沿海的海平面也平均上升了 11.5 cm,海平面的升高将严重威胁低地势岛屿和沿海地区人们的生产和生活。

(3) 引起酸雨。由于硫氧化物(主要为 SO_2)和氮氧化物的大量排放,在空气中遇水蒸气形成酸雨。这对动物、植物、人类等均会产生严重影响。

(4) 形成光化学烟雾。光化学烟雾主要有以下两类:

① 伦敦型烟雾。大气中未燃烧的煤尘、SO_2 与空气中的水蒸气混合,发生化学反应所形成的烟雾,称为伦敦型烟雾,也称为硫酸烟雾。1952 年 12 月 5 日至 8 日,英国伦敦上空因受冷高压的影响,出现了无风状态和低空逆温层,致使燃煤产生的烟雾不断积累,造成严重空气污染事件,在一周之内导致 4 000 人死亡。伦敦型烟雾由此而得名。

② 洛杉矶型烟雾。汽车、工厂等排入大气中的氮氧化物或碳氢化合物,经光化学作用生成臭氧、过氧乙酰硝酸酯(PAN)等,该烟雾被称为洛杉矶型烟雾。美国洛杉矶市 20 世纪 40 年代初有汽车 250 多万辆,每天耗油约 $1\,600×10^4$ L,向大气排放大量的碳氢化合物、氮氧化物、一氧化碳,汽车排出的尾气在日光作用下形成臭氧、过氧乙酰硝酸酯为主的光化学烟雾。20 世纪 40 年代发生过一次危害,1955 年又发生过一次很严重的大气污染危害,在这次污染事件中仅 65 岁以上的老人就死亡 400 多人。

同一时期,在我国某地区,氮肥厂排放的 NO_2、炼油厂排放的碳氢化合物,在光作用下,也发生过光化学烟雾。

2. 对土壤的危害

大量化学废物进入土壤,可导致土壤酸化、土壤碱化和土壤板结。

3. 对水体的污染

水体中的污染物概括地说可分为四大类:无机无毒物、无机有毒物、有机无毒物和有机有毒物。无机无毒物包括一般无机盐和氮、磷等植物营养物等;无机有毒物包括各类重金属(汞、镉、铅)及其氧化物、氯化物等;有机无毒物主要是指在水体中比较容易分解的有机化合物,如碳水化合物、脂肪、蛋白质等;有机有毒物主要为苯酚、多环芳烃和多种人工合成的具积累性的稳定有机化合物,如多氯醛苯和有机农药等。有机物的污染特征是耗氧,有毒物的污染特性是生物毒性。

(1) 植物营养物污染的危害。含氮、磷及其他有机物的生活污水、工业废水排入水体,使水中养分过多,藻类大量繁殖,海水变红,称为"赤潮",造成水中溶解氧的急剧减少,严重影响鱼类生存。

(2) 重金属、农药、挥发酚类、氧化物、砷化合物等污染物可在水中生物体内富集,造成其损害、死亡,破坏生态环境。

(3) 石油类污染可导致鱼类、水生生物死亡,还可引起水上火灾。

4. 对人体的危害

一般来说,未经污染的环境对人体功能是适合的,在这种环境中人能够正常地吸收环境中的物质而进行新陈代谢。但当环境受到污染后,污染物通过各种途径进入人体,将会毒害人体的各种器官组织,导致其功能失调或者发生障碍,同时可能会引起各种疾病,严重时将危及生命。

(1) 急性危害。在短时间内(或者是一次性的),有害物大量进入人体所引起的中毒,称为急性中毒。急性危害对人体影响最明显。

(2) 慢性危害。少量的有害物质经过长时期的侵入人体所引起的中毒,称为慢性中毒。慢性中毒一般要经过长时间之后才逐渐显露出来,对人体的危害是慢性的。例如,由镉污染引起骨痛病变。

(3) 远期危害。化学物质往往会通过遗传影响到子孙后代,引起胎儿致畸及致突变等。据世界卫生组织估计,全世界每年有癌症患者约 600 万人,每年因癌症死亡约 500 万人,占死亡总人数的十分之一。而造成人类癌症病的原因中 80%～85% 与化学因素有关。

第五节 化学品安全技术说明书

《化学品安全技术说明书》(Material Safety Data Sheet,MSDS),国际上称作化学品安全信息卡,是化学品生产商和经销商按法律要求必须提供的化学品理化特性(如 pH、闪点、易燃度、反应活性等)、毒性、环境危害及对使用者健康(如致癌、致畸等)可能产生危害的一份综合性文件。

根据《化学品安全技术说明书内容和项目顺序》(GB/T 16483—2008)的要求,MSDS 应包括如图 2-1 所示列出的十六部分内容。附录三以叠氮化钠(NaN_3)为例,给出了叠氮化钠的安全技术说明书的主要内容。MSDS 作为化学品的最基础的技术文件,其主要作用是传递安全信息,主要体现在如下几个方面:

(1) 是作业人员安全使用化学品的指导性文件。
(2) 为化学品的生产、处置、储存和使用等各环节制订安全操作规程提供技术信息。
(3) 为危害控制和预防措施设计提供技术依据。
(4) 是危险化学品相关教育的主要内容。

实验室工作人员在使用不了解的化学品时,在使用前应仔细阅读其 MSDS,了解所使用化学品的危险特性,采取相应的安全防护措施,从而避免安全事故的发生。

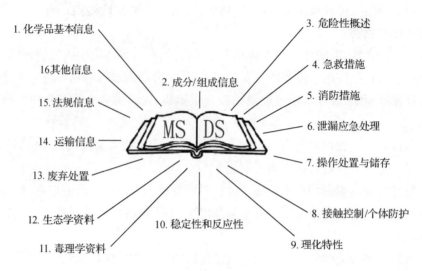

图 2-1　MSDS 包含的十六部分内容

第六节　危险化学品的采购、储存与使用

高校的科研和教学实验工作中广泛使用各种化学品。了解危险化学品的特性,懂得危险化学品的采购、运输、储存、使用和废弃物处置等基础要求,对科研和教学工作具有重要意义。本节重点讲述危险化学品的采购、储存和使用等基础知识。

一、危险化学品的采购

危险化学品应统一采购,按需领用,采购时要按照以下两项基本要求:

1. 三证一照

购买危险化学品时,需要供货单位提供"三证一照":① 安全生产监督管理局颁发的危险化学品经营许可证;② 国家税务总局颁发的税务登记证;③ 国家质量技术监督局颁发的组织机构代码证;④ 工商管理局的营业执照。确认其提供的化学试剂和化工原料符合"三证一照"规定的经营范围。

2. 许可制度

购买剧毒化学品、易致毒化学品、易致爆化学品、放射性物品、麻醉品和精神类药品等国家特定种类危险化学品时,应通过学校向公安、环保和食品药品监督管理等部门提出申请备案,获批准后凭证购买,个人不得擅自购买。

采购时,须查验供货单位的特定种类危险化学品经营许可资质。

任何单位和个人不得私自转让、赠送危险化学品。如校内各单位间需要调剂剧毒品,必须经过校保卫处、校资产与实验室安全管理处审批。

二、危险化学品的储存

高校实验室内的危险化学品的储存,存在储存条件受限、储存资源与要求不匹配等问题,储存情况各有不同,目前还没有统一标准。

（一）危险化学品的储存原则

（1）所有的化学品和配制试剂都应置于适当的容器内,贴有明显标签。无标签或者标签无法辨认的药品都要当作危险品向校资产与实验室安全管理处申请回收处置,不可随意丢弃,以免造成严重后果。

（2）存放化学品的场所必须干燥、通风、隔热、阴凉、整洁,远离热源和火源。

（3）实验室不得存放大桶试剂和大量试剂,严禁存放大量易燃易爆品及强氧化剂。

（4）化学试剂应密封分类存放,严禁将相互作用的化学品混放。表 2-5 给出了部分不能共存的甲、乙两种化学品。

表 2-5　不能共存的化学品

甲物质	乙物质
强酸（尤其是浓硫酸）	强氧化剂的盐类（如高锰酸钾、氯酸钾等）、水混放
氰化钾、硫化钠、亚硝酸钠、氯化钠、亚硫酸钠	酸
还原剂、有机物	氧化剂、硫酸、硝酸
碱金属（钠、钾等）	水
易水解的药品（醋酸酐、乙酰氯、二氯亚砜）	水溶液、酸、碱
卤素（氟、氯、溴、碘）	氨、酸及有机物
氨	卤素、汞、次氯酸、酸

（5）实验室需建立并及时更新化学品台账,及时清理报废不再使用的化学品、标签脱落或标签不清晰的化学品。

（6）余量集中存放,统一管理。在危险品存量较多的实验室建立相对集中的公共临时库房,把实验室内不常用的化学危险品集中起来统一管理,可以有效地缓解实验室化学危险品超量存放的问题,保证实验室安全和有足够的空间进行教学和科研实验。

（二）危险化学品的存放要求

1. 剧毒品

剧毒品应存放在实验室的保险柜中,并设置有 24 小时监控报警系统和红外入侵报警系统。

2. 易爆品

易爆品应与易燃品、氧化剂隔离存放,宜存于 20 ℃以下,保存在防爆试剂柜、防爆冰箱中。

3. 腐蚀品

腐蚀品应放在防腐蚀的药品柜的下端。

4. 低温存放的化学品

一般存放于10 ℃以下的冰箱中。需低温保存的挥发性易燃液体应使用防爆冰箱。普通电冰箱不可存放易燃液体,防止因气体挥发,遇电气火花引起燃烧爆炸。

5. 避光保存的药品

应用棕色瓶装或者用黑纸、黑布或铝箔包好后放入药品柜储存。

6. 特殊药品

金属钠、钾等碱金属遇水易起火,故须保存在煤油或液体石蜡中,不能露置于空气中。某些易燃物质如黄磷在空气中能自燃,必须保存在盛水玻璃瓶中,绝不能直接放在金属桶中,以免腐蚀;从水中取出后,应立即使用,不得露置于空气中过久;用后必须采取适当方法销毁残余部分,并仔细检查有无药品散失在桌面或地面上。

三、危险化学品的使用

(一)危险化学品的使用

任何接触危险化学品的工作人员都必须了解所使用的化学品的危险特性,掌握个人防护用品的选择、使用、维护和保养,掌握危险化学品事故(如溅出、泄漏等)的应急处理方法,养成良好的实验习惯,才能保证安全使用危险化学品。

(1) 实验前,应认真阅读所使用化学品的《化学品安全技术说明书》(MSDS),了解所使用的化学品的性质,采取必要的安全防护措施。

(2) 严格按照操作规程进行操作,在不影响实验结果的前提下,尽量用危险性低的物质替代危险性高的物质,减少危险化学品的用量。

(3) 使用化学品时,不能直接接触药品、品尝药品味道、把鼻子凑到容器口嗅闻药品。

(4) 一切有毒气体的操作必须在通风橱中进行,通风装置失效时禁止操作;身上沾有易燃物时,要立即清洗,不得靠近明火。

(5) 严禁在开口容器或密闭体系中用明火加热有机溶剂,不得在烘箱内存放、烘烤易燃易爆化学品。

(6) 易制毒、易制爆化学品,应严格遵守"五双"制度(即双人领、双人用、双人管、双把锁、双本账),及时在"易制毒、易制爆化学品及管制药品使用记录簿"上记录易制毒、易制爆化学品的领用及使用情况;实验完成后要及时归位并上双锁保管。

(二)剧毒品的使用安全

剧毒物品,是指只要少量侵入机体,短时间内即能致人畜死亡或严重中毒的物质,因此国家对剧毒品的管理要求非常严格。通常情况下,剧毒品存放场所都会贴有"剧毒品"标识(图2-2),标识画着骷髅头和两根交叉的骨头,以示警示。

各实验室使用剧毒品时,要特别注意以下几点。

(1) 购买剧毒品必须向二级单位、校保卫处、校资产与实验

图2-2 剧毒化学品标识

室安全管理处申请并批准备案,经公安部门审批后,由校危险品仓库统一采购。

（2）剧毒品管理严格实行"五双"制度（即双人领、双人用、双人管、双把锁、双本账）,妥善保管剧毒品申购的相关审批资料。在"剧毒化学品管理记录簿"上精确记录剧毒品的领用、使用、处置情况,防止被盗、丢失、误领、误用及中毒事故。

（3）剧毒品保管实行"谁主管,谁负责"制度,责任到人。管理人员调动,须经部门主管批准,做好交接工作,并将管理人员的名单报学校相关职能部门备案。

（4）凡使用剧毒品,必须按要求在防护设施或专用实验条件下操作。实验产生的剧毒品废液、废物等要妥善保管,不得随意丢弃、掩埋或倒入水槽,污染环境;废液、废物应集中保存,上交学校回收处理。

第七节 化学实验室安全防护与安全操作

化学实验室承载着日常的科研及教学活动,须保持清洁、整齐、安静。禁止在实验室饮食及会客,禁止将无关的物品带入实验室。

一、个人防护

为了减少实验室人身伤害事故的发生概率,降低实验风险,保护实验人员的安全、健康,每位实验人员都需要做好个人防护。做好个人防护,不仅需要正确选用和穿戴防护用品,还需要养成良好的实验习惯。

（一）实验室个人防护

1. 眼睛防护

用于眼睛的防护用品有防护眼罩、防护眼镜和防护面罩。

（1）防护眼罩:可以防止有毒气体、烟雾、飞溅的液体、颗粒物及碎屑对眼睛的伤害。化学实验过程中要求实验者必须佩戴防护眼罩。

（2）防护眼镜:镜片应能反射或吸收辐射线,但能透过一定的可见光,佩戴防护眼镜可用于防御紫外线或强光等对眼睛的危害,如防辐射护目镜和焊接护目镜等。

（3）防护面罩:当需要整体考虑眼睛和面部同时防护的需求时可使用防护面罩,如防酸面罩、防毒面罩、防热面罩和防辐射面罩等。

需要注意的是,普通眼镜不能起到可靠的防护作用,实验过程中需额外佩戴防护眼罩。另外,不要在化学实验过程中佩戴隐形眼镜。

2. 手部防护

（1）防护手套。

防护手套按用途可分为化学防护手套、高温耐热手套、防辐射手套、低温防护手套、焊接手套、绝缘手套、机械防护手套等。由于各种化学物质对不同材质的手套具有不同的渗透能力,因此化学防护手套又有多个品种。下面介绍几种实验室常用的化学防护手套。

① 天然橡胶手套。材料为天然橡胶,柔曲性好,富有弹性,佩戴舒适。天然橡胶手套具备较好的抗撕裂、刺穿、磨损和切割的性能,广泛用于实验室中。天然橡胶手套对水溶液,如酸、碱、盐的水溶液具有良好的防护作用。但不能接触油脂和碳氢化合物的衍生物,接触后会发生膨胀降解而老化。天然橡胶中含有可能引起过敏反应的乳胶蛋白,不能很好地适合每一位使用者。

② 一次性乳胶手套。其基本材质同天然橡胶手套,采用无粉乳胶加工而成,无毒、无害;拉力好,贴附性好,使用灵活;表面化学残留物低,离子含量低,颗粒含量少,适用于严格的无尘室环境,常用于生物医药、医疗、精密电子、食品行业。一次性乳胶手套也含有可能引起过敏反应的乳胶蛋白。

③ 乙烯基手套。乙烯基手套是采用聚乙烯吹膜压制而成的一次性透明薄膜手套,可左右手混用,具有无毒、防水、防油污、防细菌、抗菌、耐酸、耐碱的特性,使用起来非常方便,但不耐磨损。其广泛用于化验检验、餐饮、食品、卫生、家庭清洁、机械园艺等领域。

④ 氯丁橡胶手套。氯丁橡胶的防酸、酒精、溶剂、酯、油脂和动物油的性能非常好,也能抗撕裂、刺穿、磨损和切割,且不含可能引起过敏反应的乳胶蛋白。氯丁橡胶手套防化、抗老化性能出色,广泛用于化学、化工、石油等涉化行业,是天然橡胶手套和乙烯基手套的有效替代产品。

⑤ 丁腈橡胶手套。丁腈橡胶手套的防酸、碱、溶剂、酯、油脂和动物油的性能非常好,对碳氢化合物的衍生物耐受性也很强。其防撕裂、刺穿、磨损和切割的性能要比氯丁橡胶手套和聚乙烯手套好,且不含可能引起过敏反应的乳胶蛋白。丁腈橡胶手套是天然橡胶手套、乙烯基手套和氯丁橡胶手套的替代产品。

⑥ 氟橡胶防化手套。氟化的聚合物,基底类似于特氟龙(聚四氟乙烯)类,其表面活化能低,所以液滴不会停留在表面,可防止化学渗透,对于含氯溶剂及芳香族烃具有很好的防护效果。

(2) 使用防护手套时的注意点。

要使防护手套对手部发挥真正有效的防护作用,仅选择合适的手套品种是不够的,还需要正确使用。使用时需要注意以下几点:

① 每次使用之前要检查手套是否老化、损坏。

② 脱下手套前要适当清洗手套外部。

③ 在脱下已污染的手套时要避免污染物外露及接触皮肤。

④ 已被污染的手套要先包好再丢弃。

⑤ 可重复使用的手套在使用后要彻底清洁及风干。

⑥ 选择适当尺码的手套。

⑦ 接触有毒物质的手套要在通风橱内脱下。

⑧ 禁止在实验室外佩戴实验手套,禁止戴着实验手套接触日常用品,如电话、开关、键盘、笔、门把手等。

⑨ 手套不用时要放在实验室里,远离挥发性物质,不要带到办公室、休息室及饭厅里。

3. 身穿防护服

防护服可以防止躯体受到各种伤害,同时防止日常着装受到污染。普通的防护服即实验服一般多以棉或麻为材料,制成长袖、过膝的对襟大褂形式,颜色多为白色,俗称白大褂。实验危害性和污染较小时,还可穿着防护围裙。当进行一些对身体危害较大的实验时,需要穿着专门的防护服。在高温或低温作业环境下,防护服要能保温;在潮湿或浸水环境下,防护服要能防水;若可能接触化学液体,防护服要具有化学防护功能;在特殊环境下,防护服要能阻燃、防静电、防射线等。

4. 呼吸防护

实验室中一般使用防护口罩、防毒面具,防止有毒气体或粉尘对呼吸系统造成伤害。

(1) 棉布/纱布口罩。其功能与厚度相关,但由于纱布纤维之间的间隙大,仅能过滤空气中较大的颗粒物,阻挡口鼻飞沫,对空气中微粒的过滤能力极为有限,对有害气体几乎没有过滤作用。其优点是洗涤后可以反复使用。

(2) 一次性无纺布口罩。经过静电处理的无纺布不仅可以阻挡较大的粉尘颗粒,而且还可利用其表面的静电荷引力将细小的粉尘吸附住,具有较高的阻尘效率。同时滤料的厚度很薄,大大降低了使用者的呼吸阻力,舒适感很好。

(3) 活性炭口罩。其由无纺布、活性炭纤维布、熔喷布材料构成,为一次性口罩。由于口罩内装有活性炭素钢纤维滤片,对空气中低浓度的苯、氨、甲醛及有异味和恶臭的有机气体、酸性挥发物、农药、刺激性气体等多种有害气体及固体颗粒物可起到吸附、阻隔作用,具备防毒和防尘的双重效果。

(4) 防尘口罩。美国国家职业安全卫生研究院将粉尘类呼吸防护口罩按中间滤网的材质分为 N、R、P 三种。N 代表 Not resistant to oil,可用来防护非油性悬浮微粒;R 代表 Resistant to oil,可用来防护非油性及含油性悬浮微粒;P 代表 oil Proof,可用来防护非油性及含油性悬浮微粒,其防油程度更高。按滤网材质的最低过滤效率,又可将口罩分为下列三种等级:95 等级,表示最低过滤效率为 95%;99 等级,表示最低过滤效率为 99%;100 等级,表示最低过滤效率为 99.97%。达到这些标准的口罩都能有效过滤悬浮微粒或病菌。N95 口罩可阻挡北方冬天的雾霾进入呼吸系统,对呼吸系统可起到有效的防护作用。

(5) 防毒面具。防毒面具根据配套的滤盒不同,可以对颗粒、粉尘、病毒及有机气体、酸性气体、无机气体、酮类、氨气、汞蒸气、二氧化硫等几十种气体起到防护作用。防毒面具本身不具有防毒功能,防毒面具需与相应的滤盒、滤棉等过滤产品配套使用时才能达到滤毒效果。使用时面具可以长期使用,配套滤盒需定期更换,滤盒一般可以使用 15~30 天。

5. 头部防护

实验过程中必须束起长发,必要时佩戴防护帽或头罩。在可能存在物体坠落或击打危险的环境中,还需佩戴安全帽。

6. 足部防护

实验人员不得在实验室内穿拖鞋。根据实验的危险特点,需穿防腐蚀、防渗透、防滑、防砸、防火花的保护鞋。

（二）实验室防护设备

1. 通风柜（通风橱）

通风柜是实验室中最常用的一种局部排风设备。通风柜的结构是上下式，其顶部有排气孔，可安装风机。上柜中有导流板、电路控制触摸开关、电源插座等，透视窗采用钢化玻璃，可左右或上下移动。下柜采用实验边台样式，上面有台面，下面是柜体。台面上可安装小水杯和龙头。当实验操作中涉及有害气体、臭气、湿气及易燃、易爆、腐蚀性物质时，需在通风柜内进行，这样可以保护使用者自身安全，同时防止实验中的污染物质向实验室内扩散。使用时，人站或坐于柜前，将玻璃门尽量放低，手通过门下伸进柜内进行实验。由于排风扇通过开启的门向内抽气，在正常情况下有害气体不会大量溢出。

2. 紧急洗眼器和冲淋设备

紧急洗眼器和冲淋设备是在有毒、有害危险作业环境下使用的应急救援设施。按功能可分为紧急洗眼器、紧急喷淋器和复合式洗眼器（具备洗眼和冲淋双重功能）三种。当发生意外伤害事故时，可通过快速喷淋、冲洗，降低有害物质对人体皮肤、眼表层的伤害与刺激作用。但这些设备只是对眼睛和身体进行初步的处理，不能代替医学治疗，情况严重者必须尽快进行进一步的医学治疗。目前高等学校实验室中安装的多是台式紧急洗眼器和复合式洗眼器。

3. 急救药箱

急救药箱用于实验室意外事故的紧急处理，药箱内常备的药品和医疗器具有医用酒精、碘酒、红药水、紫药水、创可贴、烫伤油膏、医用镊子、剪刀、纱布、药棉、棉签、绷带等。药箱专供急救用，不允许随便挪动，平时不得动用其中器具。

4. 灭火器具

实验室常备的灭火器具有灭火器、消火栓、防火毯、灭火沙箱等。

二、化学实验室安全操作常识

实验室人员必然严格遵守化学实验室操作规程。大多数化学品都具有毒性、刺激性、腐蚀性、致癌性、易燃性或爆炸性等危险危害性。有些化学品单独使用时是安全的，若实验中因实验安排或意外与其他化学品混合，则可能发生危险。故接触和使用化学品的人员必须注意化学品要单独使用，了解化学效应可能引起的危险情况，并学会适当的控制和预防措施。

（一）化学品使用过程中的防护

在开展化学化工实验前必须查阅《化学品安全技术说明书》（MSDS），充分了解化合物本身的性质及在反应过程中可能产生的危险情况，其中，反应时产生的热量和压力、副反应及有毒有害化合物等是实验过程中必须密切关注的环节。

1. 防毒

a. 实验前，应了解所用药品的毒性及防护措施。

b. 操作有毒气体(如 H_2S、Cl_2、Br_2、NO_2、浓 HCl 和 HF 等)时,应在通风橱内进行。

c. 苯、四氯化碳、乙醚、硝基苯等的蒸气会引起中毒。它们虽有特殊气味,但久嗅会使人嗅觉减弱,所以应在通风良好的情况下使用。

d. 有些药品(如苯、有机溶剂、汞等)能透过皮肤进入人体,应避免与皮肤接触。

e. 氰化物、高汞盐[$HgCl_2$、$Hg(NO_3)_2$ 等]、可溶性钡盐($BaCl_2$)、重金属盐(如镉、铅盐)、三氧化二砷等剧毒药品,应妥善保管,使用时要特别小心。

f. 禁止在实验室内喝水、吃东西。饮食用具不要带进实验室,以防毒物污染,离开实验室及饭前要洗净双手。

2. 防爆

可燃气体与空气混合,当两者比例达到爆炸极限时,受到热源(如电火花)的诱发,就会引起爆炸。

a. 使用可燃性气体时,要防止气体逸出,室内通风要良好。

b. 操作大量可燃性气体时,严禁同时使用明火,还要防止发生电火花及其他撞击火花。

c. 有些药品如叠氮铝、乙炔银、乙炔铜、高氯酸盐、过氧化物等受震和受热都易引起爆炸,使用时要特别小心。

d. 严禁将强氧化剂和强还原剂放在一起。

e. 在使用久藏的乙醚前,应除去其中可能产生的过氧化物。

f. 进行容易引起爆炸的实验时,应有防爆措施。

3. 防火

a. 许多有机溶剂如乙醚、丙酮、乙醇、苯等非常容易燃烧,大量使用时室内不能有明火、电火花或静电放电。实验室内不可存放过多的这类药品,用后还要及时回收处理,不可倒入下水道,以免聚集引起火灾。

b. 有些物质如磷、钠、钾、电石及金属氢化物等,在空气中易氧化自燃。还有一些金属如铁、锌、铝等粉末,比表面积大,也易在空气中氧化自燃。这些物质要隔绝空气保存,使用时要特别小心。

实验室如果着火,不要惊慌,应根据情况进行灭火,常用的灭火剂有水、干沙、二氧化碳灭火器、四氯化碳灭火器、泡沫灭火器和干粉灭火器等。可根据起火的原因选择使用:

- 钠、钾、镁、铝粉、电石、过氧化钠着火,应用干沙灭火。
- 比水轻的易燃液体,如汽油、苯、丙酮等着火,可用泡沫灭火器灭火。
- 有灼烧的金属或熔融物的地方着火,应用干沙或干粉灭火器灭火。
- 电气设备或带电系统着火,可用二氧化碳灭火器或四氯化碳灭火器灭火。

4. 防灼伤

强酸、强碱、强氧化剂、溴、磷、钠、钾、苯酚、冰醋酸等都会腐蚀皮肤,特别要防止溅入眼内。液氧、液氮等低温化学品也会严重灼伤皮肤,使用时要小心。万一灼伤,应及时治疗。

(二) 常用化学操作单元的规范与安全

1. 回流反应操作的规范与安全

回流反应是化学反应中最常见、最基本的操作之一，适用于需长时间加热的反应或用于处理某些特殊的试剂。由于反应可以保持在液体反应物或溶剂的沸点附近(较高温度)进行，因此可显著地提高反应速率、缩短反应时间。回流反应装置一般由加热、反应瓶、搅拌、冷凝、干燥、吸收等几个部分组成。

(1) 操作规范。

a. 确定主要仪器(通常是烧瓶)的高度，按从下至上、从左到右的顺序安装。

b. S 夹应开口向上，以免由于其脱落，导致烧瓶夹失去支撑；烧瓶夹应套有橡皮管，以免金属与玻璃直接接触；固定烧瓶夹和玻璃仪器时，用左手手指将双钳夹紧，再逐步拧紧烧瓶夹螺丝，做到不松不紧。

c. 烧瓶夹应分别夹在烧瓶的磨口部位及冷凝管的中上部位置。

d. 冷凝管的冷凝水采取"下进水、上出水"方式通入，即进水口在下方，出水口在上方。

e. 正确安装好装置后，应先将冷却水通入冷凝管中，然后开始加热，并根据反应特点控制加热速度。

f. 当烧瓶中的液体沸腾后，调整加热装置，控制反应速度，一般以上升的蒸气环不超过冷凝管的长度的 1/3 为宜。温度过高，蒸气来不及被充分冷凝，不易全部回到反应瓶中；温度过低，反应体系不能达到较高的温度值，使得反应时间延长。

g. 反应完毕，拆卸装置时应先关掉电源，停冷凝水，再拆卸仪器。拆卸顺序与安装顺序相反，其顺序是从右至左，先上后下。

h. 进行回流反应时，必须有人在现场，不得出现脱岗现象。

i. 进入实验室要做好个人的安全防护，穿实验服，必要时应佩戴防护眼镜、面罩和手套等。

(2) 安全事项。

a. 安装仪器前应仔细检查玻璃仪器有无裂纹、是否漏气，以免在反应过程中出现液体泄漏或气体冲出而造成事故。

b. 采用电加热包加热时，一般不要使烧瓶底部与加热包贴上，以免造成反应体系局部过热。

c. 要充分考虑到冷凝水水压的变化(如白天和晚上的区别)，以免由于水压太大，造成进水管脱落，引发漏水跑水事故。

d. 一般的回流反应需要加沸石或搅拌，以免引起暴沸。

e. 一定要使反应体系与大气保持相通，切忌将整个装置密闭，以免发生安全事故。

f. 对于低沸点、易挥发或有毒有害的气体，应采取必要的冷凝和吸收措施。

2. 蒸馏及减压蒸馏操作的规范与安全

蒸馏及减压蒸馏是分离和提纯有机化合物的常用方法，减压蒸馏特别适用于那些在常压蒸馏时未达沸点即已受热分解、氧化或聚合的物质。蒸馏部分由蒸馏瓶、克氏蒸馏头、毛细管、温度计及冷凝管、接收器等组成;减压蒸馏装置主要由蒸馏、抽气(减压)、安全保护和测压部分组成。由于蒸馏或减压蒸馏的物料大多数易燃、易爆、有毒或有腐蚀性,蒸馏过程还涉及玻璃仪器内压力的变化,因此,蒸馏过程中如果操作不当有可能引起爆炸、火灾、中毒等危险。

(1) 操作规范。

a. 蒸馏装置必须正确安装。常压操作时,切勿造成密闭体系;减压蒸馏时,要用圆底烧瓶或吸滤瓶做接收器,不可用锥形瓶或平底烧瓶,否则可能会发生炸裂甚至爆炸。减压蒸馏按要求安装好仪器后,先检查系统的气密性。若使用毛细管作汽化中心,应先旋紧毛细管上的螺旋夹子,打开安全瓶上的二通活塞,然后开启真空泵,逐渐关闭活塞。如果系统压力可以达到所需真空度且基本保持不变,说明系统密闭性较好;若压力达不到要求或变化较大,说明系统有漏气,应逐个仔细检查各个接口的连接部位,必要时加涂少量真空脂进一步密封。

b. 蒸馏或减压蒸馏时,需蒸馏液体的加入量不得超过蒸馏瓶容积的1/2。减压蒸馏时,在加入药品后,关闭安全瓶上的活塞,开真空泵抽气,通过毛细管上的螺旋夹调节空气的导入量,以能冒出一连串小气泡为宜。

c. 严禁明火直接加热,应根据液体沸点的高低使用油浴、沙浴或水浴。加热速度宜慢不宜快,避免液体局部过热,一般控制馏出速率为 1~2 滴/s。蒸馏某些有机物时,严禁蒸干。

d. 蒸馏易燃物质时,装置不能漏气,如有漏气,则应立即停止加热,检查原因,解决漏气问题后再重新开始。接收器支管应与橡皮管相连,使余气通往水槽或室外。循环冷凝水要保持畅通,以免大量蒸气来不及冷凝溢出而造成火灾。

e. 减压蒸馏完毕,撤去热源,再稍微抽片刻,使蒸馏瓶及残留液冷却。缓慢打开毛细管上的螺旋夹,并打开安全瓶上的活塞,使系统与大气相通,内外压力平衡后关泵。

(2) 安全事项。

a. 蒸馏装置不可形成密闭体系;减压蒸馏时应使用克氏蒸馏头,以减少液体暴沸而溅入冷凝管的可能性。

b. 在减压条件下,蒸气的体积比常压下的大得多,液体的加入量应严格控制,不可超过蒸馏瓶体积的一半。

c. 减压蒸馏应使用二叉管或三叉管作接液管,接收不同馏分时,只需转动接液管即可,不会破坏系统的真空状态。

d. 减压蒸馏时,加入药品后,要待稳定时再开始加热。因为减压条件下,物质的沸点会降低,加热过程中抽真空可能会引起液体暴沸。

e. 蒸馏加热前应放 2~3 粒沸石以防止暴沸。若在加热后发现未加沸石,应立即停止加热,待被蒸馏的液体冷却后补加沸石,然后重新开始加热。严禁在加热时补加沸石,否则会因暴沸而发生事故。减压蒸馏时,需用毛细管或磁搅拌代替沸石,防止暴沸,使蒸馏平稳进行,避免因液体过热而产生暴沸冲出的现象。

f. 在减压蒸馏系统中,要使用壁厚耐压的玻璃仪器,切勿使用壁薄或有裂缝的玻璃仪器,尤其不能用不耐压的平底瓶(如锥形瓶等)做接收器,以防止爆炸。

g. 减压蒸馏结束后,一定要待体系通大气后再关泵,不能直接关泵,否则有可能引起倒吸。

3. 水蒸气蒸馏的操作规范与安全

水蒸气蒸馏是提纯、分离有机化合物常用的方法之一。这种方法是在不溶于水或难溶于水的有机物中通入水蒸气或与水共热,从而将水与有机化合物一起蒸出,达到分离和提纯的目的。被分离的有机化合物具有如下特性:难溶或不溶于水;长时间与水共沸不会发生化学反应;在100 ℃左右,具有一定的蒸气压,一般不小于1.33 kPa。常用于从大量树脂状杂质或不挥发性杂质中分离有机物;从固体混合物中分离容易挥发的物质;常压下蒸馏易分解的化合物。水蒸气蒸馏装置通常由水蒸气发生器、蒸馏部分和接收部分组成。

(1) 操作规范。

a. 水蒸气发生器可以是金属容器或大的圆底烧瓶,水的量以其容积的2/3为宜。

b. 水蒸气发生器中的安全管应插到发生器的底部,若体系内压力增大,水会沿玻璃管上升,起到调节压力的作用。

c. 水蒸气发生器至蒸馏瓶之间的蒸气导管应尽可能短,以减少蒸气的冷凝量。

d. 蒸气导管的下端应尽量接近蒸馏瓶的底部,但不能与瓶底接触。

e. 当有大量蒸气冒出并从T形管冲出时,旋紧螺旋夹,开始蒸馏。如果由于水蒸气的冷凝而使蒸馏瓶内液体增多,可适当加热蒸馏瓶。

f. 控制蒸馏速率,馏出速率以2~3滴/s为宜。

g. 通过观察水蒸气发生器的液面,可了解蒸馏是否顺畅。如水平面上升很快,说明系统有堵塞,应立即旋开螺旋夹,撤去热源,进行检查。

h. 当馏出液无明显油珠、澄清透明时停止蒸馏,松开螺旋夹,移去热源,防止发生倒吸现象。

(2) 安全事项。

a. 水蒸气蒸馏操作时,先将被蒸溶液置于长颈圆底烧瓶中,加入量不超过其容积的1/3。

b. 加热水蒸气发生器,直至水沸腾,当有大量水蒸气产生时,关闭两通活塞,使水蒸气平稳均匀地进入圆底烧瓶中。

c. 为了使蒸气不致在蒸馏瓶中冷凝而积累过多,必要时可适当对其加热,但应控制加热速度,使蒸气能在冷凝管中全部冷凝下来。

d. 当蒸馏固体物质时,如果随水蒸气挥发的物质具有较高的熔点,易在冷凝管中凝结为固体,此时应调小冷凝水的流速,使其冷凝后仍然保持液态。如果已有固体析出并且接近阻塞时,可暂停冷凝水甚至将冷凝水放掉,若仍然无效,则应立即停止蒸馏。

e. 若冷凝管已被阻塞,应立即停止蒸馏,并设法疏通(可用玻璃棒将阻塞的晶体捅出或用电吹风的热风吹化结晶,也可在冷凝管夹套中灌以热水,使之熔化后流出来);当冷凝管夹套中需要重新通入冷却水时,要小心缓慢,以免冷凝管因骤冷而破裂。

f. 当中途停止蒸馏或结束蒸馏时,一定要先打开T形管下方的螺旋夹,使其与大气相通,才可停止加热,以防蒸馏瓶中的液体倒吸到水蒸气发生器中。

g. 在蒸馏过程中,如果安全管中的水位迅速上升,则表示系统中发生了堵塞,此时应立即打开活塞,然后移去热源,待解决了堵塞问题后再继续进行水蒸气的蒸馏。

4. 萃取与洗涤操作的规范与安全

萃取和洗涤是分离、提纯有机化合物常用的操作。萃取是用溶剂从液体或固体混合物中提取所需要的物质,洗涤是从混合物中洗掉少量的杂质,洗涤实际上也是一种萃取。实验室中最常见的萃取仪器是分液漏斗。

(1) 操作规范。

a. 选用容积比萃取液总体积大一倍以上的分液漏斗。

b. 加入一定量的水,振荡,检查分液漏斗的塞子和旋塞是否严密、分液漏斗是否漏水,确认不漏后方可使用。将其放置在固定于铁架上的铁环中,关好活塞。

c. 将被萃取液和萃取剂(一般为被萃取液体积的1/3)依次从上口倒入漏斗中,塞紧顶塞(顶塞不能涂润滑脂)。

d. 取下分液漏斗,用右手手掌顶住漏斗上面的塞子并握住漏斗颈,左手握住漏斗活塞处,拇指压紧活塞,把分液漏斗放平,并前后振摇,尽量使液体充分混合。开始阶段,振摇要慢,振荡后,使漏斗上口向下倾斜,下部支管指向斜上方,左手仍握着活塞支管处,用拇指和食指旋开活塞放气。

e. 仍保持原倾斜状态,下部支管口指向无人处,左手仍握在活塞支管处,用拇指和食指旋开活塞,释放出漏斗内的蒸气或产生的气体,使内外压力平衡,此操作也称"放气"。如此重复至放气时只有很小压力后,再剧烈振荡2~3 min,然后将漏斗放回铁圈中静置。

f. 待液体分成清晰的两层后,进行分离,分离液层时,慢慢旋开下面的活塞,放出下层液体。上层液体从上口倒出,不可从下口放出,以免被残留的下层液体污染。

(2) 安全事项。

a. 不可使用有泄漏的分液漏斗,以免液体流出或气体喷出,确保操作安全。

b. 上口塞子不能涂抹润滑脂,以免污染从上口倒出的液体。

c. 振摇时一定要及时放气,尤其是当使用低沸点溶剂或者用酸、碱溶液洗涤产生气体时,振摇会使其内部出现很大的压力,如不及时放气,漏斗内的压力会远大于大气压力,就会顶开塞子,出现喷液,有可能造成伤害事故。

d. 振摇时,支管口不能对着人,也不能对着火,以免发生危险。

e. 若一次萃取不能达到要求,可采取多次萃取的办法。

5. 干燥操作的规范与安全

干燥是指除去化合物中的水分或少量的溶剂。一些化学实验需在无水的条件下进行,所有原料和试剂都要经过无水处理,在反应过程中还要防止潮气的侵入。有机化合物在蒸馏之前也必须进行干燥,以免加热时某些化合物会发生水解,或与水形成共沸物。测定化合物的物理常数,对化合物进行定性、定量分析,利用色谱、紫外光谱、红外光谱、核磁共振、质谱等方法对化合物进行结构分析和测定,都必须使化合物处于干燥状态,才能得到准确可信的结果。干燥的方法包括物理干燥和化学干燥,这里主要介绍化学干燥。化学干燥是利用干燥剂除去水,按照去水作用分为两类:一类是干燥剂与水可逆地结合成水合物,如硫酸镁、氯化钙等;另一类是干燥剂与水反应生产新的化合物,是不可逆的,如金属钠、五氧化二磷等。

(1) 操作规范。

a. 所选用的干燥剂不能与被干燥的化合物发生化学反应,也不能溶解在该溶剂中。

b. 要综合考虑干燥剂的吸水容量和干燥效能,有些干燥剂虽然吸水容量大,但干燥效果不一定很好。

c. 干燥剂的用量与所干燥的液体化合物的含水量、干燥剂的吸水容量等多种因素有关:干燥剂加入量过少,起不到完全干燥的作用;干燥剂加入量过多,会吸附部分产品,影响产品的产量。

d. 将被干燥液体放入干燥的锥形瓶(最好是磨口锥形瓶)中,加入少量的干燥剂,塞好塞子,振摇锥形瓶。如果干燥剂附着在瓶底并板结在一起,说明干燥剂的用量不够。当看到锥形瓶中液体澄清且有松动游离的干燥剂颗粒时,可以认为此时的干燥剂用量已够。

e. 塞紧塞子,静置一段时间(一般 30 min 以上)。

(2) 安全事项。

a. 酸性化合物不能用碱性干燥剂干燥,碱性化合物不能用酸性干燥剂干燥。

b. 强碱性干燥剂(如氧化钙、氢氧化钠等)能催化一些醛、酮发生缩合反应、自动氧化反应,也可以使酯、酰胺发生水解反应。

c. 有些干燥剂可与一些化合物形成配合物,因此不能用于这些化合物的干燥。

d. 氢氧化钠(钾)易溶解在低级醇中,所以不能用于干燥低级醇。

e. 对于含水量大的化合物,可先使用吸附容量大的干燥剂干燥,再用干燥效能高的干燥剂干燥。

6. 重结晶与过滤操作的规范与安全

在有机化学反应中,固体有机产物中常含有一些副产物、未反应完的原料和某些杂质,重结晶就是提纯固体有机化合物的有效方法。这种方法是利用有机化合物在不同溶剂中及不同温度条件下的溶解度不同,使被提纯物质从过饱和溶液中析出,而杂质全部或大部分仍留在溶液中,从而达到提纯的目的。重结晶一般包括选择适当溶剂、制备饱和溶液、脱色、过滤、冷却结晶、分离、洗涤、干燥等过程。

(1) 操作规范。

a. 选择溶剂的条件:不与重结晶物质发生化学反应;在较高温度时,重结晶物质在溶剂中溶解度较大,而在室温或低温时,溶解度应很小;杂质不溶于热的溶剂中,或者杂质在低温时极易溶于溶剂中,不随晶体一起析出;能结出较好的晶体且易于分离除去;无毒或毒性很小,便于操作。

b. 热的饱和溶液的制备:通过试验结果或查阅溶解度数据,计算所需溶剂的量。若溶剂加入量太少,会形成过饱和溶液,晶体析出很快,热过滤时会有大量的结晶析出并残存在滤纸上,影响产品的收率;若溶剂加入量过多,不能形成饱和溶液,冷却后析出的晶体少。

c. 一般用活性炭除去有色杂质和树脂状物质,其加入量为固体量的1%~5%。若加入量太少,不能达到脱色的目的;若加入量太多,会使产品包裹在活性炭中而降低产量。加入活性炭后再煮沸5~10 min,趁热过滤。

d. 抽滤前先将剪好的滤纸放入布氏漏斗。滤纸的直径不可大于漏斗底边缘,否则滤液会从折边处流过造成损失。将滤纸润湿后,可先倒入部分滤液(不要将溶液一次倒入),启动水循环泵,通过缓冲瓶(安全瓶)上二通活塞调节真空度,开始时真空度不要太高,这样不致将滤纸抽破,待滤饼已结一层后,再将余下溶液倒入,逐渐提高真空度,直至抽"干"为止。

(2) 安全事项。

a. 为避免溶剂挥发、可燃性溶剂着火或有毒溶剂导致中毒,必要时应在锥形瓶上装置回流冷凝管,溶剂可从冷凝管的上端加入。

b. 若使用煤气灯等明火加热,当所用溶剂易燃易爆(如乙醚)时,应特别小心,热过滤时应将火源撤掉,以防引燃着火。

c. 如果在溶液沸腾状态下加入活性炭,会引起暴沸,液体喷射造成烫伤或其他事故,因此,在加入活性炭之前,应将溶液稍微冷却一下,然后加入。

d. 热过滤时先用少量热的溶剂润湿滤纸,以免干滤纸由于吸收溶液中的溶剂,析出结晶而堵塞滤纸孔,影响抽滤效果。

e. 抽滤结束后,先打开放空阀,使系统与大气相通,再停泵,以免产生倒吸现象。

7. 搅拌装置操作的规范与安全

搅拌的作用有:可以使两相充分接触、反应物混合均匀和被滴加原料快速均匀分散;使温度分布均匀,避免或减少因局部过浓、过热而引起副反应的发生;在密闭容器中加热,可防止暴沸;缩短时间,加快反应速度或蒸发速度。常见的搅拌装置有机械搅拌器和磁力搅拌器两种。

(1) 机械搅拌器。机械搅拌器是由电机带动搅拌棒转动从而达到搅拌目的的一种装置,主要由电动机、搅拌棒和搅拌密封装置三部分组成。

① 操作规范。

a. 安装搅拌装置时,要求搅拌棒垂直安装,与反应仪器的管壁无摩擦和碰撞,转动灵活。

b. 搅拌棒与电机轴之间可通过两节橡皮管和一段玻璃棒连接。不能将玻璃搅拌棒直接与搅拌电机轴相连,以免造成搅拌棒磨损或折断。

c. 搅拌棒的形状有多种,但安装时,都要求搅拌棒下端距瓶底应有适当的距离,太远会影响搅拌效果(如积聚于底部的固体可能得不到充分搅拌),但也不能贴在瓶底上。

② 安全事项。

a. 不能在超负荷状态下使用机械搅拌器,否则易导致电机发热而烧毁。

b. 使用时必须接上地线,确保安全。

c. 适当的搅拌速度可以减小振动,延长仪器的使用寿命。

d. 操作时,若出现搅拌棒不同心、搅拌不稳的现象,应及时关闭电源,调整相关部位。

e. 平时要注意保持仪器的清洁干燥,防潮防腐蚀。

(2) 磁力搅拌器。磁力搅拌器是利用磁性物质同性相斥的特性,通过可旋转的磁铁片带动磁转子旋转而达到搅拌目的的一种装置。磁力搅拌器一般都由可调节磁铁转速的控制器和可控制温度的加热装置组成,适用于黏稠度不是很大的液体或者固液混合物。磁力搅拌器比机械搅拌器装置简单、易操作,且更加安全,缺点是不适用于大体积和黏稠体系的搅拌。

① 操作规范。

a. 使用之前应检查调速旋钮是否归零,电源是否接通,以确保安全。

b. 选择大小适中的磁转子,加入试剂之前试运转,以保证搅拌效果。

c. 打开搅拌开关,由低到高逐级调节调速旋钮,使之达到所需转速。

d. 若发现磁转子出现不转动或跳动时,检查转子与反应器的相对位置是否正确。

e. 及时收回磁转子,不要随反应废液或固体倒掉。

f. 保持适当转速,防止其剧烈振动,尽量避免长时间高速运转。

② 安全事项。

a. 使用前要认真检查仪器的配置连接是否正确,选择合适的磁转子。

b. 不要高速直接启动,以免搅拌子因不同步而引起跳动。

c. 不搅拌时不应加热,不工作时应关掉电源。

d. 使用时最好连接上地线,以免发生事故。

8. 真空系统操作的规范与安全

真空操作是化学实验中常见的基本操作之一,如减压蒸馏、抽滤、真空干燥、旋转蒸馏等操作时经常使用真空装置。其种类很多,实验室常用的真空泵有水泵和油泵两种。若并不要求真空度很低,可用水泵;若要求真空度很低,则需要用油泵。

(1) 操作规范。

a. 首次使用水泵时应加水至溢水管出水为止,并注意必须经常更换水箱中的水,保持水箱清洁,延长仪器的使用寿命。

b. 可将箱体进水孔用橡皮管连接在水龙头上,用另一根橡皮管连接在溢水嘴上并插入实验台排水槽,使之连续循环进水,使有机溶剂不会长期留在箱内而腐蚀泵体。

c. 检查实验装置连接是否正确、密闭,将实验装置的抽气套管连接在泵的真空接头上,启动按钮(开关)即开始工作,双头抽气可单独或并联使用。

d. 减压系统必须保持密闭不漏气,所有的橡皮塞的大小和孔道要合适,要用真空用的橡皮管。在玻璃仪器的磨口处应涂上凡士林,在高真空处应涂抹真空油脂。

e. 用水泵抽气时,应在水泵前装上安全瓶,以防水压下降,水流倒吸;停止抽气前,应先使系统与大气连接,然后再关泵。

f. 使用油泵前,应检查油位是否在油标线位置;在蒸馏系统和油泵之间,必须装有缓冲和吸收装置。蒸馏挥发性较大的有机溶剂时,蒸馏前必须用水泵彻底抽去系统中有机溶剂的蒸气,否则达不到所需的真空要求。

g. 由于水分或其他挥发性物质进入泵内而影响极限真空时,可开气镇阀将其排出,当泵油受到机械杂质或化学杂质污染时,应及时更换泵油。

(2)安全事项。

a. 与泵油发生化学反应、对金属有腐蚀性或含有颗粒物质的气体,以及含氧过高、爆炸性的气体,不适用于真空泵。

b. 油泵不能空转和倒转,否则会导致泵的损坏。

c. 酸性气体会腐蚀油泵,水蒸气会使泵油乳化,降低泵的效能甚至抽坏真空泵。要按要求使用符合规定的真空泵油,泵油必须干燥清洁。

d. 若泵油的加入量过多,运转时会从排气口向外喷溅;若油量不足,会造成密封不严,导致泵内气体渗漏。

e. 油泵停止运转时,应先将系统与泵间的阀门关闭,同时打开放气阀,使空气进入泵中,然后关掉泵的电源,避免回油现象的发生。

f. 使用时,如果因系统损坏等特殊事故,泵的进气口突然暴露在大气中,应尽快停泵,并及时切断与系统连接的管道,防止喷油。

三、化学实验室安全操作规则

所有进入实验室的师生,需要时刻保持安全意识,牢记安全规则,进行安全操作。

(1)需开始任何新的或更改过的实验操作前,切莫想当然操作,一定要在教师指导下,或自我学习,了解所有物理、化学、生物方面的潜在危险及相应的安全措施后才能操作。使用化学药品前应先了解常用化学品的危险等级、危险性质及出现事故的应急处理预案等。

(2)进入实验室工作的人员,必须熟悉实验室及其周围的环境,如水阀、电闸、灭火器及实验室外消防水源等设施位置,会熟练使用灭火器。

(3)实验进行过程中,不得随意离开岗位,要密切注意实验的进展情况。

(4)进入实验室的人员需穿白大褂,不得穿凉鞋、高跟鞋或拖鞋;留长发者应束扎头发;离开实验室时须换掉工作服。

(5)进行有危险的实验时,要根据实验情况采取必要的安全措施,如戴防护眼镜、面罩或橡胶手套等。

(6)实验用化学试剂不得入口,严禁在实验室内吸烟或饮食饮水。实验结束后要仔细洗手。

(7)使用电器时,谨防触电。在通电时不得用湿手接触电器或电插座。实验完毕,应将电器的电源切断。

(8)禁止明火加热,尽量使用水浴、电热套、电陶炉等加热设备等。

(9)实验所产生的化学废液应按有机、无机和剧毒等分类收集存放,严禁倒入下水道。并尽量回收利用,减少污染。

(10)对易燃、易爆、剧毒化学试剂和高压气瓶,要严格按有关规定领用、存放和保管。

(11) 实验室内严禁会客、喧哗,严禁私自拥有实验室钥匙或外借实验室钥匙。

(12) 实验人员或最后离开实验室的工作人员应检查水阀、电闸、煤气阀等,关闭门、窗、水、电、气后,才能离开实验室。

第八节 化学实验室常见险情及处理

实验时发生险情,受伤的可能不仅仅是实验室的工作人员,损失的也可能不仅仅是实验室的设备,我们需要提高应对突发性灾害的能力,做到遇灾不慌、临阵不乱,正确判断、处理,以减少伤亡和其他损失。

一、化学实验室如何避免灾害

只要人们了解各种化学实验事故发生的原因,遵循操作规程,认真仔细进行操作,就可最大程度地避免各种事故的发生,做到安全实验。

(1) 实验室设置安全设施。建立安全报警系统,安装室内外事故报警电话,建设抽风排气系统。另外,实验室应安置通风橱、换气扇。

(2) 实验室应设有急救箱,箱内备有必需的药剂和用品,如消毒剂(红药水、紫药水、75%医用酒精、3%碘酒等)、外伤药(止血贴等)、烫伤药(烫伤膏等)、医用双氧水、消毒纱布、消毒棉、创可贴、剪刀、镊子等。

(3) 师生均应强化安全意识。教师应将安全教育贯穿于教学过程中,学生应将安全意识内化于心、外化于行。

(4) 规范实验操作。实验操作时要规范,绝大部分实验室事故均起因于实验操作的不正当和不规范。

(5) 遵守实验室安全管理制度。服从化学药品管理制度、实验室秩序管理制度,服从教师的实验巡视指导等。

二、化学实验室发生灾害时的处理方法、程序

当发生火灾和化学或放射性物质泄漏事故时,应立即报告指导教师并选用合适的方法进行处理,同时安排专人通报学校安全部门和主管领导,当火情较大、无法控制时要拨打消防报警电话"119"。

拨打消防报警电话"119"求救时,讲清报告人的姓名、发生事件的地点、事件的原因、此事件可能会引起的后果。若有人受伤或中毒,先采取措施进行应急救援,同时拨打"120",送医院治疗。下面介绍化学实验室易发生的5种安全事故及需采用的应急处理措施。

(一) 火灾类事故处理

扑救火灾总的要求是:先控制,后消灭。实验中一旦发生了火灾,切不可惊慌失措,应保

持镇静,正确判断、处理,增强人员自我保护意识,减少伤亡。发生火灾时要做到三会:会报火警、会使用消防设施扑救初起火灾、会自救逃生。灭火人员不应个人单独灭火,要选择正确的灭火剂和灭火方式,出口通道应始终保持清洁和畅通。

1. 火灾初起时采取的措施

火灾初起,立即组织人员扑救,同时报警。救助人员要立即切断电源,熄灭附近所有火源,移开未着火的易燃易爆物,查明燃烧范围、燃烧物品、其周围物品的品名和主要危险特性、火势蔓延的主要途径等,根据起火或爆炸原因及火势采取不同的方法灭火。扑救时要注意可能发生的爆炸和有毒烟雾气体、强腐蚀化学品对人体的伤害。

2. 火灾蔓延时采取的措施

如火势已扩大,在场人员已无力将火扑灭,要采取措施制止火势蔓延,如关闭防火门,切断电源,搬走着火点附近的可燃物,阻止可燃液体流淌,配合消防灭火。

3. 选用正确的灭火方式

(1) 容器中的易燃物着火时,用玻璃纤维布灭火毯或湿抹布盖灭。

(2) 乙醇、丙酮等可溶于水的有机溶剂着火时可以用水灭火。汽油、乙醚、甲苯等有机溶剂着火时不能用水灭火,只能用灭火毯和砂土盖灭。

(3) 砂土和水泥等几乎适用于扑灭所有化学品发生的火灾,实验室工作者要熟知离实验室最近的砂土等灭火器材的位置,迅速行动,扑灭初始火灾。

(二) 爆炸类事故处理

发生爆炸时,要迅速判断和查明发生二次爆炸的可能性和危险性,紧紧抓住爆炸后和再次发生爆炸之前的有利时机,采取一切可能的措施,全力制止再次爆炸的发生。

1. 保护自己

立即卧倒,或手抱头部迅速蹲下,或借助其他物品掩护,迅速就近找掩蔽体掩护。当爆炸引起火灾、烟雾弥漫时,要做适当防护,尽量不要吸入烟尘,防止灼伤呼吸道;爆炸时会有大量的有毒气体产生,不要站在下风口;扑救火灾时要先打开门窗,最好佩戴防毒面具,防止中毒。

2. 救护他人

对在事故中的受伤人员,拨打救援电话求助,并将伤者送到安全地方,迅速采取救治措施,送医院救治。对于被埋压在倒塌的建筑物底下的人员,要尽快了解被埋人员的数量和所在位置,采取有效措施予以救治。

3. 灭火

要抓紧扑灭现场火源,根据发生火灾的不同物品性质,采取科学合理的灭火措施,使用适当的灭火器材和灭火设备,尽快扑灭火源。

4. 转移爆炸物品

对事故现场及附近未燃烧或爆炸的物品,及时予以转移,或在灭火过程中人为制造隔离,谨防火势的蔓延或二次爆炸,确保安全。

5. 警戒

爆炸过后,撤离现场时应尽量保持镇静,听从专业人员的指挥,别乱跑,避免恐慌和增加伤亡;除紧急救险人员外,禁止其他任何人员进入警戒保护圈内,防止发生新的伤害事故。

(三)中毒、窒息类事故处理

实验过程中若感觉咽喉灼痛,出现发绀、呕吐、惊厥、呼吸困难和休克等症状时,则可能是中毒所致。

(1)误食了酸或碱,不要催吐,可先立即大量饮水。误食碱者再喝些牛奶;误食酸者,饮水后再服 $Mg(OH)_2$ 乳剂,最后饮些牛奶。

(2)吸入了毒气应立即转移至室外,解开衣领,休克者应施以人工呼吸,但不要用口对口法;对砷和汞中毒者,应立即送医院急救。若中毒物不明,则需带相关材料及呕吐物的样品,供医院及时检测。

出现误食化学品的事故,要立即送医院急救。表 2-6 列出了常见有毒化学品沾染皮肤或吸入的应急处理方法。在实验室紧急处理后,要立即送医。

表 2-6 常见化学品毒害的处理方法

化学品名称	处理方法
强酸 (致命剂量 1 mL)	沾着皮肤时,用纸巾等吸收强酸液体,然后用大量水冲洗 15 min,再用碳酸氢钠等稀碱液或肥皂液进行冲洗 沾草酸时,不用碳酸氢钠中和
强碱 (致命剂量 1 g)	沾着皮肤时,立刻脱去衣服,除去皮肤上的强碱,尽快用水冲洗至皮肤不滑为止,再用经水稀释的醋酸或柠檬汁等进行中和
卤素气	把患者转移到空气新鲜的地方,保持安静,立即就医
氰 (致命剂量 0.05 g)	应立刻处理。吸入时,把患者转移到空气新鲜的地方,使其横卧,然后脱去沾有氰化物的衣服,马上进行人工呼吸 误食时,用手指摩擦患者的喉头,使之立刻呕吐
重金属	重金属的毒性,主要由于它与人体内酶的 SH 基结合 误食重金属时,可饮服牛奶、蛋白等,使其吸附胃中的重金属 用螯合物除去重金属也很有效。常用的螯合剂有乙二胺四乙酸钙二钠、二乙基二硫代氨基甲酸钠三水合物等
烃类化合物 (致命剂量 10~50 mL)	把患者转移到空气新鲜的地方,尽量避免洗胃或用催吐剂催吐,因为如果呕吐物进入呼吸道,会发生严重的危险事故
苯胺 (致命剂量 1 g)	沾到皮肤,用肥皂和水将其擦除净 误食时,用催吐剂、洗胃及服泻药等方法将其除去
有机磷 (致命剂量 0.02~1 g)	吸入时,进行人工呼吸 误食时,用催吐或用自来水洗胃等方法将其除去 沾在皮肤、头发或指甲等地方的有机磷,要彻底洗去
甲醛 (致命剂量 60 mL)	误食时,立刻饮食大量牛奶,再洗胃或催吐,然后服下泻药,还可以再服用 1% 的碳酸铵水溶液
二硫化碳	给患者洗胃或催吐 让患者躺下并加强保暖,保持通风良好
一氧化碳 (致命剂量 1 g)	清除火源 将患者转移到空气新鲜的地方,使其躺下并加强保暖,保持安静 要及时清除呕吐物,以确保呼吸道畅通,充分地进行输氧

（四）外伤类事故处理

1. 割伤处理

首先必须除去碎玻璃片,如果为一般轻伤,应及时挤出污血,并用消过毒的镊子取出玻璃碎片,用蒸馏水洗净伤口,涂上碘酒,再用创可贴或绷带包扎;如果伤口较大,应立即用绷带捆扎起来,使伤口停止流血,并送医务室就诊。

2. 烫伤、烧伤处理

（1）小面积烫伤或化学品灼伤:取干净的纱布,涂上烫伤膏,覆盖于烫伤处进行包扎;若有水泡,不要刺破;如表皮未破,可立刻将伤处浸于冷水中,降低伤处温度。

（2）大面积烫伤:取干净的纱布或敷料,将整个烫伤面覆盖,隔绝空气,避免污染,让伤者躺下,保持伤者呼吸道畅通,将伤者运出实验室,通知医院,同时脱掉伤者实验服,等待抢救。

（3）强酸类化学品灼伤:用大量清水冲洗,用5%碳酸氢钠溶液涂伤处;如为硝酸灼伤,用硼酸或漂白粉溶液洗净;若为苯酚烧伤,用肥皂水洗净。

（4）强碱类化学品灼伤:若为氢氧化钠(钾)引起,立即用大量清水冲洗,然后用2%~3%的醋酸溶液洗净。

3. 冻伤处理

实验过程中常使用液氮、液氦等低温介质,在实验操作过程中如不注意个人保护,则有可能发生冻伤。发生冻伤时,受冻区发硬及发白,初有疼痛感,但很快消失。当被冻伤部分温暖时,斑状发红、肿胀、疼痛,在4~6 h内形成水泡。

治疗冻伤的根本措施是使冻伤部位迅速复温。首先应迅速脱离冷源,用衣物或用温热的手覆盖冻伤的部位,使之保持适当温度,以维持足够的供血;然后用水浴复温,水浴温度应为37 ℃~43 ℃,适用于各种冻伤;当皮肤红润柔滑时,表示冻伤组织完全解冻,这时应保暖包扎,送医院治疗。

禁止对冻伤部位进行任何摩擦,禁止用火烘烤、用热水复温;否则会进一步损伤组织。

4. 眼睛灼伤或掉进异物

眼内溅入任何化学药品,应立即用大量清水冲洗15 min,不可用稀酸或稀碱冲洗。若有玻璃碎片进入眼内则十分危险,必须十分小心谨慎,不可自取,不可转动眼球,可任其流泪,若碎片取不出,则用纱布轻轻包住眼睛急送医院处理。若有木屑、尘粒等异物进入,可由他人翻开眼睑,用消毒棉签轻轻取出或任其流泪,待异物排出后再滴几滴鱼肝油。

（五）危险化学品的泄漏处理

危险化学品在储存、转运或使用过程中,有可能发生意外破裂或洒落等事故,造成泄漏。如果对泄漏控制不住或者处理不当,随时都有可能转化成燃烧、爆炸、中毒等恶性事故。因此,要及时、妥当地处理危险化学品的泄漏事故,避免重大事故的发生。

1. 危险化学品泄漏的处置程序

（1）疏散与隔离。在化学品生产、储存和使用过程中一旦发生泄漏,首先要疏散无关人员,隔离泄漏污染区。如果是易燃易爆化学品大量泄漏,这时一定要拨打"119"报警,请求专业消防人员救援,同时要保护、控制好现场。

(2) 切断火源。切断火源对化学品的泄漏处理特别重要,如果泄漏物是易燃品,则必须立即消除泄漏污染区域内的各种火源。

(3) 做好个人防护。参加泄漏处理人员应对泄漏品的化学性质和反应特征有充分的了解,要于高处和上风处进行处理,严禁单独行动,要有监护人。必要时要用水枪(雾状水)掩护。要根据泄漏品的性质和毒物接触形式,选择适当的防护用品,防止事故处理过程中发生伤亡、中毒事故。

2. 泄漏事故的控制

泄漏事故的控制一般分为泄漏源的控制和泄漏物的处理两部分。

(1) 泄漏源的控制。

如果在使用过程中发生泄漏,要在统一指挥下,通过关闭有关阀门,切断与之相连的设备、管线,停止作业,或改变工艺流程等方法来控制化学品的泄漏。

如果容器发生泄漏,应根据实际情况,采取措施堵塞和修补裂口,制止进一步泄漏。另外,要防止泄漏物扩散,殃及周围的物品和人群;万一控制不住泄漏,要及时处置泄漏物,严密监视,以防发生火灾爆炸事故。

(2) 泄漏物的处理。

① 气体泄漏物的处置:应急处理人员不仅要止住泄漏,还要合理地通风,使泄漏的气体扩散,不至于积聚,或者喷洒雾状水,使之液化后处理。

② 液体泄漏物的处理:对于少量的液体泄漏物,可用砂土或其他不燃吸附剂吸附,收集于容器后再进行处理。

若大量液体泄漏后四处蔓延扩散,难以收集处理,可以采用筑堤堵截或者引流到安全地点。为降低泄漏物向大气的蒸发,可用泡沫或其他覆盖物进行覆盖,抑制其蒸发,然后转移处理。同时通知实验室负责人,疏散泄漏区域的工作人员,密切关注可能受到污染的人员。如果化学品是易燃性的,则应熄灭所有明火,关闭洗涤间及相邻区域可能会产生电火花的电器;对非易燃化学品,可启用排风设备。

③ 固体泄漏物的处理:用适当的工具收集泄漏物,然后用水冲洗被污染的地面。

(六) 化学实验室灾害中的逃生手段

当实验室或周围发生较大火灾时,一定要保持镇定,紧急而有序地进行逃生,避免逃生时盲目慌乱,做出错误的判断和选择,受到不应有的伤害。

(1) 发现着火要大声呼喊,让周围人知道着火。

(2) 熟悉实验楼的疏散通道和安全出口。中间实验室着火,采取两边逃生;一端实验室着火,从另一端逃生。

(3) 逃生时弯腰捂鼻,冷静镇定,有序逃离。

(4) 逃生后迅速拨打"119"报警。

【复习思考题】

1. 常见的酸性腐蚀品和碱性腐蚀品有哪些？请举例说明。
2. 混合容易发生爆炸的化学品有哪些？请举例说明。
3. 盛装易燃液体的容器为什么要留5%以上的空间？
4. 实验室防止中毒的技术措施有哪些？
5. 简述《化学品安全技术说明书》(MSDS)包含的十六部分内容。

第三章 实验室用电安全

第一节 电的基本知识

一、有关描述电的性质的物理量

描述电的性质的物理量有电荷、电流、电位、电压、电动势、电阻等。

1. 电荷

电荷是物质的一种物理性质,电荷只有两种,即正电荷和负电荷,电荷间有相互作用力,同种电荷相互排斥,异种电荷相互吸引。物体所带过剩电荷的总量称为电量。微小粒子带电量(q)的变化是不连续的,它是一个基元电荷的整数倍,这个基元电荷的电量就是电子电量的绝对值,用 e 表示,即

$$q = \pm ne (n 为整数)$$

在国际单位制中电量的单位为库仑,简称库(C)。根据2002年国际推荐值,基元电荷的数值为

$$e = 1.602\ 176\ 53(14) \times 10^{-19}\ C$$

用验电器可验证物体是否带电荷(图3-1)。

图 3-1 验电器

2. 电流

电流是由电荷的定向运动引成的。单位时间里通过导体横截面的电量叫电流强度,简称电流。电流的方向规定为正电荷移动的方向或负电荷移动的反方向。电流常用字母 I 表示,电流的国际单位为安培(A,简称安),常用的单位还有毫安(mA)、微安(μA)等。电流可用电流表测量(图3-2)。在分析电路时,可以任意选择某一方向为电流的参考方向。当实际电流方向与参考方向一致时,电流值为正;反之为负。

3. 电压与电位

电荷在导体中做定向运动时,需要受到力的作用。当作用力来自电场时,即表明电场力

对电荷做了功。衡量电场力对电荷做功的能力即为电压。电压也称作电压差、电势差或电位差，是衡量单位电荷在静电场中由于电势不同所产生的能量差的物理量，其大小等于单位正电荷受电场力所做的功。电压的方向规定为从高电位到低电位的方向。电压的国际单位为伏特(V,简称伏)，常用的单位还有毫伏(mV)、千伏(kV)等。用电压表可以测量电压(图3-3)。在分析电路时，可以任意选择某一方向为电压的参考方向。当实际电压方向与参考方向一致时，电压值为正；反之为负。

图 3-2　电流表

图 3-3　电压表

电位是电工电子技术常用的概念，与物理学中电势的概念相同，单位也为伏特。在分析电路时所指某一点的电位，即是指该点相对于电位参考点而言的电压差。参考点可以任意选取，但通常选择大地或电源的负极作为零电位点。参考点在电路图中标为"接地"符号，即"⊥"或"⏚"，含义为 0 电位，即 0 V。

4. 电动势

电动势是反映电源把其他形式的能转换成电能的本领的物理量。电动势常用 E 表示，其单位与电压的单位相同。电源电动势的大小是由电源本身的性质决定的。电动势的大小等于非静电力把单位正电荷从电源的负极，经过电源内部移到电源正极所做的功。电动势方向为由电源的负极指向电源的正极。需要注意的是，其方向与电压所规定的方向刚好相反。

5. 电阻与电阻率

电阻是描述导体导电性能的物理量，表示导体对电流阻碍作用的大小，用 R 表示。其定义式为 $R=\dfrac{U}{I}$，单位为欧姆(Ω，简称欧)。

当导体两端的电压一定时，电阻愈大，通过的电流就愈小；反之，电阻愈小，通过的电流就愈大。因此，电阻的大小可以用来衡量导体对电流阻碍作用的强弱，即导电性能的好坏。实验表明，在一定温度下，导体的电阻 R 跟它的长度 l 成正比，跟它的横截面积 S 成反比，这就是电阻定律，可用公式表示为

$$R=\rho\dfrac{l}{S}$$

式中，比例常量 ρ 跟导体的材料有关，是一个反映材料导电性质的物理量，叫作材料的电阻率。电阻率在国际单位制中的单位是欧姆·米($\Omega\cdot m$)。

导体是指含有大量能够在电场力作用下自由移动的带电粒子，如各种金属、碳棒等。绝

缘体是指导电性能很差，可以认为在一般温度下几乎不导电的物体，如空气、玻璃、纯水等。电阻率的大小与材料和温度有关。对金属材料而言，其电阻率随温度的升高而增大；对绝缘体和半导体而言，其电阻率随温度的升高而减小。因此，导体与绝缘体没有绝对的界线，当条件改变时，绝缘体也可能变成导体。

二、电的分类

根据自由电子在传导物体内是否移动，其方向是否随时间而改变及如何改变等特性，可将电大概划分为三种类型：静电、直流电和交流电。实验室中最常用的是直流电和交流电，其统称为动力电。

1. 静电

所谓静电，就是一种处于静止状态的电荷或者说不流动的电荷（流动的电荷就形成了电流）。当电荷聚集在某个物体上时就形成了静电，因电荷分为正电荷和负电荷两种，也就是说静电现象也分为两种，即正静电和负静电。当正电荷聚集在某个物体上时就形成了正静电，当负电荷聚集在某个物体上时就形成了负静电。但无论是正静电还是负静电，当带静电物体接触零电位物体（接地物体）或与其有电位差的物体时都会发生电荷转移，就是我们日常见到的火花放电现象。例如，北方冬天天气干燥，人体容易带上静电，当接触他人或金属导电体时就会出现放电现象，人会有触电的针刺感。夜间能看到火花，这是化纤衣物与人体摩擦，人体带上正静电的原因。在初中物理知识中我们就知道橡胶棒与毛皮摩擦，橡胶棒带负电，毛皮带正电的物理现象。静电并不是静止的电荷，是宏观上暂时停留在某处的电荷。人在地毯或沙发上立起时，人体电压可高达1万多伏，而橡胶和塑料薄膜表面的静电更可高达10多万伏。

静电的主要危害是有可能因静电火花点燃某些易燃物体而发生爆炸。最简单而可靠的消除静电的方法是用导线把设备接地，这样可以把电荷引入大地，避免静电积累。

部分精密测量的设备，很容易被操作人员身上的静电所损坏。操作这类设备时，操作人员需要正确佩戴防静电手环。

2. 直流电

直流电是指方向不做周期性变化的电流。电流密度可随着时间而变化，但是通常移动的方向在所有时间里都是一样的。直流电可以直接由直流发电机、原电池和蓄电池得到。但更多的直流电则来自交流电。由于大多数国家从电厂中产出的电流是交流电，而交流电可以通过由变压器、整流器及滤波器等组成的电路转换为直流电。在日常生活中使用的大多数电子设备和计算机硬件都需要直流电来工作，从电子表、桌上计算器到5G通信有源放大器，电流的需求范围从微安到上百安。

3. 交流电

交流电是指电流大小和方向随时间做周期性变化的电流。不同于直流电，交流电的方向是会随着时间发生改变的。交流电最常见的波形为正弦曲线，其频率是指它单位时间内周期性变化的次数，单位为赫兹(Hz)，它可以有效传输电力。生活中使用的市电就是具有正弦波形的交流电。实际上交流电还有三角形波、正方形波等。日常生活中的交流电的频率一般为 50 Hz 或 60 Hz,而无线电技术中涉及的交流电频率一般较大,达到上千赫兹(kHz)甚至百万赫兹(MHz)。不同国家的电力系统的交流电频率不同。在亚洲使用 50 Hz 的国家与地区主要有中国、日本、泰国、印度和新加坡等,而韩国、菲律宾和中国台湾地区使用 60 Hz;欧洲大部分国家使用 50 Hz,美洲使用 60 Hz 的国家主要有墨西哥、美国和加拿大。因此,在使用进口设备时需要仔细阅读使用说明,必要时使用变频电源转换器。

我国使用的交流电相位主要为单相及三相(图 3-4)。单相交流电常用于民用,包括一条火线、一条零线、一条接地线,即单相三线制,市电的有效值为 220 V,其峰值为 311 V。三相交流电是由三个频率相同、电势振幅相等、相位互差 120°的交流电路组成的电力系统。三相交流电常用于大功率用电的设备,广泛用于工业用电。三相交流电有两种制式:三相四线制和三相五线制,三相四线制指三条火线和一条中性线(N),三相五线制与三相四线制相比多了一条保护接地线(PE)。

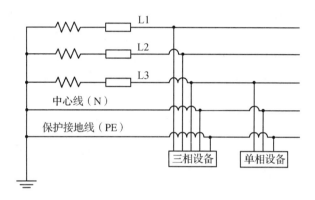

图 3-4 单相及三相

三、电的伤害与安全电流(压)

电流的种类不同,频率不同,对人体的危害性也不同。交流电比直流电危险程度大,触碰频率很高或很低的交流电的危险性比较小。高频电流流经人体时具有集肤效应,即电流大部分经过人的表面皮肤,避免了电流对人体内部器官的损害,生命危险会小一点,但集肤效应会使皮肤烧焦。

当电流流经人体时,会产生不同程度的刺痛和麻木,并伴随不自觉的皮肤收缩。肌肉收缩时,胸肌、膈肌和声门肌的强烈收缩会阻碍呼吸,导致触电者死亡。电流通过中枢神经系统的呼吸控制中心可使呼吸停止。电流通过心脏造成心脏功能紊乱,会使触电者因大脑缺氧而迅速死亡。

按行业规定,直流安全电压为不高于 36 V,持续接触安全电压为 24 V,安全电流为 10 mA。对于 50 Hz 交流电,只要有 1 mA 的电流经过人体,手就会有刺激感;当触电电流为 20~25 mA 时,就会引起剧痛和呼吸困难;当有 50 mA 以上电流通过全身,人就会呼吸停止,危及生命。触电时,对人体产生各种生理影响的主要因素是电流的大小,电击时间也是很重要的一个因素。如果电击时间极短,人体能耐受到比 50 mA 高得多的电流而不被伤害;反之,电击时间很长时,即使电流小到 8～10 mA,也可能致命。

按触电电流的大小可分为以下四种。

(1) 感知电流:能够引起人们感觉的最小电流。感知电流值因人而异,总体上成年男性感知电流平均值为 1 mA,而成年女性感知电流平均值为 0.7 mA。这时人体由于神经受刺激而感觉轻微刺痛。

(2) 摆脱电流:人能忍受并能自动摆脱通过人体的最大电流。同样地,不同的人触电后能自主摆脱电源的最大电流也不一样,成年男性摆脱电流平均值为 16 mA,成年女性摆脱电流平均值为 10.5 mA。

(3) 安全电流:使人不发生心室颤动的最大电流。在一般的场合下可以取 30 mA 为安全电流,即认为 30 mA 是人体可以忍受而又无致命危险的最大电流;而在高危场合应取 10 mA 为安全电流;在水中或者在高空应选 5 mA 为安全电流。

(4) 致命(室颤)电流:在较短的时间内危及生命的最小电流。当通过人体的电流强度超过 50 mA,时间超过 1 s 时,人就可能发生心室颤动和呼吸停止,即"假死"现象(正常情况下成人的心率平均值为 75 次/分,当发生心室颤动时心率将达 100 次/分)。

一般地,人体对 0.5 mA 以下的工频(50 Hz)电流是没有感觉的。一般情况下,10 mA 以下的工频电流、50 mA 以下的直流电流可以当作人体允许的安全电流,但这些电流若长时间通过人体,也是有危险的(人体通电时间越长,电阻会越小)。在装有防止触电的保护装置的场合,人体允许通过的工频电流约 30 mA;在高空,可能因造成严重二次事故的场合,人体允许通过的工频电流应按不引起强烈痉挛的 5 mA 考虑。

第二节　触电及其防治

一、触电类型

(一) 直接接触触电

按触电电源类型划分,直接接触触电有单相触电和两相触电。

1. 单相触电

单相触电是指当人站在地面上,人体的某一部位触到某相火线而发生的触电现象。在低压供电系统中发生单相触电,人体所承受的电压几乎就是电源的相电压 220 V,如图 3-5 所示。

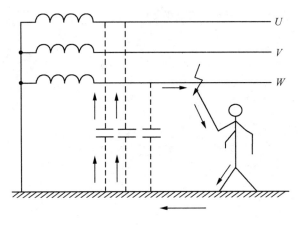

图 3-5　单相触电

2. 两相触电

两相触电是指人体同时接触设备或线路中的两相导体而发生的触电现象。若人体触及一相火线、一相零线，人体承受的电压为 220 V；若人体触及两根火线，则人体承受的电压为线电压 380 V（图 3-6）。两相触电对人体的危害更大。

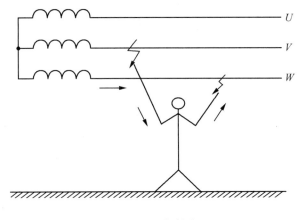

图 3-6　两相触电

（二）非接触触电

常见的高压非接触触电有两种触电形式：电弧触电和跨步触电。

1. 电弧触电

电弧触电是指人靠近电线但不接触电线时引发的触电（图 3-7）。由于高压电线上的电压较大、磁场较强，因此人体内就会产生感应电。人体内的电流也会形成磁场。此时两种磁场相互排斥，就会将人弹开（击飞）。在这一过程中，人与电线之间会产生电弧（表现为电火花），并发出"啪啪"的响声。此时虽然人被击飞了，但是由于高压电产生的电流巨大，还是会对人体产生较严重的烧灼伤，甚至致命。因此，在高压电线旁边均会放置"请勿靠近"的标识。

图 3-7　电弧触电

2. 跨步触电

跨步触电是指通电中的高压电导体，与大地直接连接（如电线垂到地上），此时大地就带电压。如果人只有一个支点在地上（如一只脚在地上），电流无法通过这一个支点进入人体再从人体出来，也就不会形成回路，不会触电。但是当人的两只脚都踩在地上，情况则截然不同。电线垂在地上，则地面上的电势，以电线为圆心，向外逐渐减弱。当我们的一只脚距离圆心近，一只脚距离圆心远的时候，两只脚之间就会产生电势差，从而产生电压（图 3-8）。于是，人体就以两只脚为起始点，形成了通路，产生了电流。这种情况下，人会被电到僵直，以至于无法从触电位置逃离。这种因两只脚跨步产生电压的触电形式，叫作"跨步触电"。其实不仅仅是两只脚，只要是人体的两个支点在地上，都有可能发生这种触电。

图 3-8　跨步触电

发生触电事故的原因主要有：

① 安装电气设备时，未按要求采取接地或接零措施，以及接线松脱、接触不良。

② 电气设备绝缘损坏，导致外壳漏电。

③ 导线绝缘老化、破损，或屏护不符合要求，致使人员误触带电设备或线路。

④ 人体违规接触电气导电部分，或用湿手、湿物体接触电线、插座等。

⑤ 在缺乏正确的防护用品或没有绝缘工具的情况下，盲目维修、安装电气设备。

⑥ 随意改变电气线路或乱接临时线路，使单相或三相插头的接地端误接到相线上，使设备外壳带电。

⑦ 用非绝缘材料包裹导线接头等。

因此，防止人体发生触电事故的主要措施有：做好绝缘防护和屏护；仪器设备外壳要良好接地；安装漏电保护装置；操作电气设备时手必须干燥；修理或安装电气设备时先切断电源；如必须在带电状态下维修，要做好安全防护措施，在确保安全时才能工作；等等。

二、触电的急救与处理

触电急救的要点是动作迅速，救护得法。若发现有人触电，要尽快使触电者脱离电源，然后根据触电者的具体情况，进行相应的救治。针对高压触电和低压触电两种情况，应有不同的处理方法。

1. 低压触电处理方法

低压触电可采用下列方法使触电者脱离电源：

（1）如果触电地点附近有电源开关或电源插座（头），可立即拉开开关或拔出插头，断开电源。但应注意拉线开关或墙壁开关等只控制一根线的开关，有可能因安装问题只能切断零线而没有断开电源的火线。

（2）如果触电地点附近没有电源开关或电源插座（头），可用有绝缘柄的电工钳或有干燥木柄的斧头切断电线，断开电源。

（3）当电线搭落在触电者身上或压在身下时，可用干燥的衣服、手套、绳索、皮带、木板、木棒等绝缘物作为工具，拉开触电者或挑开电线，使触电者脱离电源。

（4）如果触电者的衣服是干燥的，又没有紧缠在身上，可以用一只手抓住他的衣服，拉离电源。但因触电者的身体是带电的，其鞋的绝缘性可能遭到破坏，救护者不得接触触电者的皮肤，也不能抓他的鞋。

（5）若触电发生在低压带电的架空线路上或配电台架、进户线上，对可立即切断电源的，则应迅速断开电源，救护者迅速登杆或登至可靠的地方，并做好自身防触电、防坠落安全措施，用带有绝缘胶柄的钢丝钳、绝缘物体或干燥不导电物体等工具使触电者脱离电源。

2. 高压触电处理方法

高压触电可采用下列方法使触电者脱离电源：

（1）立即通知有关供电企业或用户停电。

（2）戴上绝缘手套，穿上绝缘靴，用相应电压等级的绝缘工具按顺序拉开电源开关或熔断器。

（3）抛掷金属线使线路短路接地，启动自动保护装置，断开电源。注意抛掷金属线之前，应先将金属线的一端可靠固定并接地，然后另一端系上重物抛掷，抛掷的一端不可触及触电者和其他人。另外，抛出金属线后，要迅速离开接地的金属线 8 m 以外，或双腿并拢站立，防止跨步电压伤人。在抛掷短路线时，应注意防止电弧伤人或断线危及人员安全。

3. 触电急救

人触电以后，出现昏迷、不省人事，甚至呼吸、心跳停止，但不应当认为其已经死亡，而应当看作是假死，并正确、迅速而持久地进行抢救。据统计，触电 1 min 后，90% 的被救治者效果良好；6 min 后，只有 10% 的被救治者效果良好；而在 12 min 后，被救治者被救活的可能性就很小了。由此可知，动作迅速是非常关键的。触电急救的八字原则是"迅速、就地、准确、坚持"。触电急救应分秒必争，一旦明确伤员心跳、呼吸停止，应立即就地用心肺复苏法进行抢救，并持续不断地进行，同时及早与医疗急救中心联系，争取医务人员接替救治。在医务人员未接替救治前，不应放弃现场抢救，更不能只根据没有呼吸或脉搏的表现，擅自判定触电者死亡，放弃抢救。只有医生有权做出触电者死亡的诊断。与医务人员接替时，应提醒医务人员在将触电者转移到医院的过程中不得间断抢救。

对不同情况的被救治者采用的救治方法不同：

- 触电者神志尚清醒，但感觉头晕、心悸、出冷汗、恶心、呕吐等，应让其静卧休息，减轻心脏负担。
- 触电者神志有时清醒，有时昏迷，应让其静卧休息，并请医生救治。
- 触电者无知觉，有呼吸、心跳，在请医生的同时，应施行人工呼吸。
- 触电者呼吸停止，但心跳尚存，应施行人工呼吸；如心跳停止，呼吸尚存，应采取胸外心脏挤压法抢救；如呼吸、心跳均停止，则须同时采用人工呼吸法和胸外心脏挤压法进行抢救。

（1）人工呼吸法。关于人工呼吸的基本方法常用的有两种，即口对口呼吸法和口对鼻呼吸法。

① 口对口呼吸法。根据触电者的病情选择打开气道的方法，触电者取仰卧位，抢救者一手放在触电者前额，并用拇指和食指捏住触电者的鼻孔，另一手握住颏部，使头尽量后仰（图 3-9），保持气道开放状态，然后深吸一口气，张开口以封闭触电者的嘴周围（婴幼儿可连同鼻一块包住），向触电者口内连续吹气 2 次，每次吹气时间为 1~1.5 s，吹气为 1 000 mL 左右，直到胸廓抬起，停止吹气，松开贴紧触电者的嘴，并放松捏住鼻孔的手，将脸转向一旁，用耳听有否气流呼出。再深吸一口新鲜空气为第二次吹气做准备，当触电者呼气完毕，即开始下一次同样的吹气。如触电者仍未恢复自主呼吸，则要持续吹气，成人吹气频率为 12 次/分，儿童吹气频率为 15 次/分，婴儿吹气频率为 20 次/分。同时，检查触电者的颈动脉搏动及瞳孔、皮肤颜色，直至触电者恢复呼吸。

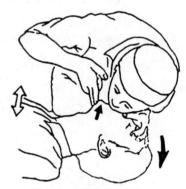

图 3-9　口对口呼吸法

② 口对鼻呼吸法。当触电者有口腔外伤或其他原因致口腔不能打开时，可采用口对鼻吹气，其操作方法是：首先开放触电者气道，使其头后仰，用手托住触电者下颌使其口闭住。

深吸一口气,用口包住触电者鼻部,用力向触电者鼻孔内吹气,直到触电者胸部抬起,吹气后将触电者口部张开,让气体呼出。如吹气有效,则可见到触电者的胸部随吹气而起伏,并能感觉到气流呼出。

(2)胸外心脏挤压法,具体方法如下:使触电者仰卧在床上或地上,头低10°,在其背部垫上木板,解开触电者衣服(在胸廓正中间有一块狭长的骨头,即胸骨,胸骨下是心脏),急救人员跪在触电者的一侧,两手上下重叠,手掌贴于心前区(胸骨下1/3交界处),以冲击动作向下压迫胸骨,使其下陷3~4 cm,随即放松(挤压时要慢,放松时要快),让触电者胸部自行弹起,如此反复有节奏地挤压,每分钟60~80次,直至触电者心跳恢复(图3-10)。挤压有效时,可触到触电者颈动脉搏动,同时,触电者自发性呼吸恢复,脸色转红,已散大的瞳孔缩小,等等。

注意事项:

- 挤压时,用力不宜过大、过猛,部位要准确,不可过高或过低;否则,易致胸骨、肋骨骨折和内脏损伤,或者将食物从胃中挤出,逆流入气管,引起呼吸道梗阻。
- 胸外心脏挤压法常常与口对口呼吸法同时进行,吹气与挤压之比:1人时,吹1口气,挤压8~10次;2人时,吹1口气,挤压4~5次。
- 在施行胸外心脏挤压的同时,要配合注射急救药物,如肾上腺素、异丙基肾上腺素等。
- 如果触电者体弱或为小孩,则用力要小一些,也可用单手挤压。

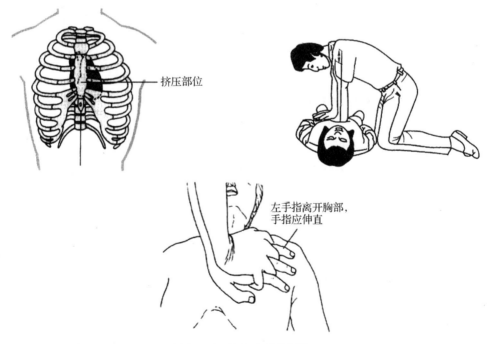

图3-10 胸外心脏挤压法

第三节 电气火灾及其防治

一、电气火灾的原因

电气火灾一般是指由于电气线路、用电设备、器具及供配电设备出现故障,释放大量的热引燃本体或其他可燃物而造成的火灾,也包括由雷电和静电引起的火灾。2020 年,全年因违反电气安装使用规定引发的火灾共 8.5 万起,占总数的 33.6%,还有 1 万起火灾原因尚未查明,预计后续该比例还将提高。其中,因电气引发的较大火灾 36 起,占总数的 55.4%。从电气火灾的分类看,因短路、过负荷、接触不良等线路问题引发的火灾占总数的 68.9%,因故障、使用不当等设备问题引发的火灾占总数的 26.2%,其他电气原因引发的火灾占 4.9%。

电气设备在运行时会发热,设计正确、施工正确及运行正常的电气设备,其最高温度和周围环境的温度差(即最高温升)都在允许的范围内。例如,裸导线和塑料绝缘线的最高温度一般不超过 70 ℃;橡胶绝缘线的最高温度一般不超过 65 ℃;变压器的上层油温不得超过 85 ℃;电力电器容器外壳温度不得超过 65 ℃;电动机定子绕组的最高温度,对于所采用的 A 级、E 级或 B 级绝缘材料分别为 95 ℃、105 ℃ 和 110 ℃,定子铁芯分别是 100 ℃、115 ℃ 和 120 ℃ 等。也即电气设备正常发热是允许的,但当电气设备的正常运行遭到破坏时,发热量增加,温度升高,在一定条件下即引起电气火灾。引起电气设备过热的不正常运行包括以下几种情况。

1. 短路

发生短路时,线路中的电流增加为正常时的几倍甚至几十倍,而产生的热量又和电流的平方成正比,使得温度急剧上升,从而大大超过允许的范围。如果温度达到可燃物的自燃点,即引起燃烧,从而导致火灾。

(1) 当电气设备的绝缘老化变质,或受到高温、潮湿或腐蚀的作用而失去绝缘能力时,即可引起短路。

(2) 绝缘导线直接缠绕、勾挂在铁丝上时,由于磨损或铁锈腐蚀,很容易使绝缘破坏而形成短路。

(3) 由于设备安装不当或工作疏忽,可能使电气设备的绝缘受到机械损伤而形成短路。

(4) 由于雷击等过电压的作用,电气设备的绝缘可能遭到击穿而形成短路。

(5) 在安装和检修工作中,由于接线和操作的错误,也可能造成短路事故。

2. 过载

过载会引起电气设备发热。造成过载的原因大体上有以下两种情况:一是设计时选用线路或设备不合理,以致在额定负载下也会过热;二是使用不合理,即线路或设备的负载超过额定值,或者连续使用时间过长,超过线路或设备的设计能力,由此造成过热。

3. 接触不良

接触部分是电路的薄弱环节,是发生过热的一个重点部位。

(1) 不可拆卸的接头连接不牢、焊接不良或接头处混有杂质,都会增加接触电阻而导致接头过热。

(2) 可拆卸的接头连接不紧密或由于震动而松弛,也会导致接头发热。

(3) 活动接头,如闸刀开关的触头、接触器的触头、插式熔断器(插保险)的触头、插销的触头、灯泡与灯座的接触处等活动触头,如果没有足够的接触电压或接触表面粗糙不平,会导致触头过热。

(4) 对于铜铝接头,由于铜和铝电性不同,接头处易因电解作用而腐蚀,从而导致接头过热。

4. 铁芯发热

变压器、电动机等设备的铁芯,如铁芯绝缘损坏或承受长时间过电压,将增加涡流损耗和磁滞损耗而使设备发热。

5. 散热不良

各种电气设备在设计和安装时都考虑有一定的散热或通风措施,如果这些措施受到破坏,就会造成设备过热。

此外,电灯和电炉等直接利用电流进行工作的电气设备,工作温度都比较高,如安置或使用不当,均可能引起火灾。

二、电气爆炸的原因

电气爆炸的原因主要来自电火花和电弧。电火花是电极间的击穿放电,电弧是由大量的电火花汇集而成的。一般电火花的温度都很高,特别是电弧,温度可达 6 000 ℃,因此,电火花和电弧不仅能引起可燃物燃烧,还能使金属熔化、飞溅,成为危险的火源。在有爆炸危险的场所,电火花和电弧更是引起火灾和爆炸的一个十分危险的因素。

在生产和生活中,电火花是经常见到的。电火花大体包括工作火花和事故火花两类。

工作火花是指电气设备正常工作时或正常操作过程中产生的火花。例如,直流电机电刷与整流子滑动接触处、交流电机电刷与滑环滑动接触处电刷后方的微小火花,开关或接触器开合时的火花,插销拔出或插入时的火花,等等。

事故火花是线路或设备发生故障时出现的火花。例如,发生短路或接地时出现的火花,绝缘损坏时出现的闪光,导线连接松脱时的火花,保险丝熔断时的火花,过电压放电火花,静电火花,感应电火花及修理工作中错误操作引起的火花,等等。

此外,电动机转子和定子发生摩擦(扫膛)或风扇与其他部件相碰也都会产生火花,这都是由碰撞引起的机械性质的火花。另外,灯泡破碎时,炽热的灯丝有类似火花的危险作用。

电气设备本身,除多油断路器可能爆炸外,电力变压器、电力电容器、充油套管等充油设备也可能爆裂外,一般不会发生爆炸事故。以下情况可能引起空间爆炸:

(1) 周围空间有爆炸性混合物,在危险温度或电火花作用下引起空间爆炸。

（2）充油设备的绝缘油在电弧作用下分解和汽化，喷出大量油雾和可燃气体，引起空间爆炸。

（3）发电机氢冷装置漏气、酸性蓄电池排出氢气等，形成爆炸性混合物，引起空间爆炸。

三、电气灭火常识

电气灭火有两个特点：一是着火后电气设备可能带电，如不注意可能引起触电事故；二是有些电气设备（如电力变压器、多油断路器等）本身充有大量的油，可能发生喷油甚至爆炸事故，造成火势蔓延，扩大火灾范围。因此，扑灭电气火灾时应注意以下几点。

1. 切断电源

火灾现场尚未停电时，应先设法切断电源，切断电源时应注意：

（1）切断电源时要用适当的绝缘工具，以防触电。

（2）切断电源的地点要选择适当，防止切断电源后影响灭火工作。

（3）如需剪断电线，剪断位置应选在电源方向的支持物附近，以防止电线剪断后掉落下来造成接地短路和触电伤人。

（4）剪断电线时，非同相电线应在不同部位剪断，以免造成短路。

（5）如果线路上带有负载，应先切除负载，再切断现场电源。

2. 防止触电

为了防止灭火过程中发生触电事故，灭火时应注意：

（1）人体与带电体之间保持必要的安全距离。

（2）如果带电导线断落地面，要划出一定的警戒区，防止跨步电压触电。

（3）对架空线路等空中设备进行灭火时，人体位置与带电体之间的仰角不应超过45°，以防导线断落危及灭火人员安全。

（4）用水枪灭火时，宜采用喷雾水枪，这种水枪通过水柱的泄漏电流较小，带电灭火比较安全；用普通直流水枪灭火时，为防止通过水柱的泄漏电流通过人体，水枪喷嘴应当接地；为了防止泄漏电流通过水枪手的身体，水枪手可穿戴均压服。用水枪灭火时，水枪喷嘴与带电体之间应保持必要的距离，电压 110 kV 及以下者不应小于 3 m，220 kV 及以上者不应小于 5 m。

（5）泡沫灭火器的泡沫既损害电气设备的绝缘，又具有导电性，不宜用于带电灭火。

3. 充油设备灭火

扑灭充油电气设备的火灾时应注意：

（1）充油电气设备容器外部着火时，可采用水、二氧化碳、四氯化碳、1211、1202、干粉等灭火剂带电灭火；灭火时，也要保持一定的安全距离。

（2）如果充油电气设备容器内部着火，除应切断电源外，有事故贮油池的应设法将油放入事故贮油池，并用喷雾水枪灭火；不得已时可用沙子、泥土灭火；流散在地上的油火可用泡沫扑灭。

（3）发电机和电动机等旋转电机着火时，为防止轴与轴承变形，可令其慢慢转动，用喷雾水枪灭火,并使其均匀冷却;也可用二氧化碳、1211、1202、蒸汽灭火,但不宜用干粉、沙子、泥土灭火,以免损伤电气设备的绝缘。

【复习思考题】

1. 简述静电的产生原因、危害与防治方法。
2. 简述人体安全电压与安全电流的概念。
3. 人体触电后应如何施救?
4. 简述电气火灾发生后的灭火方法。

第四章 旋转机械及特种设备的使用安全

随着科学的发展,旋转机械和特种设备逐渐走进了实验室,这带来了诸多的问题。当我们柔弱的身体面对旋转的机械和危险的特种设备时,我们该如何保全自己和他人不受危害呢?这就要求我们认真学习旋转机械及特种设备的安全知识,并学会正确地操作这些仪器。

第一节 旋转机械的安全使用

随着现代工业的发展,旋转机械已成为工业生产中应用最广泛的机械设备,主要包括:蒸汽透平、燃气轮机透平、水力透平、通风机、鼓风机、离心压缩机、发电机组、电动机、航空发动机及各种减速增速用的齿轮传动装置等。由于旋转机械有着方便快捷、高效等优点,它也逐渐被多数实验室所接纳,逐渐进入了科学研究的行列。

一、旋转机械的定义与分类

(一)旋转机械的定义

旋转机械主要是指依靠旋转动作来完成的机械,尤其是指转速较高的机械。工业上典型的旋转机械有汽轮机、燃气轮机、离心式和轴流式压缩机、风机、泵、水轮机、发电机和航空发动机等,广泛应用于电力、石化、冶金和航空航天等部门。实验室常用的旋转机械有:离心机(低速离心机、中速离心机、高速离心机)、细菌摇床真空泵、超声波细胞破碎仪、通风橱、搅拌器、组织研磨仪、真空压缩机、排风扇等。这些旋转机械都是由旋转电机依靠电磁感应原理而运行的旋转电磁机械,用于实现机械能和电能的相互转换。发电机从机械系统吸收机械功率,向电系统输出电功率;电动机从电系统吸收电功率,向机械系统输出机械功率。

(二)旋转机械的分类

1. 按照生产中所起的作用分类

旋转机械按照其在生产中所起的作用,可分为以下几类。

(1) 液体介质输送机械,如各种泵类。
(2) 气体输送和压缩机械,如真空泵、风机、压缩机。
(3) 固体输送机械,如提升机、皮带运输机、螺旋输送机、刮板输送机等。
(4) 粉碎及筛分机械,如破碎机、球磨机、振动筛等。
(5) 冷冻机械,如冷冻机和结晶器等。
(6) 搅拌与分离机械,如搅拌机、过滤机、离心机、脱水机、压滤机等。
(7) 成型和包装机械,如制粒机,扒料机,石蜡、沥青、硫黄的成型机械和产品的包装机械等。
(8) 起重机,如各种桥式起重机、龙门吊等。
(9) 金属加工机械,如切削、研磨、刨铣、钻孔机床及金属材料试验机械等。
(10) 动力机械,如汽轮机、发电机、电动机等。
(11) 污水处理机械,如刮油机、刮泥机、污泥(油)输送机等。
(12) 其他专用机械,如抽油机、水力除焦机、干燥机等。

2. 按照功能分类

旋转机械按照其功能大致可分为以下几类。

(1) 动力机械,主要包括两类:原动机和流体输送机械。原动机如蒸汽涡轮机、燃气涡轮机等,利用高压蒸汽或气体的压力膨胀做功,推动转子旋转。流体输送机械,这类机械的转子被原动机拖动,通过转子的叶片将能量传递给被输送的流体,它进一步又可以细分为以下两类:涡轮机械,如离心式及轴流式压缩机、风机及泵等;容积式机械,如螺杆式压缩机、螺杆泵、罗茨风机、齿轮泵等。

(2) 过程机械,如离心分离机等。

(3) 加工机械,如制粒机、炼胶机等。

二、旋转机械的危险性及机械事故对人体的伤害

(一) 旋转机械的危险性

旋转机械的危险性主要来自两类:机械性危害和非机械性危害。机械性危害主要指机械挤压、碾压、剪切、切割、缠绕或卷入、戳扎或磨损、飞出物打击、高压液体喷射、碰撞或跌落等;而非机械性危害主要指电气危害、噪声危害、振动危害、辐射危害、温度危害、材料或物质产生的危害、未履行安全人机学原则而产生的危害等。其中,机械性危害主要是由于操作者的失误或旋转机械发生故障而产生的,而非机械性危害主要是由操作者未按照安全规定、操作不当引起的。

1. 静止状态的危险

设备处于静止状态时存在的危险,即当人接触或与静止设备做相对运动时可引起的危险。包括:

(1) 切削刀具有刀刃。
(2) 机械设备凸出的较长的部分,如设备表面上的螺栓、吊钩、手柄等。

（3）毛坯、工具、设备边缘锋利和粗糙表面，如未打磨的毛刺、锐角、翘起的铭牌等。

（4）引起滑跌的工作平台，尤其平台有水或油时更危险。

2. 直线运动状态的危险

直线运动状态的危险是指做直线运动的机械所引起的危险，又可分接近式的危险和经过式的危险。

（1）接近式的危险。

接近式的危险是指机械进行往复的直线运动，当人处在做直线运动的机械的正前方而未及时躲让时将受到机械的撞击或挤压。

① 纵向运动的构件，如龙门刨床的工作台、牛头刨床的滑枕、外围磨床的往复工作台等。

② 横向运动的构件，如升降式铣床的工作台。

（2）经过式的危险。

经过式的危险是指人体经过运动的部件引起的危险。包括：

① 单纯做直线运动的部位，如运转中的带键、冲模。

② 做直线运动的凸起部分，如运动时的金属接头。

③ 运动部位和静止部位的组合，如工作台与底座组合、压力机的滑块与模具。

④ 做直线运动的刃物，如牛头刨床的刨刀、带锯床的带锯。

3. 机械旋转运动的危险

机械旋转运动的危险是指人体或衣服被卷进旋转机械部位引起的危险。

（1）卷进单独做旋转运动机械部件中的危险，如主轴、卡盘、进给丝杠等单独旋转的机械部件，以及磨削砂轮、各种切削刀具，如铣刀、锯片等加工刃具。

（2）卷进做旋转运动中两个机械部件间的危险，如朝向反方向旋转的两个轧辊之间、相互啮合的齿轮。

（3）卷进旋转机械部件与固定构件间的危险，如砂轮与砂轮支架之间、有辐条的手轮与机身之间。

（4）卷进旋转机械部件与直线运动部件间的危险，如皮带与皮带轮、链条与链轮、齿条与齿轮、滑轮与绳索、卷扬机绞筒与绞盘等。

（5）旋转运动加工件打击或绞轧的危险，如伸出机床的细长加工件。

（6）旋转运动件上凸出物的打击，如皮带上的金属皮带扣、转轴上的键、定位螺丝、联轴器螺丝等。

（7）有些旋转零部件，由于有孔洞部分而具有更大的危险性，如风扇、叶片带辐条的滑轮、齿轮和飞轮等。

（8）旋转运动和直线运动引起的复合运动，如凸轮传动机构、连杆和曲轴。

4. 机械飞出物击伤的危险

（1）飞出的刀具或机械部件，如未夹紧的刀片、紧固不牢的接头、破碎的砂轮片等。

（2）飞出的切屑或工件，如连续排出或破碎飞散的切屑、锻造加工中飞出的工件等。

（二）机械事故对人体的伤害

机械事故对人体的伤害主要有以下几种。

（1）机械设备的零部件做直线运动时造成的伤害。例如，锻锤、冲床、切板机的施压部件、牛头刨床的床头、龙门铣床的床面及桥式吊车大小车和升降机构等，都是做直线运动的，所造成的伤害事故主要有压伤、砸伤、挤伤。

（2）机械设备零部件做旋转运动时造成的伤害。例如，机械设备中的齿轮、支带轮、滑轮、卡盘、轴、光杠、丝杠、联轴节等零部件在做旋转运动时造成的伤害主要是绞绕和物体打击伤。

（3）刀具造成的伤害。例如，车床上的车刀、铣床上的铣刀、钻床上的钻头、磨床上的磨轮、锯床上的锯条等都是加工零件用的刀具。刀具在加工零件时造成的伤害主要有烫伤、刺伤、割伤。

（4）被加工的零件造成的伤害。机械设备在对零件进行加工的过程中，有可能对人体造成伤害。这类伤害事故主要有：① 被加工零件固定不牢，被甩出伤人。例如，车床卡盘夹不牢，在旋转时就会将工件甩出伤人。② 被加工零件在吊运和装卸过程中可能造成砸伤。

（5）手用工具造成的伤害。在机械设备上操作时，有时候需要使用某些手用工具，如手锤、扁铲、锉刀等。使用这些手用工具造成伤害的有以下几种情况：① 手锤的锤头，不得有卷边或毛刺，否则当用手锤敲打时，卷边或毛刺就可能被击掉而飞出伤人。另外，手锤的手柄一定要安装牢固；否则，也可能飞出伤人。② 锉刀必须安装木柄，且木柄必须装牢。若使用没有木柄的锉刀，会刺伤手心或手腕。挫工件时禁止用嘴吹，以防锉屑眯眼。③ 手锯的锯条不得过紧或过松，也不得用力过大，往返用力要均匀，以防锯条折断伤人。锯割结束时，应用手扶住被割下的部分，以免被锯下的部分掉下来砸伤人。

（6）电气系统造成的伤害。工厂里使用的机械设备，其动力绝大多数是电能，因此，每台机械设备都有自己的电气系统，主要包括电动机、配电箱、开关、按钮、局部照明灯及接零（地）和馈电导线等。电气系统对人的伤害主要是电击。

（7）其他伤害。机械设备除去能造成上述各种伤害外，还可能造成其他一些伤害。例如，有的机械设备在使用时伴随着发出强光、高温，还有的放出化学能、辐射能及尘毒危害物质等，这些对人体都可能造成伤害。

三、常见的机械故障

1. 强度不足造成的断裂事故

（1）腐蚀。使机械材料变质或使零件尺寸变小。

（2）冲蚀或磨损。由于工作介质对零件表面的冲刷、撞击而造成的零件尺寸减小，称为冲蚀；两接触零件工作表面间有相对滑动造成磨损使零件表面层脱落，称为磨损。

（3）设计应力过大或结构形状不恰当，有很大的应力集中。

（4）零件的材料由于铸、锻、焊工艺不合适，造成局部缺陷（缩孔、裂纹、晶粒粗大）。

2. 振动

很多故障的表现形式为机组的振动,产生振动主要有以下几个原因。

(1) 不平衡。由于静、动平衡不好,或在工作中产生新的不平衡,这种不平衡可能在设计制造过程中产生,或在运转过程中产生。

(2) 对中不良。不平衡和不对中是造成机组强烈振动最常见的原因。不对中是由于安装不良造成的,有的是冷态不对中,有的未考虑热态膨胀因素,在运行状态下对中不好;或者由于机器本身的内应力未彻底消除而引起变形,导致不对中;或者由于管道等附件安装质量不高,对机组产生过大的作用力使机组产生变形或变位,造成不对中;或者由于基础的不均匀下沉产生不对中。

(3) 机组产生自激振动。由材料内摩擦、流体力等引起。

(4) 工作介质引起的振动气流,使旋转失速、喘振、空吸等。

四、旋转机械的安全使用

安全是生命的基石,是实验的前提。在使用旋转机械前,一定要认真学习安全守则并将其牢记心中,贯彻到日常行为中去。操作旋转机械设备的人员,应穿"三紧"(袖口紧、下摆紧、裤脚紧)工作服或其他轻便的衣服;不准戴手套、围巾;女生的发辫要盘在工作帽内,不准露出帽外。以上规定可保证衣物或者头发不会缠绕在机械中,避免引发伤害事件。

对操作者的日常行为也有严格规定,具体如下。

(1) 在旋转机械试运行时,除正在进行操作的人员以外,其他人应远离并站在转动机械的轴向位置,以防转动部分飞出伤人。

(2) 在密闭容器内,如磨煤机、空气预热器等,不准同时进行电焊及气焊工作。

(3) 在对离心式风机进行检修时,如需打开调节风门挡板,应事先做好防止机械转动的措施。

(4) 两台并联运行中的风机一台需要检修,如介质不能完全隔离时禁止人员进入风机机壳、风箱内工作,如确需进入风机机壳、风箱内工作,应采取特殊的安全措施并经分管生产的领导或总工程师批准后方可进入工作。

(5) 在拆装轴承时禁止用手锤直接击打轴承,防止轴承金属碎片飞出伤人。

(6) 转动机械设备如需更换垫片时,若无可靠的支撑措施,手指不得伸进底脚板内。

(7) 在对转动机械转子校动平衡时,必须在负责人的指挥下进行校验工作。工作场所周围应用安全围栏围好,无关人员不得入内。试加重量时应使装置牢固,以防止转子脱落伤人。

(8) 泵体在检修中如需拆卸,禁止使用吊车拖拉管道,以防止管道变形而造成人身伤害和设备损坏。泵体被拆卸后应将进出口管道密封。

(9) 对转动机械检修,需拆装轴套、对轮和叶轮时,如使用气焊加热,应做好防止烫伤的措施。

(10) 应定期检修旋转机械,若发现异常,应及时上报,切勿自行拆卸。

第二节 特种设备的安全使用

一、特种设备及其类型

特种设备是指涉及生命安全、危险性较大的锅炉、压力容器(含气瓶)、压力管道、电梯、起重机械、客运索道、大型游乐设施、场(厂)内专用机动车辆等。特种设备包括其相关资料、附属的安全附件、安全保护装置和与安全保护装置相关的设施。

特种设备可分为承压类和机电类两大类型。承压类特种设备主要包括锅炉、压力容器(含气瓶)、压力管道;机电类特种设备主要包括电梯、起重机械、客运索道、大型游乐设施和场(厂)内专用机动车辆等(表4-1)。

表4-1 特种设备的分类目录

代码	种类	内容
1000	锅炉	是指利用各种燃料、电或者其他能源,将所盛装的液体加热到一定的参数值,并对外输出热能的设备,其范围规定为容积大于或者等于30 L的承压蒸汽锅炉;出口水压大于或者等于0.1 MPa(表压),且额定功率大于或者等于0.1 MW的承压热水锅炉;有机热载体锅炉
2000	压力容器	是指盛装气体或者液体,承载一定压力的密闭设备,其范围规定为最高工作压力大于或者等于0.1 MPa(表压),且压力与容积的乘积大于或者等于2.5 MPa·L的气体、液化气体和最高工作温度高于或者等于标准沸点的液体的固定式容器和移动式容器;盛装公称压力大于或者等于0.2 MPa(表压),且压力与容积的乘积大于或者等于1.0 MPa·L的气体、液化气体和标准沸点等于或者低于60 ℃液体的气瓶、氧舱等
8000	压力管道	是指利用一定的压力,用于输送气体或者液体的管状设备,其范围规定为最高工作压力大于或者等于0.1 MPa(表压)的气体、液化气体、蒸汽介质或者可燃、易爆、有毒、有腐蚀性、最高工作温度高于或者等于标准沸点的液体介质,且公称直径大于25 mm的管道
3000	电梯	是指动力驱动,利用沿刚性导轨运行的箱体或者沿固定线路运行的梯级(踏步),进行升降或者平行运送人、货物的机电设备,包括载人(货)电梯、自动扶梯、自动人行道等
4000	起重机械	是指用于垂直升降或者垂直升降并水平移动重物的机电设备,其范围规定为额定起重量大于或者等于0.5 t的升降机;额定起重量大于或者等于1 t,且提升高度大于或者等于2 m的起重机和承重形式固定的电动葫芦等
9000	客运索道	是指动力驱动,利用柔性绳索牵引箱体等载运工具运送人员的机电设备,包括客运架空索道、客运缆车、客运拖牵索道等

续表

代码	种类	内容
6000	大型游乐设施	是指用于经营目的、承载乘客游乐的设施,其范围规定为设计最大运行线速度大于或者等于 2 m/s,或者运行高度距地面高于或者等于 2 m 的载人大型游乐设施
5000	场(厂)内专用机动车辆	是指除道路交通、农用车辆以外,仅在工厂厂区、旅游景区、游乐场所等特定区域使用的专用机动车辆

特种设备广泛应用于学校教学、科研各个领域中,锅炉、压力容器(含气瓶)、压力管道、起重机械、电梯等都是学校或实验室内常用设备。随着特种设备数量的增加和应用范围的扩大,随之而来的安全问题也越来越突出。由于特种设备事故多发且危害较大,国家对特种设备的安全管理也越来越重视,《中华人民共和国特种设备安全法》已经颁布并于 2014 年 1 月 1 日起施行。

二、压力容器(含气瓶)

压力容器的用途十分广泛,它在石油化学工业、能源工业、科研和军工等国民经济的各个部门都起着重要作用。实验室内用到的压力容器主要有高压灭菌锅、高压反应釜、高压反应罐、高压反应器和各种压力储罐等(图 4-1)。压力容器一般由筒体、封头、法兰、密封元件、开孔和接管、支座六大部分构成容器本体。由于密封、承压及介质等原因,压力容器易发生爆炸、燃烧等危及人员、设备、财产的安全及污染环境的事故。

图 4-1 高压灭菌锅、高压反应釜和压力储罐

(一) 压力容器的分类

1. 按承压方式分类

(1) 外压容器。

当容器内的压力小于一个绝对大气压(约 0.1 MPa)时,又称为真空容器。

(2) 内压容器。

内压容器又可按设计压力(p)大小分为四个压力等级。

① 低压(代号 L)容器:$0.1 \text{ MPa} \leqslant p < 1.6 \text{ MPa}$。

② 中压(代号 M)容器:1.6 MPa≤p<10.0 MPa。

③ 高压(代号 H)容器:10 MPa≤p<100 MPa。

④ 超高压(代号 U)容器:p≥100 MPa。

2. 按生产中的作用分类

(1) 反应压力容器(代号 R)。

反应压力容器用于完成介质的物理、化学反应。

(2) 换热压力容器(代号 E)。

换热压力容器用于完成介质的热量交换。

(3) 分离压力容器(代号 S)。

分离压力容器用于完成介质的流体压力平衡缓冲和气体净化、分离。

(4) 储存压力容器(代号 C,其中球罐代号 B)。

储存压力容器用于储存、盛装气体、液体、液化气体等介质。

3. 按安装方式分类

(1) 固定式压力容器。

固定式压力容器是指安装和使用地点固定、工艺条件和操作人员也较固定的压力容器。

(2) 移动式压力容器。

移动式压力容器是指安装和使用地点不固定的压力容器。其使用时不仅承受内压或外压载荷,搬运过程中还会受到内部介质晃动引起的冲击力及运输过程带来的外部撞击和振动载荷,因而在结构、使用和安全方面均有其特殊的要求。

4. 按安全技术管理分类

国家质量技术监督局颁发的《压力容器安全技术监察规程》根据压力容器操作压力、介质危害程度、容器功能、结构特性、材料和对容器安全性能的综合影响程度等,将压力容器分为第一、第二和第三类压力容器,以利于安全技术监督和管理。

(二) 压力容器的主要安全附件

压力容器的主要安全附件有安全阀、爆破片、压力表、液位计、温度计、紧急切断装置和快开式压力容器的安全连锁装置等。

1. 安全阀

安全阀是一种超压自动泄压阀门。当容器内的压力超过某一规定值时,安全阀就自动开启,迅速排放容器内部的过压气体,实现降压。当压力降回到设定值后,安全阀又自动关闭,从而使容器内压力始终低于允许范围的上限,不致因超压而酿成事故。

2. 爆破片

一旦压力容器超压,爆破片破裂,使压力下降。其主要作用与安全阀一样,不同之处是它不能自动关闭,只能等压力或介质释放完毕后重新更换。

3. 压力表

压力表是监测压力容器工作压力的一种仪表。压力表还可以记录压力容器的中间工况状态,也可在一定程度上反映介质的贮存量,压力表的准确与否直接关系到容器的安全。选用的压力表的最大量程最好为容器工作压力的 1.5~2 倍。

4. 液位计

液位计是用来测量液化气体或物料的液位、流量、充装量、投料量等的一种仪表。它用于监测液位的高低或介质的存量。

5. 温度计

温度计可用来监测压力容器的工作温度,也可以记录压力容器的中间工况状态。

(三) 压力容器的使用要求与检验

1. 压力容器的使用要求

正确合理地使用压力容器,才能保证其安全运行。即使是容器的设计完全符合要求,制造、安装质量优良,如果操作不当,同样会造成事故。使用压力容器时要注意以下事项。

(1) 压力容器的操作人员须取得质量技术监督部门统一颁发的"压力容器操作人员证"后方可上岗工作。操作人员一定要熟悉本岗位的工艺流程及容器的结构、类别、主要技术参数和技术性能,严格按操作规程操作;掌握处理一般事故的方法,认真填写有关记录。

(2) 压力容器严禁超温超压运行。压力容器的使用压力不能超过压力容器的最高工作压力,以保证压力容器的安全运行。实行压力容器安全操作挂牌制度或采用机械连锁机制,防止误操作。检查减压阀失灵与否。装料时避免过急过量,液化气体严禁超量装载,并防止意外受热,等等。

(3) 压力容器要平稳操作。压力容器开始加载时,速度不宜过快,要防止压力突然上升。高温容器或工作温度低于 0 ℃ 的容器,加热或冷却都应缓慢进行。尽量避免操作中压力频繁和大幅度地波动。

(4) 严禁带压拆卸压紧螺栓。当压力容器内部有压力时,不得进行任何修理。对压力容器的受压部件进行重大修理和改造,应符合《固定式压力容器安全技术监察规程》(TGS.21—2016)和有关标准的要求,并将修理和改造方案报质量技术监督部门审查通过后,方可施工。

(5) 经常检查安全附件的运行情况。检查安全阀、压力表有无失效,有无按规定送校验。安全阀每年至少校验一次,压力表每半年校验一次。在安装新安全阀之前,应根据压力容器的使用情况,送校验后,才准安装使用。必须保证安全报警装置灵敏、可靠。

2. 压力容器的检验

压力容器的检验亦称压力容器运行中的检查,检查的主要内容有:压力容器外表面有无裂纹、变形、泄漏、局部过热等不正常现象;安全附件是否齐全、灵敏、可靠;紧固螺栓是否完好、全部旋紧;防腐层有无损坏等异常现象。

压力容器除日常定点检查外,还应进行定期检验,以便及时发现缺陷并采取相应措施,防止重大事故的发生。定期检验分为外部检查、内外部检验及耐压试验。压力容器的定期检验由专业人员完成。

（四）压力容器事故应急处理

1. 压力容器事故率高的原因

在相同的条件下，压力容器的事故率要比其他机械设备高得多。其主要原因有如下几点。

（1）使用条件比较苛刻。压力容器不但承受着大小不同的压力载荷（在一般情况下还是脉动载荷），而且有的压力容器还是在高温或深冷的条件下运行，工作介质又往往具有腐蚀性，工况环境比较恶劣。

（2）压力容器内的压力常常会因操作失误或发生异常反应而迅速升高，而且往往在尚未发现的情况下，容器即已破裂。

（3）局部应力比较复杂。例如，在容器开孔周围及其他结构不连续处，常会因过高的局部应力和反复的加载卸载而造成疲劳破裂。

（4）隐藏严重缺陷。焊接或锻制的容器，常会在制造时留下微小裂纹等严重缺陷，这些缺陷若在运行中不断扩大，或在适当的条件（如使用温度、工作介质性质等）下都会使容器突然破裂。

2. 压力容器的主要危险参数

（1）压力。

压力容器的压力来自两个方面，一是容器外产生（增大）的压力，二是容器内产生（增大）的压力。

① 最高工作压力，多指在正常操作情况下容器顶部可能出现的最高压力。

② 设计压力，指在相应设计温度下用以确定容器壳体厚度的压力，亦即标注在铭牌上的容器设计压力。压力容器的设计压力值不得低于最高工作压力；装有安全阀的压力容器，其设计压力不得低于安全阀的开启压力或爆破压力。容器的设计压力确定应按《压力容器》（GB 150—2011）的相应规定执行。

（2）温度。

① 金属温度，系指容器受压元件沿截面厚度的平均温度。在任何情况下，元件金属的表面温度不得超过钢材的允许使用温度。

② 设计温度，系指容器在正常操作情况下，在相应设计压力下，壳壁或元件金属可能达到的最高或最低温度。对于 0 ℃以下的金属温度，设计温度不得高于元件金属可能达到的最低金属温度。容器设计温度（即标注在容器铭牌上的设计介质温度）是指壳体的设计温度。设计温度值不得低于元件金属可能达到的最高金属温度。

（3）介质。

压力容器盛装的介质按物质状态分类，有气体、液体、液化气体、单质和混合物等；按化学特性分类，则有可燃、易燃、惰性和助燃四种；按毒害程度分类，又可分为极度危害（Ⅰ）、高度危害（Ⅱ）、中度危害（Ⅲ）、轻度危害（Ⅳ）四级。

① 易燃介质：是指与空气混合的爆炸下限小于10%，或爆炸上限和下限之差值大于或等于20%的气体，如一甲胺、乙烷、乙烯等。

② 毒性介质:《压力容器安全技术监察规程》对介质毒性程度的划分参照《职业性接触毒物危害程度分级》(GBZ 230—2010)分为四级。其最高容许浓度分别为:极度危害(Ⅰ级) <0.1 mg/m;高度危害(Ⅱ级)0.1~1.0 mg/m;中度危害(Ⅲ级)1.0~10 mg/m;轻度危害(Ⅳ级)≥10 mg/m。压力容器中的介质为混合物质时,应以介质的组成并按毒性程度或易燃介质的划分原则,由设计单位的工艺设计部门或使用单位的生产技术部门决定介质毒性程度或是否属于易燃介质。

③ 腐蚀性介质:某些介质对压力容器用材具有耐腐蚀性要求。在选用压力容器的材料时,除了应满足使用条件下的力学性能要求外,还要具备足够的耐腐蚀性,必要时还要采取一定的防腐措施。

3. 压力容器故障及常见事故应急处理

压力容器出现超压、超温、异常声响、异常变形、异常振动或泄漏等情况时,若处置不当,会产生重大安全事故,这就要求在压力容器开机情况下,操作人员和安全管理人员密切关注容器的运行状态和重要参数的变化,做好事故应急预案。

一旦发生事故,操作人员应按照应急预案规定程序进行操作。一般应急操作程序如下。

(1)压力容器操作人员根据具体操作方案,立即操作相应阀门,对容器进行降压、降温后,停止设备运行。

(2)切断电源,做好消防和防毒准备,防止容器泄漏,防止易燃易爆介质燃烧爆炸。

(3)如果事故严重,应立即通知应急救援队伍、设备管理部门、工艺运行部门,并撤离现场无关人员,如有人员受伤,应立即拨打120急救电话救助伤员。

(4)检查设备元件、安全附件并对受损部件进行修理或更换。

(5)详细记录事故情况、受损部件的修理或更换情况。

(五)气瓶安全

气瓶属于移动式压力容器,但在充装和使用方面有其特殊性,所以在安全方面还有一些特殊的规定和要求。

按照《气瓶安全技术规程》(TSG 23—2021),气瓶公称工作压力优先选取表4-2中的压力等级系列。

表 4-2　盛装常用气体气瓶的公称工作压力

气体类别	公称工作压力/MPa	充装介质
压缩气体 T_c（临界温度，下同）≤ -50 ℃	70	氢
	50	氢
	35	空气、氢、氮、氩、氖、氪等
	30	空气、氢、氮、氩、氖、氪、甲烷、天然气等
	25	空气、氢、氮、氩、氖、氪、甲烷、天然气等
	20	空气、氧、氢、氮、氩、氖、氪、甲烷、天然气等
	15	空气、氧、氢、氮、氩、氖、氪、甲烷、一氧化碳、一氧化氮、氙、氘（重氢）等
高压液化气体 -50 ℃ < T_c ≤ 65 ℃	20	二氧化碳（碳酸气）、乙烷、乙烯
	15	二氧化碳（碳酸气）、一氧化二氮（笑气、氧化亚氮）、乙烷、乙烯、硅烷（四氢化硅）、磷烷（磷化氢）、乙硼烷（二硼烷）等
	12.5	氙、一氧化二氮（笑气、氧化亚氮）、六氟化硫、氯化氢（无水氢氯酸）、乙烷、乙烯、三氟甲烷（R23）、六氟乙烷（R116）、1,1-二氟乙烯（偏二氟乙烯、R1132a）、氟乙烯（乙烯基氟、R1141）、三氟化氮等
低压液化气体及其混合气体 T_c > 65 ℃	5	溴化氢（无水氢溴酸）、硫化氢、碳酰二氯（光气）、硫酰氟等
	4	二氟甲烷（R32）、五氟乙烷（R125）、溴三氟甲烷（R13B1）、R410A 等
	3	氨、氯二氟甲烷（R22）、1,1,1-三氟乙烷（R143a）、R407C、R404A、R507A 等
	2.5	丙烯
	2.2	丙烷
	2.1	液化石油气
	2	氯、二氧化硫、二氧化氮（四氧化二氮）、氟化氢（无水氢氟酸）、环丙烷、六氟丙烯（R1216）、偏二氟乙烯（R152a）、氯三氟乙烯（R1113）、氯甲烷（甲基氯）、溴甲烷（甲基溴）、1,1,1,2-四氟乙烷（R134a）、七氟丙烷（R227e）、2,3,3,3-四氟丙烯（R1234yf）、R406A、R401A 等
	1.6	二甲醚
	1	正丁烷（丁烷）、异丁烷、异丁烯、1-丁烯、1,3-丁二烯（联乙烯）、二氯氟甲烷（R21）、氯二氟乙烷（R142b）、溴氯二氟甲烷（R12B1）、氯乙烷（乙基氯）、氯乙烯、溴乙烯（乙烯基溴）、甲胺、二甲胺、三甲胺、乙胺（氨基乙烷）、甲基乙烯基醚（乙烯基甲醚）、环氧乙烷（氧化乙烯）、（顺）2-丁烯、（反）2-丁烯、八氟环丁烷（RC318）、三氯化硼（氯化硼）、甲硫醇（硫氢甲烷）、氯三氟乙烷（R133a）等
低温液化气体	—	液化空气、液氩、液氖、液氮、液氧、液氢、液化天然气、液化氧化亚氮、液化二氧化碳等

1. 气瓶的标记

(1) 气瓶的钢印标志。

气瓶的钢印标记包括制造钢印标记和检验钢印标记,是识别气瓶的依据。

① 制造钢印标记(图4-2)是气瓶的原始标志,是由制造厂用钢印打印在气瓶肩部、筒体、瓶阀护罩上的,有关设计、制造、充装、使用、检验等技术参数的印章。

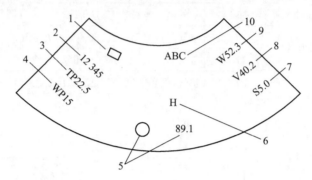

1—监督检验标志;2—气瓶编号;3—水压试验压力,MPa;4—公称工作压力,MPa;
5—制造单位检验标记和制造年月;6—寒冷地区用气瓶标记;7—瓶体设计壁厚,mm;
8—实际容积,L;9—实际重量,kg;10—气瓶制造单位代号

图4-2 气瓶的制造钢印标记

② 检验钢印标记(图4-3)是气瓶定期检验后,由检验单位用钢印打印在气瓶肩部、筒体、瓶阀护罩上或打印在套于瓶阀尾部金属标记环上的印章。

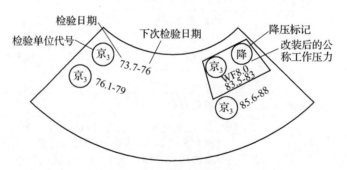

图4-3 气瓶的检验钢印标记

(2) 气瓶的颜色标记。

气瓶的颜色标记是指气瓶外表的瓶色、字样、字色和色环(图4-4)。气瓶喷涂颜色标记的主要目的是方便使用者辨别气瓶内的介质,即从气瓶外表的颜色上迅速辨别盛装某种气体和瓶内气体的性质(可燃性、毒性),避免错装和错用。此外,气瓶外表喷涂带颜色的油漆,还可以防止气瓶外表锈蚀。国内常用气瓶的颜色标记见表4-3。

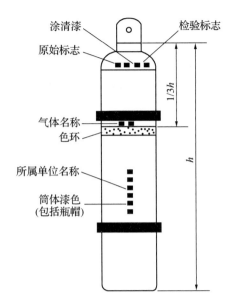

图 4-4 气瓶的颜色标记喷涂位置

表 4-3 国内常用气瓶的颜色标记

单位:MPa

序号	盛装介质	化学式	外表颜色	字样	字色	色环
1	氢	H_2	淡绿	氢	大红	$p=20$,大红单环 $p\geqslant30$,大红双环
2	氧	O_2	淡(酞)蓝	氧	黑	
3	氮	N_2	黑	氮	淡黄	$p=20$,白色单环 $p\geqslant30$,白色双环
4	空气		黑	空气	白	
5	二氧化碳	CO_2	铝白	液化二氧化碳	黑	$p=20$,黑色单道
6	氨	NH_3	淡黄	液氨	黑	
7	氯	Cl_2	深绿	液氯	白	
8	甲烷	CH_4	棕	甲烷	白	$p=20$,白色单环 $p\geqslant30$,白色双环
9	丙烷	C_3H_8	棕	液化丙烷	白	
10	乙烯	C_2H_4	棕	液化乙烯	淡黄	$p=15$,白色单环 $p=20$,白色双环
11	硫化氢	H_2S	白	液化硫化氢	大红	
12	溶解乙炔	C_2H_2	白	乙炔(不可近火)	大红	
13	氩	Ar	银灰	氩	深绿	
14	氦	He	银灰	氦	深绿	$p=20$,白色单环 $p\geqslant30$,白色双环
15	氖	Ne	银灰	氖	深绿	
16	氪	Kr	银灰	氪	深绿	

注:色环栏内的 p 是气瓶的公称工作压力(MPa)。

2. 气瓶的安全附件

(1) 安全泄压装置。

气瓶的安全泄压装置在气瓶超压时能自动泄压,以防气瓶遇到火灾等特殊高温时,瓶内介质受热膨胀而导致气瓶超压爆炸。国内使用的气瓶,安全泄压装置的配置原则是:盛装剧毒介质(如氯、氟、一氧化碳、光气、四氧化二氮等)气瓶,禁止安装安全泄压装置,以防在正常条件下发生误操作(包括气体泄漏)造成中毒或伤亡事故;液化石油气瓶一般不安装安全泄压装置,特别是民用液化气瓶,以防误操作安全泄压装置,造成火灾或空间爆炸事故;除上述两类气瓶外,包括介质为助燃、易燃或不燃,具有一般毒性的永久气体气瓶等应根据其特性选装相应的安全泄压装置。

(2) 瓶帽及防护罩。

一般气瓶的顶部在瓶阀位置均装有瓶帽或防护罩,用以保护气瓶顶部的瓶阀,防止瓶阀在搬运过程中被撞击损坏,造成瓶内气体高速喷出,造成人身伤亡事故。

(3) 防震圈。

防震圈是用橡胶或塑料制成的,套在瓶体上部和下部,具有一定弹性的套圈。它是防止气瓶瓶体受撞击的一种保护装置,同时还可以保护气瓶表面的漆膜。

3. 气瓶的充装与检验

(1) 气瓶的充装。

气瓶实行固定充装单位充装制度。气瓶充气前要进行严格检查,充装过程中要防止充装超量,充装后充装单位必须在每只充装的气瓶上粘贴符合国家标准《气瓶警示标签》(GB 16804—1997)的警示标签和充装标签。

气瓶充装不当会发生事故,其原因多数是氧气与可燃气体混装或充装过量。氧气与可燃气体混装往往是原来盛装可燃气体(如氢、甲烷等)的气瓶,未经过置换、清洗等处理,而且瓶内还有余气,又用来盛装氧气;或者将原来装氧气的气瓶用来充装可燃气体,使可燃气体与氧气在瓶内发生化学反应,瓶内压力急剧升高,气瓶破裂爆炸。充装过量也是气体爆炸的常见原因,特别是盛装低压液化气体的气瓶。

(2) 气瓶的检验。

气瓶的定期技术检验,由气体制造厂或专业检验单位负责。检验内容包括内外表面检验和耐压试验(水压试验)。按规定:盛装空气、氧气、氮气、氢气、二氧化碳等一般气体的气瓶每 3 年检验一次;盛装氩、氖、氦、氪、氙等惰性气体的气瓶每 5 年检验一次;盛装氯气、氯甲烷、硫化氢、光气、二氧化硫、氯化氢等腐蚀性介质的气瓶每 2 年检验一次。盛装剧毒或高毒介质的气瓶,进行水压试验后还应进行气密性试验。在对乙炔气瓶全面检验时,还要检查填料、瓶阀的易熔塞,测定壁厚,并做气密性试验(不做水压试验)。

4. 气瓶的使用

(1) 气瓶的正确使用方法。

在搬动气瓶时,应装上防震垫圈,旋紧安全帽,以保护开关阀,防止其意外转动和减少碰撞。近距离移动气瓶,可以用手平抬或垂直转动,但绝不允许手持开关阀移动;当移动距离较远时,最好用特制的气瓶推车运送,严禁抛、滚、滑、翻。

气瓶不得靠近热源和明火放置,应保证气瓶瓶体干燥。盛装易起聚合反应或分解反应气体的气瓶应避开放射性线源。毒性气体气瓶和瓶内气体相互抵触能引起燃烧、爆炸;产生毒物的气瓶,最好分室存放,并在附近设置防毒用具和灭火器材。

使用气瓶时一般立放,并有防止倾倒的措施。使用气瓶前应先安装压力表和减压阀,不同性质气体气瓶的压力表不能混用;严禁使用过程中敲击和碰撞气瓶;在夏季使用气瓶时,应防止暴晒;可燃和助燃气体气瓶之间的距离、与明火的距离不应小于 10 m(确难达到时,应采取隔离措施)。

在开启或关闭瓶阀时,只能用手或专用扳手,不准使用锤子、管等工具,以防损坏网件。开启或关闭瓶阀的速度应缓慢(开启乙炔气瓶瓶阀时不要超过一圈半,一般情况下开启四分之三圈),防止产生摩擦热或静电火花,对盛装可燃气体的气瓶尤应注意,操作人员应站立在气瓶侧面,严防瓶嘴崩出伤人。

使用氧气瓶和氧化性气体气瓶时,应配备专用工具,并严禁与油类接触,操作人员不能穿戴沾有各种油脂或易感应产生静电的服装或手套操作,以免引起燃烧或爆炸。

瓶内气体不得用尽,必须留有剩余压力或重量。永久气体气瓶的剩余压力应不小于 0.05 MPa;液化气体气瓶应留有不少于 0.5% ~ 1.0% 规定充装量的剩余气体,以备充气单位取样和防止其他气体倒灌。

(2)气瓶的使用禁忌与事故预防。

气瓶使用不当和维护不良可能直接或间接造成爆炸、火灾或中毒事故。

将气瓶置于烈日下长时间暴晒或将气瓶靠近高温热源,是气瓶爆炸的常见原因,特别是盛装低压液化气体的气瓶。有时气瓶局部受热,虽不至于发生爆炸,也会使气瓶上的安全泄压装置开放泄气,使瓶内可燃气体或有毒气体喷出,造成火灾或中毒事故。

气瓶操作不当常会发生着火或烧坏气瓶附件等事故,如打开气瓶瓶阀时,因开得太快使减压器或管道中的压力迅速提高,出现绝热压缩,温度大大升高,严重时还会造成橡胶垫圈等附件烧毁。

盛装可燃气体气瓶的瓶阀泄漏,氧气瓶瓶阀或其他附件沾有油脂等,也常常会引起着火燃烧事故。

气瓶在运输(或搬动)过程受到震动或冲击,把瓶阀撞坏或碰断,容易发生气瓶喷气飞离原处或喷出的可燃气体着火等事故。

三、起重机械的使用安全

(一)起重机械的结构及工作原理

起重机械由驱动装置、工作机构、取物装置、金属结构和控制操纵系统组成。

1. 驱动装置

驱动装置是用来驱动工作机构的动力设备。常见的驱动装置有电力驱动、内燃机驱动和人力驱动等。电力驱动是现代起重机的主要驱动形式,几乎所有的在有限范围内运行的有轨起重机、升降机等都采用电力驱动。对于可以远距离移动的流动式起重机(如汽车起重机、轮胎起重机和履带起重机),多采用内燃机驱动。人力驱动适用于一些轻小起重设备,也用作某些设备的辅助、备用驱动和意外(或事故状态)的临时动力。

2. 工作机构

工作机构包括起升机构、运行机构、变幅机构和旋转机构,被称为起重机的四大机构。

(1) 起升机构。

起升机构是用来实现物料的垂直升降的机构,是任何起重机不可缺少的部分,因而是起重机最主要、最基本的机构。

(2) 运行机构。

运行机构是通过起重机或起重小车运行来实现水平搬运物料的机构,有无轨运行和有轨运行之分,按其驱动方式不同,可分为自行式和牵引式两种。

(3) 变幅机构。

变幅机构是臂架起重机特有的工作机构。变幅机构通过改变臂架的长度和仰角来改变作业幅度。

(4) 旋转机构。

旋转机构是使臂架绕着起重机的垂直轴线做回转运动,在环形空间移动物料的结构。

3. 取物装置

取物装置是通过吊、抓、吸或其他方式将物料与起重机联系起来进行物料吊运的装置。防止吊物坠落,保证作业人员的安全和吊物不受损伤是对取物装置安全的基本要求。

4. 金属结构

金属结构是以金属材料轧制的型钢(如角钢、槽钢、工字钢、钢管等)和钢板作为基本构件,通过焊接、铆接、螺栓连接等方法,按一定的组成规则连接,承受起重机的自重和载荷的钢结构。金属结构是起重机的重要组成部分,它是整台起重机的骨架,将起重机的机械、电气设备连接组合成一个有机的整体。

5. 控制操纵系统

通过电气、液压系统控制操纵起重机各机构及整机的运动,进行各种起重作业。控制操纵系统包括各种操纵器、显示器及相关线路。

(二) 起重机械的安全装置

安全装置对起重机正常工作起安全保护作用,主要有超载限制器、起重力矩限制器、行程限位器、缓冲器等。

1. 超载限制器

超载限制器防止起重机超负荷作业。在起重作业过程中,当起重量超过起重机额定起重量的10%时,超载限制器将起作用,自动切断起升动力源,停止工作,从而起到超载限制的作用(图4-5)。

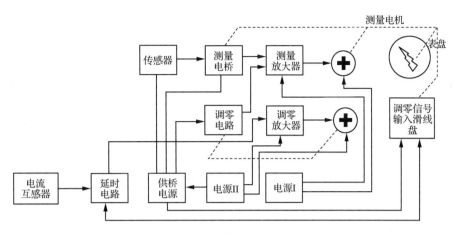

图 4-5 电子超载限制器框图

2. 起重力矩限制器

起重力矩限制器就是一种综合起重量和起重机运行幅度两方面因素,以保证起重力矩始终在允许范围内的安全装置(图 4-6)。

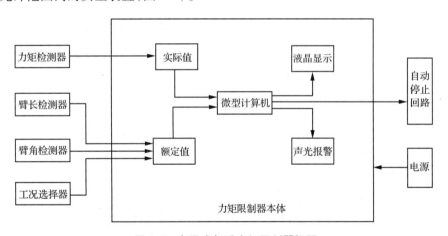

图 4-6 电子式起重力矩限制器框图

3. 行程限位器

行程限位器是防止起重机驶近轨道末端而发生撞击事故,或两台起重机在同一条轨道上发生碰撞事故,所采取的安全装置。

4. 缓冲器

缓冲器是一种吸收起重机与物体相碰时的能量的安全装置,在起重机的制动器和终点开关失灵后起作用。

(三)起重机械事故

1. 重物坠落

吊具或吊装容器损坏、物件捆绑不牢、挂钩不当、电磁吸盘突然失电、起升装置的零件故障(特别是制动器失灵、钢丝绳断裂)等,都会引发重物坠落。

2. 起重机失稳倾翻

起重机失稳有两种类型：一是由于操作不当（如超载、臂架变幅或旋转过快等）、支腿未找齐或地基沉陷等原因使倾翻力矩增大，导致起重机倾翻；二是由于坡度或风载荷作用，使起重机沿路面或轨道滑动，导致脱轨翻倒。

3. 挤压

起重机轨道两侧缺乏良好的安全通道或与建筑结构之间缺少足够的安全距离，使运行或回转的金属结构机体对人员造成夹挤伤害；对运行机构的操作失误或制动器失灵引起溜车，造成碾轧伤害；等等。

4. 高处跌落

人员在离地面大于 2 m 的高度进行起重机的安装、拆卸、检查、维修或操作等作业时，从高处跌落造成跌落伤害。

5. 触电

起重机在输电线附近作业时，其任何组成部分或吊物与高压带电体距离过近，感应带电或触碰带电物体，都可能引发触电伤害。

6. 其他伤害

其他伤害是指人体与运动零部件接触引起的绞、碾等伤害；液压起重机的液压元件破坏造成高压液体的喷射伤害；飞出物件的打击伤害；装卸高温液体金属及易燃易爆、有毒、腐蚀等危险品，由于坠落或包装捆绑不牢破损引起的伤害；等等。

（四）起重机械事故的应急处理

如遇下列意外情况，应立即通知起重机械制造、维保单位，并根据需要按紧急处置措施解救人员。

1. 起重机械倾翻时

起重机械发生倾翻事故时，应及时通知有关部门和起重机械制造、维修单位维保人员到达现场，进行施救。当有人员被压埋在倾倒起重机的下面时，应先切断电源，采取千斤顶、起吊设备、切割等措施，将被压人员救出。在实施处置时，必须指定 1 名有经验的工作人员现场指挥，并采取警戒措施，防止起重机倒塌、挤压事故的再次发生。

2. 火灾时

若发生火灾，对被困在高处无法逃生的人员，立即切断起重机械的电源开关，防止电气火灾的蔓延扩大。灭火时，应防止二氧化碳等中毒窒息事故的发生。

3. 触电时

对触电事故，应立即切断电源，对触电人员应进行现场救护，同时拨打急救电话，及时送医院抢救。另外，要预防因电气而引发的火灾。

4. 人员从起重机械上坠落时

若有人员从起重机械高处坠落，应采取相应措施，防止人员再次发生从高处坠落事故。

四、电梯的使用安全

(一) 电梯的基本结构

电梯并非独立的整体设备,它是由机械、电气和安全装置共同组成的一个机电组合体(图4-7)。

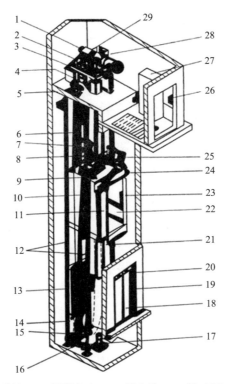

1—有齿轮曳引机;2—曳引轮;3—机器底盘;4—导向轮;5—限速器;6—曳引钢丝绳;7—限位开关终端打板;8—轿厢导靴;9—限位开关;10—轿厢框架;11—轿厢门;12—导轨;13—对重;14—补偿链;15—链条导向装置;16—限速器张紧装置;17—缓冲器;18—层门;19—呼梯按钮;20—楼层指示器;21—悬挂电缆;22—轿厢;23—轿内操纵箱;24—开门机;25—井道传感器;26—电源开关;27—控制柜;28—电机;29—电磁制动器。

图4-7 电梯的基本结构

电梯机械部分由曳引系统、导向系统、轿厢、重量平衡系统及门系统等组成。曳引系统输出和传递动力,导向系统保证轿厢和对重在井道沿着固定滑道运行,轿厢系统承受重量拉人载物,门系统实现轿门厅门的自动开关。

电梯的电气系统主要是电梯的控制系统,实现对电梯的有效控制,使其按照人们的意图运行和变速,做到电梯的平稳运行。

电梯的安全装置主要用于保护电梯的运行安全。

(二) 电梯的安全保护装置

电梯的安全性除了要充分考虑电气控制结构的合理性和拖动的可靠性外,还针对各种可能发生的危险,设置了各种专门的安全装置,以防止电梯可能发生的挤压、撞击、剪切、坠落、电击等潜在危险。

电梯的安全保护装置包括限速器、安全钳、缓冲器、门锁系统等各种保护开关。限速器是电梯轿厢的运行速度达到限定值时发出电信号并产生机械动作,切断控制电路或迫使安全钳动作的安全装置。安全钳是由限速器作用而引起动作,迫使轿厢或对重装置滞停在导轨上,同时切断控制回路的安全装置。缓冲器是用来吸收轿厢动能的一种弹性缓冲安全装置。门锁系统是用于防止厅、轿门不正常开关造成的伤害事故的装置。

(三) 电梯事故

1. 困人事故

在电梯发生的意外事故中,困人是最常见的一种。电梯困人对乘客其实没有什么危险,因为轿厢内有良好的通风,有求救警铃或者电话,有应急照明。只要乘客放松心情,保持冷静,采取正当措施,就不会受到伤害。只要维修人员正确操作,及时解困,就不会发生人身伤害事故。在现实中就是因为乘客被困未能得到及时解救,或施救方法不当,才引发人身伤害事故。

2. 人身伤害事故

(1) 坠落。比如因层门未关闭或从外面将层门打开,轿厢又不在此层,造成受害人失足从层门坠入井道。

(2) 剪切。比如当乘客踏入或踏出轿门瞬间,轿厢突然启动,使受害人在轿门与层门之间的上下门槛处被剪切。

(3) 挤压。常见的挤压事故,一是受害人被挤压在轿厢围板与井道壁之间;二是受害人被挤压在底坑的缓冲器上,或是人的肢体部分(比如手)被挤压在转动的轮槽中。

(4) 撞击。常发生在轿厢冲顶或蹲底时,使受害人身体撞击到建筑物或电梯部件上。

(5) 触电。受害人的身体接触到控制柜的带电部分或施工过程中人体触及设备的带电部分及漏电设备的金属外壳。

(6) 烧伤。一般发生在火灾事故中,受害人被火烧伤。

(四) 电梯的乘坐安全

(1) 禁止携带易燃易爆或带腐蚀性的危险品乘坐电梯。

(2) 勿在轿门和层门之间逗留,严禁倚靠在电梯的轿门或层门上;严禁撞击、踢打或以其他方式企图打开电梯的轿门和层门。

(3) 在电梯开关门时,请不要直接用手或身体阻碍门的运动,这样可能导致撞击的危险。正确的方法是:按压与轿厢运行方向一致的层站召唤按钮或轿厢操纵箱开门按钮。

(4) 发生火警时,切勿搭乘电梯。

(5) 进入电梯前一定要看清脚下是否为真实的地板,防止发生高空坠落事故。

(6) 离开电梯时一定确保电梯正常停靠在平层位置上。乘客被困在轿厢内时,严禁强行扒开轿门,以防发生人身剪切或坠落伤亡事故。

(7)电梯因停电故障等原因,被困在轿厢内时应保持镇静,及时与电梯管理人员取得联络。

(8)若发现电梯运行异常,应立即停止乘用并及时通知维保人员前来检查修理。

(9)乘坐客梯注意载荷,如发生超载请自动减员,以免超载发生危险。

(10)当电梯门快要关上时,不要强行冲进电梯;不要背靠厅轿门站立,以防门打开时摔倒,并且不要退步出电梯。

(11)七岁以下儿童、精神病患者及其他无民事行为能力者搭乘电梯时,应当有健康成年人陪同。

(12)注意电梯安全警示(图4-8),文明乘坐电梯。

图4-8 电梯安全警示

五、特种设备安全监察

国家十分重视特种设备的安全监察与管理工作,对于特种设备的安全监察由各级质量技术监督部门完成,安全监察依据《特种设备安全监察条例》(国务院令〔2003〕373号)和《国务院关于修改〈特种设备安全监察条例〉的决定》(国务院令〔2009〕549号)进行,特种设备的安全监察内容包括特种设备的生产(含设计、制造、安装、改造、维修)、使用、检验及报废的全过程。

特种设备安全监察的总体要求是应使用符合安全技术规范要求的特种设备,按要求及时办理特种设备的注册登记;不得使用非法制造的、报废的、经检验检测不合格的、安全附件和安全装置不全或者失灵的、有明显故障或者有异常情况等事故隐患的特种设备。

特种设备的生产(购买、转让、安装、改造、维修)要有许可。新特种设备的购置,要选择有相应制造许可的单位生产的合格产品,并要详细核对产品质量合格证明、监检证书等技术文件。购买二手特种设备,应索取相关技术文件,经特种设备监督检验机构检验合格并符合安全使用要求,方可购买。特种设备转让时原使用单位持"注册登记表"和"使用合格证"到特种设备监督检验机构办理转让手续,并将特种设备相关技术资料转交给接收单位,接收单位重新按注册登记办理程序申请注册登记。特种设备安装、改造、维修,要选择具有相关施工资质的单位,并报当地质量技术监督管理部门,完工后经特种设备监督检验机构检验合格后,方可投入使用。

特种设备使用要注册登记,并进行定期保养和检验。特种设备在投入使用前或者投入使用后 30 日内,使用单位应携带相关资料,到当地质量技术监督管理部门注册登记,未经注册登记的特种设备不准投入使用。特种设备使用单位要对在用特种设备、特种设备的附件、安全保护装置、测量调控装置及相关附属仪器仪表进行定期检查和日常维护保养。若在自行检查和日常维护保养时发现异常情况,应当及时处理。特种设备出现故障或者发生异常情况时,使用单位应当对其进行全面检查,消除事故隐患后,方可重新投入使用。在用特种设备要定期进行检验,检验的周期为一年或两年,检验由特种设备监督检验机构完成,使用单位要在特种设备检验到期前一个月内向检验部门提出申请,经检验合格的特种设备由检验机构发放检验合格证,只有经检验合格的特种设备才能继续使用。

特种设备需要停止使用的,使用单位要自行封存设备,并在封存的 30 日内向当地质量技术监督部门提出书面申请,经批复后正式停用;未办理停用手续的,仍需进行定期检验;重新启用停用的特种设备,应当申请检验,经检验合格并取得检验合格证后,凭相关资料到质量技术监督部门申请重新启用。要报废特种设备时,使用单位要将特种设备注册登记表交回质量技术监督部门,办理注销手续,并将特种设备解体后报废。

【复习思考题】

1. 旋转机械按照其功能大致可以分为哪几类?
2. 特种设备可以分成哪两大类?
3. 气瓶的颜色标记包括哪些?各自有什么意义或作用?

第五章 实验室生物安全

从个人安全到国家安全，从实验室研究到产业化生产，从技术研发到经济活动，都涉及生物安全问题。实验室生物安全涉及的绝不仅仅是某个实验室的安全和工作人员的健康，一旦发生事故，极有可能给人类社会乃至整个自然界带来不可预计的危害和影响，因此，实验室生物安全问题事关重大。

为了维护国家安全，防范和应对生物安全风险，保障人民生命健康，保护生物资源和生态环境，促进生物技术健康发展，推动构建人类命运共同体，实现人与自然和谐共生，2020年10月17日，在第十三届全国人民代表大会常务委员会上通过《中华人民共和国生物安全法》，自2021年4月15日起开始施行。

第一节 实验室生物安全基础知识

下面介绍与生物安全相关的几个概念。

1. 生物因子

具有一定生物活性的制剂都可称为生物因子，主要包括能够进行基因修饰、细胞培养和生物体内寄生的，可能致人和动物感染、过敏或中毒的一切微生物和其他相关的生物活性物质。

2. 病原体

病原体是指能致病的生物因子，包括能够引发人和动物、植物传染病的生物因子，主要指致病微生物。

3. 生物气溶胶

气溶胶是指悬浮在气体介质中的固态或液态颗粒所组成的气态分散系统。气溶胶颗粒大小通常为 $0.001 \sim 100~\mu m$。从流体力学角度看，气溶胶实质上是以气态为连续相，固、液态为分散相的多相流体。生物气溶胶是含有生物因子的气溶胶，生物因子包括细菌、病毒及致敏花粉、霉菌孢子、蕨类孢子和寄生虫卵等，除具有一般气溶胶的特性以外，还具有传染性、致敏性等。

4. 生物安全

生物安全是指生物因子(天然的动物、植物和微生物,以及基因改造和转基因生物等)对社会、经济、人类健康及生物多样性和生态环境所产生的危害或潜在威胁(风险)。医学微生物学领域涉及生物安全的主要方面是:病原微生物实验室的生物安全和生物恐怖事件及重大传染病暴发流行的防控。

5. 灭菌

灭菌是指破坏或去除所有微生物(不论是病原微生物还是其他微生物)及其孢子的过程。

6. 消毒

消毒是指杀死病原微生物的物理或化学过程,但不一定杀死其孢子。

7. 清除污染

清除污染是指去除和/或杀死微生物的任何过程。该词也用于去除或中和有危害的化学品和放射性物质。

8. 一级防护屏障

一级防护屏障是指实验室的生物安全柜和个人防护装备等构成的防护屏障,用以减少或消除危害性生物因子的暴露。

9. 二级防护屏障

二级防护屏障是指实验室的设施结构和通风系统等构成的防护屏障。它除了能保护实验室人员外,还能保护周围社区的人或动物免受生物因子意外扩散所造成的感染。

10. 气锁气压可调节的气密室

气锁气压可调节的气密室用于连接气压不同的两个相邻区域,其两个门具有互锁功能,在实验室中用作特殊通道。

11. 定向气流

定向气流是指气压低于外环境大气压的实验室中,从污染概率小且相对压力高处向污染概率高且相对压力低处流动的气流。

12. 高效空气过滤器

高效空气过滤器通常以滤除 $\geq 0.3\ \mu m$ 的微粒为目的,滤除效率符合相关要求。

13. 安全罩

安全罩是指置于实验室工作台或仪器设备上的负压排风罩,以减少实验室工作者的暴露危险。

14. 生物安全柜

生物安全柜可防止操作者和环境暴露于实验过程中产生的生物气溶胶中,主要分为一级、二级、三级三种。

15. 个人防护装备

个人防护装备是指用于防止人员受到化学和生物等有害因子伤害的器材和用品,包括实验服、隔离衣(反背衣)、连体衣等防护服,以及鞋、鞋套、围裙、手套、面罩或防毒面具、护目镜或安全眼镜、帽等。

16. 实验室分区

按照生物因子污染概率的大小,对实验室可进行合理的分区。其中,主实验室是生物安全实验室中污染风险最高的房间,通常是指生物安全柜或动物隔离器等所在的房间;污染区是指生物安全实验室中被致病因子污染风险最高的区域;清洁区是指生物安全实验室中正常情况下没有被致病因子污染风险的区域;半污染区是指生物安全实验室中具有被致病因子轻微污染风险的区域,是污染区和清洁区之间的过渡区;缓冲间是指设置在清洁区、半污染区和污染区相邻两区之间的缓冲密闭室,具有通风系统,其两个门具有互锁功能。

17. 生物安全实验室

生物安全实验室是指通过规范的实验室设计建造、实验室设备的配置、个人防护装备的使用,通过严格遵从标准化的工作操作程序和管理规程等综合措施,确保操作生物危险因子的工作人员不受实验对象的伤害,确保周围环境不受其污染的实验室。生物安全实验室根据其不同的防护能力可分为一级至四级。

第二节 病原微生物实验室的分级

病原微生物实验室生物安全的核心是保护操作人员、防止病原微生物扩散至外环境。不同的国家或地区根据各国具体情况,制定的生物安全相关法律法规有所不同。我国也制定了相应的法律[《中华人民共和国传染病防治法》(中华人民共和国主席令〔2004〕17号)]和法规[《病原微生物实验室安全管理条例》(国务院令〔2004〕424号,后修订)、《医疗卫生机构医疗废物管理办法》(卫生部令〔2003〕36号)]等。这些法律和法规规定了病原微生物的分类、实验室的分级、实验室感染的控制及管理监督等,加强对病原微生物实验室生物安全的管理;规定实验室必须采取有效控制措施,减少或消除实验室人员和环境暴露于具有潜在危害性的病原生物因子中,以防止实验室工作人员感染、实验室内环境污染及向外环境扩散。根据所研究病原微生物的危害程度或操作内容的不同,实验室应制定不同程度的控制措施,配备相应的设施设备及建立生物安全管理体系,包括实验室设计、风险评估、人员进入的限制、个人防护使用和生物安全操作技能培训、病原微生物菌(毒)种的使用和保存、设施设备的使用和感染性材料的安全操作方法或技术等。

一、病原微生物危害程度的分类

世界卫生组织(WHO)指出,各国(地区)应该按照病原微生物危险程度的等级,并根据当地具体情况,对各国的病原微生物危害程度进行分类。其中应考虑的主要因素有:

(1) 微生物的致病性。

(2) 微生物的传播方式和宿主范围(受当地人群已有免疫水平、宿主群体的密度和流动、适宜传播媒介的存在及环境卫生水平等因素的影响)。

(3) 当地所具备的有效预防措施(包括接种疫苗或抗血清预防)、卫生措施(食品和饮水的卫生等)及动物宿主或节肢动物媒介的控制。

(4) 当地所具备的有效治疗措施(包括被动免疫,暴露后接种疫苗,抗生素、抗病毒药物、化学治疗药物及耐药菌株出现的可能性等)。

根据病原微生物的传染性、感染后对个体或者群体的危害程度,我国将病原微生物分为四类,这一分类方法与WHO的分类有所不同。表5-1列出了我国《病原微生物实验室生物安全管理条例》(2004年11月12日国务院令第424号公布,根据2016年2月6日国务院令第666号《国务院关于修改部分行政法规的决定》修订,根据2018年4月4日国务院令第698号《国务院关于修改和废止部分行政法规的决定》修订)发布的病原微生物危害等级分类方法与《实验室生物安全通用要求》(GB 19489—2008)、WHO《实验室生物安全手册》(第三版,2004年)分类的对应关系。

表5-1 病原微生物的危害等级划分与标准

《病原微生物实验室生物安全管理条例》	《实验室生物安全通用要求》(GB 19489—2008)	WHO《实验室生物安全手册》
四类 在通常情况下不会引起人类或者动物疾病的微生物	Ⅰ级 (低个体危害、低群体危害)不会导致健康工作者和动物致病的细菌、真菌、病毒和寄生虫等生物因子	Ⅰ级 (无或极低的个体和群体危险)不太可能引起人或动物致病的微生物
三类 能够引起人类或者动物疾病,但一般情况下对人、动物或者环境不构成严重危害,传播风险有限,实验室感染后很少引起严重疾病,并且具备有效治疗和预防措施的微生物,如腺病毒、肠道病毒、登革病毒、轮状病毒、各型肝炎病毒、风疹病毒、单纯疱疹病毒、流行性感冒病毒、百日咳鲍特菌、破伤风梭菌、致病性大肠埃希菌、伤寒沙门菌、志贺菌属、脑膜炎奈瑟菌、沙眼衣原体等*	Ⅱ级 (中等个体危害、有限群体危害)能引起人或动物发病,但一般情况下对健康工作者、群体、家畜或环境不会引起严重危害的病原微生物。实验室感染不导致严重疾病,具备有效治疗和预防措施,并且传播风险有限	Ⅱ级 (中等个体危害、低群体危害)能够对人或动物致病,但对实验室工作人员、社区、牲畜或环境不易导致严重危害的病原微生物。实验室暴露也许会引起严重感染,但对感染有效的预防和治疗措施,并且疾病传播的危险有限
二类** 能够引起人类或者动物严重疾病,比较容易直接或者间接在人与人、动物与人、动物与动物间传播的微生物,如汉坦病毒、高致病性禽流感病毒、艾滋病病毒(Ⅰ型和Ⅱ型)、乙型脑炎病毒、脊髓灰质炎病毒、狂犬病毒(街毒)、SARS冠状病毒、炭疽芽孢杆菌、布鲁菌属、结核分枝杆菌、霍乱弧菌、鼠疫耶尔森菌等	Ⅲ级 (高个体危害、低群体危害)能引起人类或动物严重疾病,或造成严重经济损失,但通常不能因偶尔接触而在个体间传播,或能使用抗生素、抗寄生虫药物治疗的病原微生物	Ⅲ级 (高个体危害、低群体危害)病原微生物通常能引起人或者动物的严重疾病,但一般不会发生感染个体向其他个体的传播,并且对感染有有效的预防和治疗措施

续表

《病原微生物实验室生物安全管理条例》	《实验室生物安全通用要求》（GB 19489—2008）	WHO《实验室生物安全手册》
一类** 能够引起人类或者动物非常严重疾病的微生物，以及我国尚未发现或者已经宣布消灭的微生物，如天花病毒、埃博拉病毒、猴痘病毒、亨德拉病毒等	Ⅳ级 （高个体危害、高群体危害）能引起人或动物非常严重疾病，一般不能治愈，容易直接或间接或偶然接触而在人与人、动物与人、动物与动物间传播的病原微生物	Ⅳ级 （高个体危害、高群体危害）病原微生物通常能引起人或动物的严重疾病，并且很容易在个体之间直接或间接传播，对感染一般没有有效的预防和治疗措施

* 不同国家或地区根据微生物的流行情况、控制措施的有效性等，病原微生物列入的级别或类别有所不同。

** 第一类、第二类病原微生物统称为高致病性病原微生物。

病原微生物的危害程度还与所研究或操作的内容有关，卫生部（现卫生健康委员会）颁布的《人间传染的病原微生物名录》（卫科教发〔2006〕15号）中明确了具体病毒、细菌、放线菌、衣原体、支原体、立克次体、螺旋体和真菌等危害程度分类，对有关实验活动所需生物安全实验室级别，以及菌（毒）种或感染性样本运输包装分类等提出了相应的要求；在需要开展相关微生物学研究或菌（毒）种和标本运输时，应参照《人间传染的病原微生物名录》的要求执行。

二、病原微生物实验室的分级

我国根据实验室对病原微生物的生物安全防护水平（Biosafety Level, BSL），并依照实验室生物安全国家标准的规定，将实验室分为一级、二级、三级、四级。从事体外操作的实验室的相应生物安全防护水平分别以 BSL-1、BSL-2、BSL-3、BSL-4 表示；从事动物活体操作的实验室的相应动物生物安全防护水平（Animal Biosafety Level, ABSL）分别以 ABSL-1、ABSL-2、ABSL-3、ABSL-4 表示。

不同生物安全级别的实验室，所要求的实验室管理体系、设施设备、人员要求、个人防护及操作对象不同，详见表5-2。在确定实验室生物安全水平级别时，需考虑所操作的病原微生物种类、可利用的实验设施、实验室内从事安全工作所需要的仪器的操作程序等。卫生部2006年颁发的《人间传染的病原微生物名录》对于常见的大多数病原微生物应在什么生物安全防护等级的实验室进行相应的实验活动提出了规定。例如，研究动物病原微生物时，需参考农业部（现农业农村部）颁发的《动物病原微生物分类名录》（农业部令〔2005〕53号）。

我国法律、法规明确规定：一级、二级生物安全实验室不得从事高致病性病原微生物实验活动；三级、四级实验室必须获得上级有关主管部门批准后方可建设和从事相应的高致病性病原微生物实验活动。《中华人民共和国生物安全法》（中华人民共和国主席令〔2020〕56号）明确提出："病原微生物实验室设立单位的法定代表人和实验室负责人对实验室的生物安全负责。"对病原微生物实验室设立单位的要求主要包括：

表 5-2　病原微生物实验室分级

实验室生物安全级别*	操作对象	实验室操作和个人防护	实验室主要的安全设施和设备
一级（BSL-1）	适用于操作通常情况下不会引起人类或者动物疾病的微生物	微生物操作技术规范	开放实验台
二级（BSL-2）	适用于操作能够引起人类或者动物疾病，但一般情况下对人、动物或者环境不构成严重危害，传播风险有限，实验室感染后很少引起严重疾病，并且具备有效治疗和预防措施的微生物	病原微生物操作技术规范，身穿个人防护服，有生物危害标识，有人员进入实验室的规章制度，对实验室工作人员进行健康监测，正确处置污染废物	生物安全柜（对无法在生物安全柜内进行的操作，需加强个人防护，防止气溶胶的产生）、高压蒸汽灭菌器
三级（BSL-3）	适用于操作能够引起人类或者动物严重疾病，比较容易直接或者间接在人与人、动物与人、动物与动物间传播的微生物	在二级生物安全防护水平上增加特殊防护服，有人员进入实验室的规章制度，实验室工作人员上岗前体检，对实验室工作人员进行健康监测，正确处置污染废物	进排风系统（实验室内为负压，空气通过高效过滤器排出）、生物安全柜和/或其他生物安全实验室工作所需要的基本设备、双扉高压蒸汽灭菌器
四级（BSL-4）	适用于操作能够引起人类或者动物非常严重疾病的微生物，以及我国尚未发现或者已经宣布消灭，或没有预防治疗措施的微生物	在三级生物安全防护水平基础之上，增加气锁入口、出口淋浴、污染物品的特殊处理装置	进排风系统（实验室内为负压，空气通过高效过滤器排出）、三级生物安全柜或二级B型生物安全柜、正压服、双扉高压蒸汽灭菌器

*动物实验室的生物安全防护水平要高于体外病原微生物操作的生物安全防护水平，在此不详细介绍。由于动物行为的不可控性，在对动物进行实验时必须加强防护，并做好应急预案。

（1）应成立生物安全委员会并制定科学、严格的管理制度。

（2）明确实验室生物安全负责人及其职责，强化日常管理和菌毒种的管理。

（3）定期对实验室设施设备、材料等进行检查、维护和更新，合理处置废物，防止废物污染环境。

（4）实验室工作人员应掌握实验室技术规范、操作规程、生物安全防护知识和实际操作技能。

（5）实验室应对工作人员进行生物安全培训和考核。

（6）实验室应具备符合要求的个人防护用品，包括防护服、口罩（必要时佩戴呼吸器）、手套、防护目镜、面部防护罩、鞋套、帽子等。

（7）实验室工作人员应建立健康档案。

（8）实验室工作人员应接种疫苗等。

第三节 病原微生物实验室的风险评估

实验室生物安全工作的核心是风险评估。风险评估应始于实验室设计建造之前,实验活动之中(实时评估),或实验操作程序需要改变时。根据风险评估结论,确定实验室生物安全防护级别的等级及风险控制措施。可借助多种方法对拟研究的内容、实验或特定操作程序进行风险评估。风险评估应由熟悉相关病原微生物特性、实验操作技术、实验室设备和设施、动物模型及个人防护装备的专业人员进行[可参考《病原微生物实验室生物安全通用准则》(WS 233—2017)中的"风险评估"]。风险评估的步骤主要包括:风险识别、风险分析和风险评价。实验室生物安全的风险评估应是动态的,应及时收集相关的新资料和新信息。当研究内容、对自然规律的认识及国家法律法规等改变时,均需要进行生物安全风险的再评估。

一、病原微生物的危害因素

当进行生物安全风险评估时,除考虑病原微生物的危害程度外,还应涵盖其他因素,如管理制度、工作人员专业背景和素质、生物安全培训情况、实验室突发事件的应急预案及处置等。涉及病原微生物危害因素的内容包括:

(1)微生物的致病性和感染剂量。
(2)自然感染途径及传播性。
(3)实验室操作所致的其他感染途径(非消化道途径、空气传播、食入等)。
(4)微生物在环境中的稳定性及对理化因素的抵抗力(包括消毒剂)。
(5)所操作微生物的浓度和浓缩标本的量。
(6)暴露的潜在后果。
(7)适宜宿主(人或动物)的存在。
(8)已报道的实验室感染情况。
(9)拟进行的操作(如超声处理、气溶胶化、离心等)。
(10)可能会扩大微生物的宿主范围或改变微生物对于已知有效治疗方案敏感性的所有基因操作/改造技术。
(11)当地是否能进行有效的预防或治疗干预等。

根据风险评估的结论,可确定拟开展的研究工作的生物安全水平级别,选择合适的生物安全水平级别实验室,采用相应的个体防护装备,并制定操作规范,以确保在生物安全的条件下开展工作。

二、利用基因重组技术进行遗传修饰生物体研究的风险评估

对于利用基因重组技术进行遗传修饰生物体(Genetically Modified Organisms,GMOs)研

究时,也需要进行风险评估。卫生部2006年颁布的《人间传染的病原微生物名录》对于有关重组微生物的问题进行了说明和规定,在卫生部发布有关的管理规定之前,对于人类病毒的重组体(包括对病毒的基因缺失、插入、突变等修饰,以及将病毒作为外源基因的表达载体)暂时遵循以下原则(卫健委2021年12月30日发布新版征求意见稿):

(1) 严禁在两个不同病原体之间进行完整基因组的重组。

(2) 对于对人类致病的病毒,如存在疫苗株,只允许用疫苗株为外源基因表达载体,如脊髓灰质炎病毒、麻疹病毒、乙型脑炎病毒等。

(3) 对于一般情况下即具有复制能力的重组活病毒(复制型重组病毒),其操作时的防护条件应不低于其母本病毒;对于条件复制型或复制缺陷型病毒,可降低防护条件,但不得低于BSL-2的防护条件。例如,来源于HIV的慢病毒载体,为双基因缺失载体,可在BSL-2实验室内操作。

(4) 对于病毒作为表达载体,其防护水平总体上应根据其母本病毒的危害等级及防护要求进行操作,但是将高致病性病毒的基因重组入具有复制能力的同科低致病性病毒载体时,原则上应根据高致病性病原体的危害等级和防护条件进行操作,在证明重组体无危害后,可视情况降低防护等级。

(5) 对于复制型重组病毒的制作,事先要进行危险性评估,并得到所在单位生物安全委员会的批准。对于高致病性病原体重组体或有可能制造出高致病性病原体的操作,应经国家病原微生物实验室生物安全专家委员会论证。

如果对所操作的病原微生物的有关信息有限,可借助于患者的医学资料、流行病学资料(发病率和死亡率资料、可疑的传播途径、其他有关暴发的调查资料)及有关标本来源地的信息,判断标本的危险度。在暴发病因不明的疾病时,要根据卫生主管部门、中国疾病控制中心和/或WHO制订的专门指南运输标本及在对标本进行操作时应在相应等级的生物安全实验室内进行。

第四节 感染性材料的保存与运输

为了保护实验室工作人员和公众的健康,对感染性材料的采集、保存和运输应进行严格管理。根据《病原微生物实验室生物安全通用准则》和《病原微生物实验室安全管理条例》,采集高致病性病原微生物样本的工作人员在采集过程中应当防止病原微生物扩散和感染,并对样本的来源、采集过程和方法等做详细记录。实验室菌(毒)种及感染性样本保存、使用和管理,应依据国家生物安全的有关法规,制定选择、购买、采集、包装、运输、转运、接收、查验、使用、处置和保藏的政策和程序。病原微生物菌(毒)种或感染性样本的保存应符合国家有关保密要求。

实验室应制定感染性及潜在感染性物质运输的规定和程序,包括:

（1）在实验室内传递、在实验室所在机构内部转运及在机构外部运输,应符合国家和国际规定的要求,感染性物质的国际运输还应依据并遵守国家出入境的相关规定。

（2）实验室应确保由具有运输资质和能力的人员负责感染性及潜在感染性物质的运输。

（3）感染性及潜在感染性物质运输应以确保其属性、防止人员感染及环境污染的方式进行,并有可靠的安保措施。

（4）应建立感染性及潜在感染性物质运输应急预案。

（5）运输过程中被盗、被抢、丢失、泄漏的,承运单位、护送人员应当立即采取必要的处理和控制措施,并按规定向有关部门报告。

第五节 实验室生物废物的处置

一、实验室生物废物的定义

实验室生物废物,是指在生物实验过程中产生的废物,包括使用过的、过期的、淘汰的、变质的、被污染的生物样品（制品）、培养基、生化（诊断指示）试剂、标准溶液及试剂盒等。动物尸体、已感染组织、血液、培养液等是生物废物中的高危废物,必须先经冷冻、灭活、灭菌、消毒等方式处理后,再转移到专业公司进行无害化处理。生物废物不可作为一般城市生活垃圾处置。

二、实验室生物废物的分类

生物废物可以按医疗废物处置,具体可分为感染性废物（携带病原微生物）、病理性废物（动物组织、器官或尸体等）、损伤性废物（医用锐器,如针、刀、锯及玻璃制品）、药物性废物（一般医药、致癌药物、免疫药物、血液制品等）、化学性废物等。

1. 感染性废物

感染性废物是指可能含有病原菌（细菌、病毒、寄生虫或真菌）的废弃物,其浓度和数量足以对人致病,主要包括传染病病人手术或尸解后的废弃物,来自传染病病房的废弃物,传染病病人接触过的设备和材料,传染病病人使用过的注射器,等等。

2. 病理性废物

病理性废物包括组织、器官、部分躯体和动物的尸体、血液、体液等。

3. 损伤性废物

损伤性废物是指能扎伤或割伤人的物体,包括针头、皮下注射器、解剖刀、输液器、手术锯、碎玻璃及钉子等。

4. 药物性废物

药物性废物包括过期、被淘汰、压碎或污染的药品、疫苗、血清。

5. 化学性废物

化学性废物是指在诊断、试验、清洁、管理、消毒过程中产生的具有毒性、腐蚀性、易燃性、反应性或遗传毒性的化学废弃物品,包括固体、液体、气体废物,如废弃的化学试剂、化学消毒剂、汞血压计、汞温度计等。

三、实验室生物废物处理注意事项

为防止意外事故的发生,避免或减少实验室内感染或潜在感染性生物因子对实验室工作人员、环境和公众造成的伤害,实验室生物废物的处理应注意如下事项。

(1) 生物废物要按照国家的相关规定进行分类处理,处理原则是:对所有感染性材料,必须在实验室内清除污染、高压灭菌或焚烧,然后交予有资质单位集中处理。

① 涉及感染性高危险废物(含有病原体的培养基、标本和菌种、毒种保存液等),应当经高压蒸汽灭菌或化学消毒剂灭菌灭活处理后,再按感染性废物的管理要求收集在黄色医疗废物垃圾箱中。

② 能够刺伤或割伤人体的损伤性废物(注射针头、手术刀片、载玻片、玻璃安瓿等)收集在利器盒中。

③ 实验中使用的过期、淘汰、变质的药品(不包含化学试剂)收集在黄色医疗废物垃圾箱中。

(2) 当分类收集的医疗废物达到专用包装袋或容器的 3/4 时,应当将专用包装袋或容器严密封口,贴上标签,标签上标明医疗废物产生的部门(实验室)、产生日期、类别、备注等。

(3) 对无破损、无渗漏的医疗废物专用包装袋、利器盒等,通过学校"危险化学品管理系统"申请回收,由学校派人上门回收并统一处理。

第六节 实验室生物安全管理

一、基本要求

(1) 生物实验室的设施、设备、个人防护用品、材料(含防护屏障)等必须符合国家有关生物安全的相关规定。涉及病原微生物的实验,须在相应等级的生物安全实验室(分为 BSL-1、BSL-2、BSL-3、BSL-4 四个级别,其中生物三级和四级实验室必须取得国家认可的资质,生物一级、二级实验室应向省级主管部门备案)内开展。实验人员应根据具体情况选择合适的防护级别。

(2) 生物安全实验室的安全责任人需对实验室的设施、设备、个人防护用品进行定期检查、维护和更新;要根据实验室的具体情况制定生物安全操作程序;对操作有害材料的行为要进行全过程的监督和记录,并提供生物安全的指导;能正确评估实验室生物材料、样品、药品、化学品及机密资料丢失或被不正当使用等造成的危险,并采用适当的预防和应对措施。

(3) 生物实验从业人员必须经相关部门的生物安全培训,取得合格证书,严格遵守实验操作规程,持证上岗。

(4) 不同等级的生物安全实验室应配备相应的生物安全柜。实验室门口须有生物危害警示标识,实验室大门须保持关闭。未经管理人员许可,不得进入实验室。应定期对可能接触病原微生物体的实验场所、物品、设备等进行杀菌、消毒。

(5) 菌(毒)种和生物样本的保存由专人负责,实行"双人双锁、双人领用",并做好菌(毒)种和生物样本的采购、保藏、试验及销毁记录。

(6) 饲养实验动物及进行动物实验,必须在持有许可证的实验室内进行,严禁在其他场所进行。

(7) 使用动物需向具有"实验动物生产许可证"的单位购买,索要动物质量合格证明书,并遵循"3R"(即减少、代替、优化)原则,尽可能用别的方法或用低等动物代替高等动物。

(8) 对动物尸体或被解剖的动物器官,需及时进行妥善处置,禁止随意丢弃。必须按要求消毒,并用专用塑料袋密封后冷冻储存,按学校规定进行回收处置。

(9) 对生物化学类实验废物分类收集,做好标识,按学校有关规定处理。其中,锐器类废物应收集在带盖的不易刺破的容器内,并按感染性物质处理;对于所有其他污染(有潜在的感染性)材料在丢弃前应放在防渗漏的容器(如有颜色标记的可高压灭菌的塑料袋)中高压灭菌、灭活后,按学校规定申请回收。盛放废物的容器应一并回收处置,不建议重复使用。

(10) 发生安全事故,应立即采取有效的应急措施控制影响范围,并立即向单位领导、校保卫处、资产与实验室安全管理处报告。

二、生物安全实验室的个人防护

实验室工作人员需配备必要的个人防护用品。在生物实验中因为要接触不同的试剂、细菌、质粒、病毒甚至辐射源等对人体有害的因素,所以生物安全防护的工作非常重要。一是体现在防护意识上,二是体现在防护措施上,三是体现在事故处理方面。要有正确的防护意识,既不能没有防护意识,也不能过度防护,造成心理恐惧。防护措施主要包括能正确使用口罩、连体衣、袖套和防护目镜等个人防护装备。应急事故处理主要包括平时制定应急处理程序,配备应急处理设备。

(一) 生物实验室个人防护装备

在实验室工作中,个人防护所涉及的防护部位主要包括眼睛、头、面部、躯体、手足、耳(听力)及呼吸道,其防护装备包括眼镜(安全镜、护目镜)、口罩、面罩、防毒面具、防护帽、手套、防护服(实验服、隔离衣、连体衣、围裙)、鞋套及听力保护器等。表5-3汇总了在实验室中使用的一些个人防护装备及其所能提供的保护。

表 5-3　个人防护装备

装备	避免的危害	安全性特征
实验服、隔离衣、连体衣	污染衣服	背面开口,罩在日常服装外
塑料围裙	污染衣服	防水
鞋袜	碰撞和喷溅	不露脚趾
护目镜	碰撞和喷溅	防碰撞镜片(必须有视力矫正或外戴视力矫正眼镜),侧面有护罩
安全眼镜	碰撞	防碰撞镜片(必须有视力矫正),侧面有护罩
面罩	碰撞和喷溅	罩住整个面部,发生意外时易于取下
防毒面具	吸入气溶胶	在设计上包括一次性使用的、整个面部或一半面部空气净化的、整个面部或加罩的动力空气净化呼吸器及供气的防毒面具
手套	直接接触微生物	得到微生物学界认可的一次性乳胶、乙烯树脂或聚腈类材料的保护手套

1. 手的防护

当人在实验室内进行操作时,由于一般用手进行操作,手最有可能被污染,也容易受到"锐器"的伤害。在进行一般性工作及在处理感染性物质、血液和体液时,应广泛地使用一次性乳胶、乙烯树脂或聚腈类材料的手术用手套。对可重复使用的手套必须注意正确冲洗、摘除、清洁并消毒。佩戴手套可防生物危险、化学品危害、辐射污染、冷和热、产品污染、刺伤、擦伤和动物咬伤等。手套应该按照所从事操作的性质来选择,宜舒适、灵活,能握牢,并且耐磨、耐脏和耐撕,以提供足够的保护。

在操作完感染性物质、结束生物安全柜中的工作及离开实验室之前,均应该摘除手套并彻底洗手。用过的一次性手套应该与实验室的感染性废物一起丢弃。有些人员在戴乳胶手套,尤其是那些添加了粉末的手套时,会发生皮炎及速发型超敏反应,则应配备替代加粉乳胶品种的手套。在进行尸体解剖等可能接触尖锐器械的情况下,应该戴不锈钢网孔手套。但这样的手套只能防止切割损伤,而不能防止针刺损伤。手套不得戴离实验室区域。

2. 头、面部的防护

(1) 头部防护(帽子)。在实验室中佩戴由无纺布制成的一次性简易防护帽,可以保护工作人员避免化学和生物危害物质飞溅至头部(头发)造成的污染;同时,可防止头发和头屑等污染工作环境,保护负压实验室的空气过滤器。

(2) 面部防护(口罩、面具)。面部的防护装备主要有口罩和防护面罩。常用的外科手术口罩由三层纤维组成,可预防飞沫进入口鼻,适用于 BSL-1 和 BSL-2 实验室,可以保护部分面部免受生物物质危害,如血液、体液及排泄物等的喷溅污染。N95 级口罩适用于一些高危的工作程序,如在 BSL-2 或 BSL-3 实验室操作会经呼吸道传播的高致病性微生物感染性材料时,则需要佩戴 N95 级或以上级别的口罩。N 系列口罩适用于无油性烟雾的工作环境,可过滤 $0.3~\mu m$ 或以上的微粒(如飞沫或结核菌),效率达 95%(N95 级口罩)、99%(N99 级口罩)甚至99.97%(N100 级口罩)。在有油性烟雾的情况下,可选择 R 系列或 P 系列的口罩(R 表示抗油,P 表示防油)。

防护面罩可保护实验室工作人员的面部避免碰撞或切割伤及感染性材料飞溅或接触造成的脸部、眼睛和口鼻的危害。防护面罩一般由防碎玻璃或塑料制成,分一次性面罩和耐用面罩两种。当需要对整个面部进行防护,尤其是进行可能产生感染性材料喷溅或气溶胶的操作时,需要在使用防护面罩的同时,佩戴口罩、安全镜或护目镜。

(3) 眼部防护(防护镜、生物安全镜、洗眼装置)。在所有易发生潜在眼睛损伤,包括理化和生物等因素引起的损伤及有潜在黏膜吸附感染危险的实验室中工作时,必须采取眼部防护措施。眼部防护装备主要包括生物安全眼镜和护目镜。另外,必要时还应配备洗眼装置。

应根据所进行的操作来选择相应的装备,安全眼镜和护目镜可保护眼睛免受有害物质飞溅进入眼内而透过黏膜进入体内。自备屈光眼镜或平光眼镜应当配备专门镜框,从镜框前面装上镜片。这种镜框用可弯曲的或侧面有保护罩的防碎材料制成(安全眼镜)。安全眼镜即使侧面带有保护罩,也不能对喷溅提供充分的保护。护目镜应该戴在常规视力矫正眼镜或隐形眼镜(它们对生物学危害没有保护作用)的外面,以对飞溅和撞击提供保护。

根据《实验室生物安全通用要求》(GB 19489—2008)的规定,实验室内,尤其是 BSL-2 或 BSL-3 实验室,必须配备紧急洗眼装置,洗眼装置应安装在室内明显和易取的地方,并保持洗眼水管的通畅。

3. 呼吸道的防护

当进行高度危险性的操作(如清理溢出的感染性物质)时,如不能安全有效地将气溶胶限定在许可范围内,必须采用呼吸道防护装备来防护。呼吸道防护装备主要包括高效口罩、正压头盔和防毒面具。

(1) 高效口罩。高效口罩即前面所述的 N95 级和以上级别的口罩,可有效过滤 $0.3~\mu m$ 及以上级别的有害微粒,在一定程度上可以防止呼吸道受到危害。

(2) 正压头盔。正压头盔也称头盔正压式呼吸防护系统,主要有正压式、双管供气式、电动式三种类型。正压头盔除了可对呼吸系统提供防护外,还可对眼睛、面部和头部提供防护。

(3) 防毒面具。应根据操作的危险类型来选择防毒面具。防毒面具中装有一种可更换的过滤器,可以保护佩戴者免受气体、蒸气、颗粒和微生物的影响。过滤器必须与防毒面具的类型相配套。为了达到理想的防护效果,每一个防毒面具都应与操作者的面部相适合并经过测试。具有一体性供气系统的配套完整的防毒面具可以提供彻底的保护。在选择正确的防毒面具时,要听从专业卫生工作者等有相应资质人员的意见。有些单独使用的一次性防毒面具(ISO 13.340.30)可用来保护工作人员避免生物因子暴露。防毒面具不得戴离实验室区域。

4. 躯体和下肢的防护

躯体和下肢的防护装备主要是防护服,包括工作服、实验服、隔离衣、连体衣、围裙及正压防护服。各级实验室应确保具备足够的、有适当防护水平的、清洁的防护服可供使用。不用的时候,应将清洁的防护服置于专用存放处。已污染的防护服应在有适当标记的防漏袋中放置和运输。每隔适当的时间,应更换防护服以确保清洁。当知道防护服已被危险材料污染时,应立即更换。工作人员离开实验室区域之前应脱去防护服。

当有潜在危险的物质可能溅到工作人员身上时,应该使用塑料围裙或防液体长罩服。在这种工作环境中,如有必要,还应穿戴其他的个人防护装备,如手套、防护镜、面具和头面部保护罩等。穿着合适的鞋子和鞋套或靴套,可防止实验人员的足部(鞋袜)免受损伤,尤其可以防止有害物质喷溅造成的污染及化学腐蚀伤害。

(1) 工作服。实验室人员在常规工作中应穿工作服。工作服可保护工作人员躯体及日常穿着免受实验室各种理化因素的危害。

(2) 实验服。前面能完全扣住的实验服一般用于 BSL-1 实验室内进行下述工作时的躯体防护:静脉血和动脉血的穿刺抽取;血液、体液或组织的处理加工;质量控制和实验室仪器设备的维修保养;化学品和试剂的处理和配制;洗涤、触摸或在污染/潜在污染台面上工作。

(3) 隔离衣。隔离衣为长袖背开式,穿着时应保证颈部和腕部扎紧。隔离衣通常在 BSL-2 和 BSL-3 实验室内使用,适用于接触大量血液或其他潜在感染性材料时穿着。

(4) 正压防护服。正压防护服适用于涉及致死性生物危害物质或第Ⅰ类生物危险因子的操作。进入正压型 BSL-4 实验室的工作人员应穿着正压防护服。该防护服具有生命维持系统,分为内置式和外置式两种,包括提供超量清洁呼吸气体的正压供气装置,保证防护服内气压相对周围环境为持续正压。

(5) 围裙。在必须对血液或培养液等化学或生物学物质的溢出提供进一步防护时,应在实验服或隔离衣外面再穿上塑料高颈保护的围裙。

(6) 鞋及鞋套。实验室工作鞋应该穿着舒适,鞋底防滑。推荐穿皮制或合成材料的不渗透液体的鞋。在可能出现漏出液体的场所工作时可以穿一次性防水鞋套。鞋套可防止将病原体带离工作地点而扩散到生物安全实验室以外。BSL-2 和 BSL-3 实验室中要坚持穿鞋套或靴套,BSL-3 和 BSL-4 实验中还要求使用专用鞋(如一次性鞋或橡胶靴子)。

(二) 各级生物安全实验室的个人防护要求

个人防护的内容包括佩戴相关防护用品和遵守防护操作程序。所有实验室人员必须经过个人防护的必要培训,考核合格,获得相应资质,熟悉所从事工作的风险和实验室特殊要求后,方可进入实验室工作。实验室应按照分区,实施相应等级的个人防护。实验室操作必须严格遵守个人防护原则。不同生物安全等级的实验室个人防护要求如下。

1. BSL-1 实验室

工作人员进入实验室应穿工作服,实验操作时应戴手套,必要时佩戴防护眼镜。离开实验室时,工作服必须脱下并留在实验区内。不得穿着工作服、戴着手套进入办公区等清洁区域。用过的工作服应定期消毒。

2. BSL-2 实验室

BSL-2 实验室除应符合 BSL-1 实验室的要求外,还应该符合下列要求。

进入实验室时,应在工作服外加罩衫或穿防护服,戴帽子、口罩。离开实验室时,上述防护用品必须脱下并留在实验室,消毒后统一洗涤或丢弃。如可能发生感染性材料的溢出或溅出时,宜戴两副手套。可能产生致病微生物气溶胶或发生溅出的操作,均应在生物安全柜或其他物理抑制设备中进行。若有些微生物操作不可能在生物安全柜内进行,而必须在外部操作时,为防止感染性材料溅出或雾化危害,必须使用面部保护装置(如护目镜、面罩、个体呼吸保护用品或其他防溅出保护设备)。

3. BSL-3 实验室

BSL-3 实验室的个人防护除应符合 BSL-2 实验室的要求外,还应该符合下列要求。

(1) 工作人员在进入实验室时必须使用个体防护装备,包括两层防护服、两层手套、生物安全专业防护口罩(不应使用医用外科口罩等),必要时佩戴眼罩、呼吸保护装置等。工作完毕,必须脱下工作服,不得穿工作服离开实验室。可再次使用的工作服须先消毒后清洗。

(2) 在实验室中必须配备有效的消毒剂、眼部清洗剂或生理盐水,且易于取用。实验室区域内应配备应急药品。

4. BSL-4 实验室

BSL-4 实验室的个人防护除应符合 BSL-3 的要求外,还应该符合下列要求。

(1) 所有工作人员进入 BSL-4 实验室时要更换全套服装。工作后脱下所有防护服,淋浴后再离去。

(2) 在 BSL-4 实验室中的工作人员需穿着整体的由生命维持系统供气的正压防护服。

(3) 在与灵长类动物接触时应考虑黏膜暴露对人的感染危险,要佩戴防护眼镜和面部防护器具。

(4) 室内有传染性灵长类动物时,必须使用面部保护装置(护目镜、面罩、个体呼吸保护用品或其他防溅出保护设备)。

(5) 进行容易产生高危险气溶胶的操作时,包括对感染动物的尸体和鸡胚、体液的收集和动物鼻腔接种,都要同时使用生物安全柜或其他物理防护设备和个体防护器具(如口罩或面罩)。

(6) 当不能安全有效地将气溶胶限定在一定范围内时,应使用呼吸保护装置。

(7) 不同类型的 BSL-4 实验室,个人防护装置有所不同。在生物安全柜型的 BSL-4 实验室中,个人防护装备同 BSL-3 实验室;在防护型 BSL-4 实验室中,个人防护装备配备正压个人防护服;在混合型 BSL-4 实验室中,个人防护装备为上述两种的组合。

第七节 实验室生物安全事故与应急处理

病原微生物实验室应制定应急预案和意外事故的处置程序,包括生物性、化学性、物理性、放射性等意外事故,以及火灾、水灾、冰冻、地震或人为破坏等突发紧急情况等。应急预案至少应包括:组织机构、应急原则、人员职责、应急通信、个体防护、应对程序、应急设备、撤离计划和路线、污染源隔离和消毒、人员隔离和救治、现场隔离和控制、风险沟通等。在制定的应急预案中应包括消防人员和其他紧急救助人员。在发生自然灾害时，应向救助人员告知实验室建筑内和/或附近建筑物的潜在风险，只有在受过训练的实验室工作人员的陪同下，其他人员才能进入相关区域。应急预案应得到实验室设立单位管理层批准。从事高致病性病原微生物相关实验活动的实验室制定的实验室感染应急预案应向所在地的省、自治区、直辖市卫生主管部门备案。实验室应对所有人员进行培训和演练，确保人员熟悉应急预案。

在实验室发生意外事故时，应本着首先保证人员安全的原则进行处理。下面是一些常见意外事故的处理。

1. 样品、培养物溅到皮肤黏膜或眼部

应立即停止工作，皮肤黏膜用碘伏消毒，眼部用水（或洗眼器）冲洗 15~30 min，根据从事的病原体类别滴入相应的抗菌或抗病毒滴眼液，然后进行相应现场消毒处理。

2. 刺伤、切割伤或擦伤

受伤人员应当立即清洗伤口，挤出伤口中的血，使用适当的皮肤消毒剂作用一定时间，清洗双手和受伤部位，必要时进行预防性服药。要记录受伤原因和相关的微生物，并应保留完整的医疗记录。

3. 防护服污染

脱下防护服，使用含有 0.5 g/L 有效氯溶液先进行局部消毒 5 min，然后进行高压灭菌处理。

4. 容器破碎及感染性物质溢出

应当立即用布或纸巾覆盖受感染性物质污染或受感染性物质溢洒的破碎物品；然后倒上消毒剂，并使其作用 30 min；接着清理掉布、纸巾及破碎物品，玻璃碎片应用镊子清理；最后再用消毒剂擦拭污染区域。如果用垃圾盛装容器清理破碎物，应当对它们进行高压灭菌或放在有效的消毒液内浸泡。用于清理的布、纸巾和抹布等应放在盛放污染性废物的容器内。在所有这些操作过程中都应戴手套。

如果实验表格、其他打印或手写材料被污染，应将这些信息复制，并将原件置于盛放感染性废物的容器内灭菌处理。

5. 未装可封闭离心杯的离心机内盛有样品、培养物的离心管发生破裂

如果机器正在运行时发生破裂或怀疑发生破裂，应关闭机器电源，让机器密闭 30 min，使气溶胶沉降；如果机器停止后发现破裂，应立即将盖子盖上，并密闭 30 min。

清理破裂碎片时应当使用镊子，或用镊子夹着棉花来进行。离心桶、十字轴和转子都应放在 2% 戊二醛溶液中浸泡 60 min；所有破碎的离心管、玻璃碎片高压灭菌处理；离心机内腔用 2% 戊二醛溶液擦拭两遍，然后用干净的湿布擦拭干净。清理时所使用的全部材料都应按感染性废物处理。

6. 在可封闭的离心杯内盛有样品、培养物的离心管发生破裂

所有密封离心桶都应在生物安全柜内装卸。如果怀疑在安全杯内发生破损，应该松开安全杯盖子并将离心桶高压灭菌,安全杯可以采用2%戊二醛溶液浸泡60 min后再进行清理。

7. 生物安全柜压力异常

立即停止工作,缓慢撤出双手离开操作位置,避开从安全柜出来的气流,立即关上生物安全柜的门,再关闭安全柜风机,开紫外灯消毒。

8. 当样品、培养物泄漏、污染后,可能释放气溶胶时(在生物安全柜以外)

实验室空气被污染,可用0.5 g/L二氧化氯溶液进行气溶胶喷雾消毒,密闭作用30 min后,用清水擦拭实验室设备和用具表面。

当出现严重污染时,可以通过加热多聚甲醛或煮沸福尔马林所产生的甲醛蒸气熏蒸来清除房间和仪器的用具和设备污染。此项操作需要由经专门培训的专业人员来进行。产生甲醛蒸气前,房间的所有开口(如门窗等)都应用密封带或类似物加以密封。熏蒸应当在室温不低于21 ℃且相对湿度为70%的条件下进行。气体需要与物体表面至少接触8 h。熏蒸后,该区域必须彻底通风后才能允许人员进入。在通风之前需要进入房间时,必须戴适当的防毒面具。甲醛采用气态的碳酸氢铵来中和。

9. 可能含用朊病毒的样品、培养物污染

应将污染的物品用2 mol/L的NaOH溶液进行浸泡消毒后再进行清理。

【复习思考题】

1. 病原微生物的危害等级有几级?各级别是如何分类的?
2. 简述与病原微生物危害等级相对应的生物安全柜的型别及性能。
3. 生物废物分为几类?简述各类生物废物的处置方法。

第六章 实验室消防安全 ★ ★ ★

消防工作是人们同火灾做斗争的一项专门工作,它的任务是"预防火灾和减少火灾危害,保护公民人身、公共财产和公民财产的安全,维护公共安全,保障社会主义现代化建设顺利进行"。做好消防工作是国家建设的需要、人民安全的需要,是全体社会成员的共同责任,任何单位和个人都有维护消防安全和预防火灾的义务。实验室因使用易燃、易爆等危险化学品及烘箱、马弗炉、通风橱、冰箱、气体钢瓶等有火灾危险性的设备,火灾风险高,消防安全压力大,如果管理不规范,极易导致火灾事故,造成人员伤害及财产损失,实验室消防安全是实验室安全管理工作的重中之重。

第一节 消防基础知识

一、消防的概念及工作方针

现在讲的"消防"一词是从日本引进的,在此之前,我国一般将同火灾做斗争称为"火政""火禁""救火"等。20世纪初,"消防"一词引进我国时,曾泛指"消灭和预防火灾、水灾"等灾害。随着社会的发展,火灾事故的日益突出,人们对消防的逐渐认识,一个完整的、独立的同火灾做斗争的体系逐渐形成。这样,人们就把专门同火灾做斗争称为"消防火灾",简称"消防"。

《中华人民共和国消防法》第一章第二条规定:"消防工作贯彻预防为主、防消结合的方针。"这个方针科学、准确地表达了"防"和"消"的辩证关系,反映了人们同火灾做斗争的客观规律,也体现了我国消防工作的特色。

预防为主、防消结合,就是要把同火灾做斗争的两个基本手段——预防和扑救有机地结合起来。防火和灭火是一个问题的两个方面,是相辅相成、有机结合的整体。"防"中有"消","消"中有"防";"防"为"消"创造条件,"消"为"防"提供补充。"防"可以减少火灾的发生,避免火灾的危害,而"消"则可以减少已发生火灾所造成的损失和伤亡。就整体而言,只重视某一方面,而忽视另一方面,或者把两者对立起来,都是不利于同火灾做斗争的。只有全面地把握、正确地理解、认真地贯彻执行这个方针,才能把消防工作做好。

二、燃烧的概念、条件及类型

(一)燃烧的概念

燃烧是指可燃物与助燃物相互作用发生的放热反应,通常伴有火焰、发光和(或)发烟现象。在时间和空间上失去控制的燃烧就形成了火灾。

(二)燃烧的条件

发生燃烧必须同时具备三个必要条件:可燃物、助燃物(氧化剂)和引火源(温度)。对于燃烧来说,上述三个条件是必要的,但还不是充分的。有时即使燃烧的三个必要条件都具备,燃烧也不一定发生。这是因为可燃物、助燃物和引火源都存在极限值,达不到相应的极限值,也不能发生燃烧。因此,有关燃烧中的"量"的概念也是非常重要的。

(三)燃烧的类型

燃烧按其形成的条件和瞬间发生的特点及燃烧的现象,可分为闪燃、阴燃、自燃和着火四种类型。

1. 闪燃

物质表面挥发出的可燃液体蒸气与空气混合后,遇火发生一闪即灭的现象,叫闪燃。

发生闪燃的最低温度叫闪点。物质的闪点越低,就越容易被火苗点燃引起燃烧,火灾的危险性就愈大,因此,闪点被认为是防火安全指标。各种液体是易燃还是可燃,就是根据其闪点高低分组的。表 6-1 列出了常见易燃、可燃物质的闪点。

表 6-1 常见易燃、可燃物质的闪点

物质名称	闪点/℃	物质名称	闪点/℃
汽油	-58 ~ 10	甲苯	4
石油醚	-30	甲醇	12
二硫化碳	-45	乙醇	13
乙醚	-45	醋酸丁酯	13
乙醛	-38	丁醇	29
环氧乙烷	-29	氯苯	29
丙酮	-17	乙酸酐	49
辛烷	-16	煤油	30 ~ 70
苯	-11	重油	80 ~ 130
乙酸乙酯	-4	乙二醇	100

2. 阴燃

没有明火的缓慢燃烧现象称为阴燃。很多固体物质,如纸张、锯末、纤维织物、纤维素板、乳胶橡胶及某些多孔热固性塑料等,都有可能发生阴燃,特别是当它们堆积起来的时候。阴燃属于火灾的初起阶段,由于没有明火,只是冒烟,一般不会引人注意,一旦遇到合适条件,就会迅速转化为明火,造成更大危害。

3. 自燃

自燃是指可燃物在无外来火源的作用下，因自热或自身发热、积热不散而引起的燃烧现象。在规定条件下，物质在空气中发生自燃的最低温度称为该物质的自燃点。当温度达到自燃点时，物质与空气接触不需要明火的作用就能发生燃烧。物质的自燃点越低，发生火灾的危险性就越大。表6-2列出了常见物质的自燃点。

表6-2 常见物质的自燃点

物质名称	自燃点/℃	物质名称	自燃点/℃
白磷	30	乙苯	432
二硫化碳	90	丙烷	450
乙醛	175	异丙醇	456
乙醚	160～180	甲醇	464
甲乙醚	190	丙酮	465
环乙烷	245	丙烯	460
硫化氢	260	甲苯	480
三硝基苯酚	300	丙酸	485
甲醚	350	甲烷	537
乙醇	363	苯	560
乙胺	385	氨气	651
环氧乙烷	429	苯酚	715

4. 着火

可燃物在空气中与火源接触引起燃烧，移去火源后仍能持续燃烧的现象，叫着火。可燃物发生持续燃烧的最低温度被称为燃点。物质的燃点越低，越容易着火，火灾危险性也越大。表6-3列出了常见物质的燃点。

表6-3 常见物质的燃点

物质名称	燃点/℃	物质名称	燃点/℃
二硫化碳	100	丁烷	430
乙二醇	118	乙苯	432
甲醚	180～190	丙苯	450
环乙烷	259	丙烷	466
二甲亚砜	300～302	甲醇	470
乙醚	350	苯乙烯	490
烯丙醇	378	乙酸	550
乙醇	390～430	甲苯	552
环己酮	420	丙酮	561
异丙苯	424	苯	562
乙酸乙酯	425	液氨	651

三、燃烧的产物及危害

燃烧产物主要指可燃物质燃烧时产生的气体、烟雾等物质。燃烧的主要产物是烟气,烟气对人体最主要的危害是烧伤、窒息和吸入气体中毒。火场上的高温烟气可导致人体循环系统衰竭,气管、支气管内黏膜充血起水泡,并引起肺水肿而窒息死亡。燃烧产生的有毒气体可引起人体麻醉、窒息,甚至导致死亡。

大量事实表明,火灾死亡人数中大约有80%是由于吸入毒性气体而致死的。有些不完全的燃烧产物还能与空气形成爆炸性混合物,遇火源发生爆炸,造成火灾蔓延。

四、爆炸

(一) 爆炸的定义和分类

爆炸是物质非常迅速的化学或物理变化过程,在变化过程中迅速放出巨大的热量,并生成大量的气体,此时的气体由于瞬间尚存在于有限的空间内,故有极大的压强,对爆炸点周围的物体产生了强烈的压力,当高压气体迅速膨胀时形成爆炸,通常同时伴随有强烈放热、发光和声响的效应。

爆炸分为物理爆炸、核爆炸和化学爆炸。核爆炸兼有物理爆炸和化学爆炸。

常规炸药的爆炸属于化学爆炸,反应时放热、快速和生成大量气体是决定化学爆炸变化的三个重要因素。放热提供能源;快速保证在尽可能短的时间内释放能量;大量气体则是做功介质。空气和可燃性气体的混合气体的爆炸、空气和煤屑或面粉的混合物爆炸等,都是由化学反应引起的,并且都是氧化反应。但爆炸并不都与氧气有关,如氯气与氢气混合气体的爆炸。爆炸并不都是化学反应,如蒸汽锅炉爆炸、汽车轮胎爆炸等就是物理变化。

(二) 爆炸极限

可燃气体或蒸气与空气混合形成爆炸性混合物,当浓度达到一定范围时,遇火源即发生爆炸。爆炸性混合物发生爆炸的浓度范围称为爆炸极限,发生爆炸的最低浓度称为爆炸下限,最高浓度称为爆炸上限。评定气体火灾危险性的大小可用爆炸极限来表示,爆炸极限越低、范围越大,爆炸危险性越大。

不同可燃气(蒸气)的爆炸极限是不同的,如氢气的爆炸极限是4.0%~75.6%(体积分数),意思是如果氢气在空气中的体积分数为4.0%~75.6%,遇火源就会爆炸;而当氢气的体积分数小于4.0%或大于75.6%时,即使遇到火源,也不会爆炸。甲烷的爆炸极限是5.0%~15%,意味着甲烷在空气中的体积分数为5.0%~15%时,遇火源会爆炸;否则就不会爆炸。

表6-4列出了常见易燃易爆物质蒸气在空气中的爆炸极限。

表 6-4　易燃易爆物质蒸气在空气中的爆炸极限

物质名称	爆炸极限(体积分数)/%	物质名称	爆炸极限(体积分数)/%
甲烷	5 ~ 15	氨气	15.7 ~ 27.4
乙烷	3 ~ 15.5	硫化氢	4.3 ~ 45.5
丙烷	2.1 ~ 9.5	二硫化碳	1.3 ~ 50
丁烷	1.9 ~ 8.5	一氧化碳	12.5 ~ 74.2
乙烯	2.7 ~ 36	氢气	4.0 ~ 75.6
丙烯	2 ~ 11.1	甲醚	3.4 ~ 27
乙炔	2.5 ~ 100	苯(液体)	1.3 ~ 7.1
环氧乙烷	3 ~ 100	甲苯	1.2 ~ 7.1
甲醇(液体)	6.7 ~ 36	甲胺	4.9 ~ 20.1
乙醇(液体)	3.3 ~ 19	乙胺	3.5 ~ 14
甲醛	7 ~ 73	二甲胺	2.8 ~ 14.4
乙醛	4 ~ 60	乙酸甲酯	3.1 ~ 16

(三) 防爆的基本措施

可燃物质发生化学爆炸必须具备三个条件:存在可燃物质、可燃物质与空气(或氧气)混合达到一定浓度范围、具有足够的引爆能量。这三个条件共同作用才能发生爆炸。防止化学爆炸的发生就是要阻止这三个条件同时存在和相互作用。

防爆的基本措施主要有:

(1) 选择防爆型仪表和防爆型电气设备,不用或尽量少用易产生电火花的电气元件。

(2) 实验室保持良好通风,防止爆炸性物质聚集达到爆炸极限。

(3) 系统密封,预防或最大限度地降低易燃物质泄漏的可能性。

(4) 采取充氮气之类的方法维持反应系统的惰性状态。

(5) 安装监测和报警装置等。

第二节　实验室火灾的预防

一、火灾分类及等级划分

(一) 火灾分类

根据可燃物的类型和燃烧特性,可将火灾划分为如下几个类型:

(1) A 类火灾:指固体物质火灾。这种物质通常具有有机物质性质,一般在燃烧时能产生灼热的余烬。例如,木材、干草、煤炭、棉、毛、麻、纸张等火灾。

(2) B类火灾:指液体或可熔化的固体物质火灾。例如,煤油、柴油、原油、甲醇、乙醇、沥青、石蜡、塑料等火灾。

(3) C类火灾:指气体火灾。例如,煤气、天然气、甲烷、乙烷、丙烷、氢气等火灾。

(4) D类火灾:指金属火灾。例如,钾、钠、镁、钛、锆、锂、铝镁合金等火灾。

(5) E类火灾:指带电火灾,即物体带电燃烧的火灾。

(6) F类火灾:指烹饪器具内的烹饪物(如动植物油脂)引发的火灾。

(二) 火灾等级划分

根据造成损失情况,可将火灾分为特别重大火灾、重大火灾、较大火灾、一般火灾四个等级。

(1) 特别重大火灾:指造成30人以上死亡,或者100人以上重伤,或者1亿元以上直接财产损失的火灾。

(2) 重大火灾:指造成10人以上30人以下死亡,或者50人以上100人以下重伤,或者5 000万元以上1亿元以下直接财产损失的火灾。

(3) 较大火灾:指造成3人以上10人以下死亡,或者10人以上50人以下重伤,或者1 000万元以上5 000万元以下直接财产损失的火灾。

(4) 一般火灾:指造成3人以下死亡,或者10人以下重伤,或者1 000万元以下直接财产损失的火灾。

注:"以上"包括本数,"以下"不包括本数。

二、实验室火灾常见原因

(一) 实验室用电不当

供电线路老化或超负荷运行,会导致线路发热,引发火灾;高电压实验室电气设备发生火花或电弧、静电放电产生火花等,引发火灾;操作人员用电不慎或操作不当,可能引起电气火灾;电源插座的插头过多,造成电线短路,引燃插座周围的易燃物;等等。

(二) 易燃易爆化学品储存或使用不当

实验室中有很多易燃易爆化学品,如果没有按要求安全保管,或者在做实验的时候操作不当,都容易成为实验室火灾的隐患。

(三) 人为疏忽、管理不当

实验室负责人或者老师在带领学生做实验的时候,由于疏忽,如不按防火要求使用明火而引燃周围易燃物质等,很容易引发火灾。

(四) 违反操作规程

违反操作规程,或实验操作不当,引燃化学反应生成的易燃易爆气体或液态物质。实验期间脱岗,发生火情不能及时处置,或实验人员缺乏消防基本技能,导致初起火蔓延至火灾发生。

三、实验室火灾的预防

（一）火灾隐患

火灾隐患是指在生产和生活中可能直接造成火灾危害的各种不安全因素。火灾隐患通常包含以下三层含义。

（1）增加了发生火灾的危险性。例如，违反规定生产、储存、运输、使用易燃易爆危险化学品，违反规定用火、用电、用气等。

（2）一旦发生火灾，会增加对人身、财产的危害。例如，建筑物内部装修、装饰违反规定，使用易燃、可燃材料；建筑物的安全出口疏散通道堵塞；消防设施、器材不能完好有效；等等。

（3）一旦发生火灾，会严重影响灭火救援行动的情况。例如，消防通道堵塞，灭火器过期，消防栓等消防设施不能正常使用，等等。

（二）消除火灾隐患，做好预防工作

火情是实验室最易发生的实验室安全事故，引起实验室火情有三个因素：可燃物、助燃物和引火源。因助燃物——空气存在且较难控制，只能采取消除引火源和控制可燃物及其数量的措施。为预防和减少火灾危害，师生均要遵守如下安全管理规定。

1. 控制和消除实验室内引火源是防火防爆的关键

（1）消除和控制明火。在实验室内醒目处贴上"禁止烟火"标志，严禁实验室内吸烟；严禁人员随意携带火柴、打火机等进入实验室；实验危险区确需使用火源，则必须按实验规定步骤严格规范使用和防护；使用明火电炉时附近区域应无易燃易爆试剂；加热可燃物时应尽量避免采取明火；等等。

（2）防止电气火花形成引火源。防止电气线路和电气设备在开关断开、接触不良、短路、漏电时产生火花。实验室不得违章私拉乱接电线；插线板不得串联使用；实验室未经批准、备案，不得使用大功率用电设备，以免超出用电负荷。加强对实验室仪器及控制器的检查和维修，防止因电路保险丝或仪器控制器等失灵而继续加热，引燃周围物品。

（3）防止金属撞击产生火星或机械摩擦产热着火。易燃易爆金属粉末和粉尘实验室，严禁穿钉鞋人员进入，以免金属物体撞击水泥地面产生火花；在机器运行中应及时对轴承加入润滑油，防止机械轴承因缺油润滑不均、摩擦，引起附着物着火。

（4）防止高温表面引起着火。实验室中有可燃气体存在的排放口，必须远离机械设备高温表面（或应将机械设备做隔热技术处理），同时应定期清除机械设备高温表面油污等，以防止它们在实验室中受热分解而自燃。

（5）防止热射线（日光直照）产生引火源。直射的太阳光通过凸透镜、弧形气泡或者不平玻璃等后，都会被聚焦形成高温焦点，可能点燃焦点处的可燃物。因此，存在爆炸危险性的实验室用房必须采取遮阳措施（阻止阳光直照），或将实验室门窗玻璃涂上白漆，或者采用磨砂玻璃等处理。

(6) 防静电和雷电产生火花。自然界中,两种物质(其中一种是电介质)相互接触、摩擦,可能产生静电并积聚起来形成高电压,若静电能量以火的形式放出,则可能引发火灾;自然界中的雷电过程中也极易产生火花。

(7) 防止可燃气体绝热压缩而形成引火源。可燃气体绝热压缩,温度急剧上升,有可能导致自燃着火。

2. 控制实验室内可燃物及其数量

控制实验室内可燃物及其数量,使实验室内可燃物达不到燃烧爆炸所需要数量、浓度,从而消除其发生燃烧、爆炸的物质基础。

(1) 实验室中尽量不使用或少使用可燃物。实验室物质以不燃物或者难燃物替代可燃物或者易燃物;以燃烧爆炸危险性小的物质代替危险性大的物质;尽量提高实验室建筑耐火等级;等等。

(2) 实验室内安装通风除尘设备,保证通风顺畅,使可燃气体、蒸气或粉尘浓度达不到爆炸燃烧的极限。通风排气口设置要求:对比空气轻的可燃气体或粉尘,排风口应设在上部且排口向上;对比空气重的可燃气体或粉尘,排风口应设在下部且排口向下。设置通风除尘设备,可有效降低空气中可燃物和粉尘浓度,确保可燃物和粉尘浓度控制在爆炸下限以下。

(3) 对保存或通过可燃物的密闭设施设备加强检测和管理。定期对保存或通过可燃物的密闭设施设备规范检测,及时发现安全隐患,有效阻止密闭气瓶或设施中可燃物质挥发、泄漏,防止出现"跑、冒、滴、漏"现象,防止出现空气渗入负压设备等而导致发生燃烧、爆炸事故等。

(4) 实验室内存放的一切易燃易爆物品(如氢气、乙醚和氧气等)必须与火源、电源保持一定的距离,不得随意堆放、使用和储存。

(5) 操作、倾倒易燃液体时,应远离火源。加热易燃液体必须在水浴或密封电热板上进行,严禁使用火焰或火炉直接加热。

(6) 使用酒精灯时,酒精切勿装满,应不超过其容量的三分之一。灯内酒精不足四分之一容量时,应灭火后添加酒精。燃着的酒精灯应用灯帽盖灭,不可用嘴吹,以防引起灯内酒精起燃。

(7) 危险化学品应分类存放,严禁将化学性质相抵触的药品混装、混放;冰箱内不得存放易燃液体,烘箱内严禁加温加热易燃液体;易燃液体的废液应设置专门容器收集,以免引起爆炸事故。

(8) 不得将可燃性气体钢瓶与助燃气体钢瓶混合放置,不得将各种钢瓶靠近热源、明火,禁止碰撞与敲击钢瓶。

第三节 灭火常识与技术

火灾是化学实验室,特别是有机实验室里最容易发生的事故。多数火灾事故是由于加热或处理低沸点有机溶剂时操作不当引起的。常见的有机液体,如二硫化碳、乙醚、石油醚、苯和丙酮等的闪点都比较低,即使存放在普通冰箱内(普通冰箱最低温度为 -18 ℃,无电火花消除器),也能形成可以着火的气氛。另外,低闪点液体的蒸气只需接触红热物体的表面便会着火,产生火情,发生火灾。

一、实验室火灾的发展过程

根据室内火灾温度随时间的变化特点,可将火灾发展过程分为三个阶段,即火灾初起阶段、火灾全面发展阶段、火灾熄灭阶段。

(一)火灾初起阶段

室内发生火灾后,最初只是起火部位及其周围可燃物着火燃烧。此时的燃烧范围不大,火势发展速度较慢。除燃烧区域温度较高外,室内其他部位平均温度较低。该阶段是扑灭火灾和疏散人员的最佳时间段,应及时组织人员尽快扑灭火灾。

(二)火灾全面发展阶段

在火灾初起阶段后期,燃烧范围迅速扩大,此时进入形成火灾全面发展阶段。当火灾房间温度达到一定值时,聚集在房间内的可燃物瞬间都被引燃,产生"轰燃",进入火灾的猛烈燃烧阶段。"轰燃"是室内火灾最显著的特征之一,此时房间内所有可燃物表面部分都卷入火灾之中,燃烧很猛烈,温度升高很快。若火场人员在"轰燃"时尚未疏散,则很难幸免。

(三)火灾熄灭阶段

随着室内可燃物及其挥发物的不断减少,火灾的燃烧速度递减,温度逐渐下降。当室内平均温度降到温度最高值的 80% 时,火灾进入熄灭阶段,直至可燃物全部烧尽,火灾结束。火灾熄灭前期,燃烧仍然剧烈,温度仍然比较高,房间建设构件由于被烧毁,出现掉落或倒塌现象,仍然存在危险。

二、灭火的基本方法

根据燃烧形成的条件,有以下 4 种灭火方法。

(一)隔离法

将燃烧的物体或其周围的可燃物隔离或移开,燃烧会因缺少可燃物而终止。例如,搬离靠近火源的可燃、易燃、易爆和助燃的物品;把着火的物品移至安全地带;掩盖或阻挡流散的易燃液体;关闭可燃气体、液体管道的阀门,阻断可燃物进入燃烧区域;等等。

（二）窒息法

阻止空气进入燃烧区域或用不燃物降低燃烧区域的空气浓度，使燃烧缺氧而熄灭。例如，用灭火毯、砂土、湿帆布等不燃或难燃物覆盖燃烧物，封闭着火房间门窗、设备的孔洞，等等。二氧化碳灭火剂就有通过隔绝空气，起到灭火的作用。

（三）冷却法

将灭火剂直接喷射到燃烧物上，以降低燃烧物的温度至燃点以下，使燃烧终止；或者将灭火剂喷洒在火源附近的可燃物上，防止热辐射引燃周边物质。例如，用水或二氧化碳扑灭一般固体的火灾，固体通过大量吸收热量，迅速降低燃烧温度，使火熄灭。

（四）抑制法

该方法基于燃烧是游离基的链式反应机理，将化学灭火剂喷射至燃烧区，参与燃烧的化学反应，使燃烧反应过程中产生的游离基消失，链传递中断，造成燃烧反应终止。干粉灭火剂被认为具有一定的抑制火势的作用。

三、常用灭火方式及常见灭火设备使用方法

（一）各类火灾对应的灭火方式

扑灭初起火灾可以减少火灾损失，避免火灾伤亡。灭火器是发现火情后师生能够立即拿取并使用的灭火工具。根据统计数据，以往发生火灾的70%以上是由在场人员在火灾形成的初起阶段扑灭的。因此，掌握灭火器的使用方法，对扑灭初起火灾是非常重要的。

实验室常用的灭火器有干粉灭火器、二氧化碳灭火器和泡沫灭火器。不同的灭火器适用于不同的火灾，表6-5列出了火灾类型及对应的灭火方式。

表6-5 各类火灾对应的灭火方式

分类名称	燃烧特性	灭火方式
A类火灾 （固体火灾）	含碳固体可燃物，如木材、棉毛、麻、纸张等有机物质燃烧造成的火灾	可用水型灭火器、泡沫灭火器、ABC干粉灭火器（填充物是磷酸铵盐干粉）、卤代烷灭火器灭火
B类火灾 （液体、可熔化 固体物质火灾）	如汽油、煤油、柴油、甲醇、沥青和石蜡等燃烧造成的火灾。火势易随燃烧液体流动，燃烧猛烈，若已发生爆炸、爆燃或喷溅，则不易扑救	可用BC干粉灭火器（填充物是碳酸氢钠干粉）、泡沫灭火器、卤代烷灭火器、二氧化碳灭火器灭火
C类火灾 （气体火灾）	可燃烧气体，如煤气、天然气、甲烷等燃烧造成的火灾，常引起爆燃或爆炸，破坏性极大，且难以扑救	应先关闭气体输送阀门或管道，切断电源，再冷却灭火，可用BC干粉灭火器、卤代烷灭火器灭火
D类火灾 （金属火灾）	指可燃的活泼金属，如钾、钠、镁等可燃物的火灾，多因遇湿和遇高温自燃引起	可用干沙式铸铁粉末或氯化钠干粉金属火灾专用灭火器灭火（忌用水、泡沫、水性物质灭火，也不能用二氧化碳及干粉灭火器灭火）

续表

分类名称	燃烧特性	灭火方式
E类火灾（带电火灾）	指带电设备燃烧的火灾,如配电盘、变电室、弱电设备间等的火灾	可用二氧化碳、干粉、卤代烷灭火器灭火（禁止用水灭火）,灭火时与带电体保持安全距离
F类火灾（烹饪火灾）	指烹饪器具内的烹饪物（如动植物油脂）火灾	可用BC干粉灭火器灭火

（二）灭火器的使用方法

手提式灭火器的使用方法可用四字使用口诀,即"提、拔、瞄、扫"概括（图6-1）。

"提",是指用一只手提起灭火器。

"拔",是指用另一只手将灭火器的保险销拔掉,这个时候要注意提起灭火器的手不要发力压下压把,避免提把和压把将保险销咬住而不能顺利拔出。

"瞄",是指在离燃烧3～5 m距离的上风侧,将喷管对准火焰根部。

"扫",是指将喷管对准以后,提灭火器的手用力压下压把,将灭火剂喷出进行灭火。

几种常用灭火器的外观及使用方法如表6-6所示。

图6-1 干粉灭火器的四字使用口诀"提、拔、瞄、扫"

表6-6 几种常用灭火器的外观及使用方法

类型	外观	使用方法
干粉灭火器		打开保险销,一手握住喷管,对准火源,另一手按下压把,即可灭火
二氧化碳灭火器		轮式:一手握住喷筒把手,另一手撕掉铅封,将手轮按逆时针方向旋转,打开开关,二氧化碳气体即会喷出 鸭嘴式:一手握住喷筒把手,另一手拔去保险销,将扶把上的鸭嘴压下,按下压把,即可灭火

续表

类型	外观	使用方法
泡沫灭火器		握住灭火器的提环,平稳、快捷地提往火场,不要横扛、横拿。灭火时,一手握住提环,另一手握住筒身的底边,将灭火器颠倒过来,喷嘴对准火源,用力摇晃几下,即可灭火

（三）消防栓的使用方法

(1) 打开消防栓门,按下内部火警按钮(按钮是起报警和启动消防泵用的)。

(2) 一人接好枪头和水带奔向起火点。

(3) 另一人接好水带和阀门口。

(4) 按逆时针方向打开阀门,将水喷出即可。注:电起火要确定切断电源。

具体使用方法如图 6-2 所示。

消防栓的使用方法

1.打开或击碎箱门,取出消防水带

2.展开消防水带

3.水带一头接到消防栓接口上

4.另一头接上消防水枪

5.另外一人打开消防栓上的水阀开关

6.对准火源根部,进行灭火

图 6-2　室内消防栓的使用方法

（四）其他灭火方式

初起火灾时,如果身旁没有灭火器,可以因地制宜采用适当物品作为灭火工具进行灭火。例如,可以将灭火毯、湿抹布、湿棉被等覆盖在燃烧物上,使燃烧窒息,或用砂土、水泥等倾洒在燃烧物上压灭火苗。

（五）火灾扑救注意事项

1. 沉着冷静

一定要冷静下来,迅速报告老师及单位领导。如果火势不大,要尽快采取措施扑救;如果火势凶猛难以控制,要及时报警,并迅速撤离。

2. 争分夺秒

使用灭火器扑救火灾时,可按灭火器的数量组织多人同时使用,迅速把火扑灭。要争分夺秒,尽快将小火扑灭,防止火情蔓延。

3. 断电断气

电气线路、设备发生火灾,首先要切断电源,然后再考虑扑救。如果发现可燃气体泄漏,不要触动电器开关,不能用打火机、火柴等明火,不要在室内打电话报警,避免产生着火源。要迅速关闭气源,打开门窗,降低可燃气体浓度,防止发生燃爆。

4. 慎开门窗

救火时不要贸然打开门窗,以免空气对流,加速火势蔓延。

5. 兼顾疏散

发生火灾,现场处置能力较强的人员组成灭火组负责灭火,其余人员要自行组织疏散逃生。疏散过程要有序,防止发生踩踏等意外事故。

6. 生命至上

在灭火过程中,要本着"救人先于救火"的原则,如果有被火势围困人员,首先要想办法将受困人员抢救出来;如火情危险难以控制,灭火人员要确保自身安全,迅速逃生。

第四节 火场疏散与逃生

火灾产生的高温、有毒烟气等威胁着火场人员的生命安全。现场人员在突发火情的情况下如果不能正确应对,错误的行为可能导致严重后果。只有掌握基本的消防安全知识和具备良好的心理素质,准确判断火场情况,采取有效的逃生方法,才能绝处逢生。

实验室全体人员一定要熟悉所在实验室的逃生路径、消防设施及自救逃生的方法,平时积极参与应急逃生预演,掌握火场逃生时的13项基本原则。

1. 发现火情先报告

一旦发现火情,不能惊慌失措而独自逃跑,要立即报告周围人员、课题组导师和单位领导。现场人员分头协作,根据导师和单位领导的指示采取下一步行动。

2. 及时扑灭初起火灾

刚刚起火时属于火灾的初起阶段,还未对人构成威胁。这时如果发现火情,应立即组织人员用室内、通道内放置的灭火器,或报告大楼安保人员启用通道内的消防栓,及时将小火扑灭。切莫惊慌失措、不知如何应对而延误时间,使小火酿成大灾。

3. 电梯逃生不可行

发生火灾后,千万不要乘坐电梯逃生。因为一般电梯不能防烟绝热,加之起火时容易发生断电,人在电梯内是十分危险的。消防电梯则是供消防队员灭火救援使用的,一旦消防人员启用消防专用按钮,各楼层的按钮都将同时失效。

4. 择路逃生不盲从

选择逃生路线时要做到心中有数,不能盲目追从别人而慌乱逃窜,这样会延误撤离的时间,还容易引起骚乱。逃生时要选择路程最短、障碍少而又能快速、安全地抵达建筑物室外地面的路线。

5. 逃离险情不恋财

时间就是生命,火灾袭来时,生命攸关,没有什么东西比生命更重要,要迅速撤离危险区,不要因贪恋财物而丧生。

6. 注意防护避烟毒

逃生时要加强个人防护,防止和减少烟气的吸入。应用水将毛巾等浸湿,捂住口鼻,防止吸入有毒烟气。用水浸湿地毯等,包裹好身体,可起到一定的保护作用。

7. 逃生避难看环境

要充分利用楼内各种消防设施,如防烟楼梯间、封闭楼梯间、连通式阳台、避难层(间)等,都是为逃生和安全疏散创造条件、提供帮助的有效设施,火灾时应充分加以利用,作为临时避难场所。千万不可滞留走廊、普通楼梯间等烟火极易波及而又没有消防保护设施的地带。

8. 逃离火场防践踏

在逃生过程中极易出现聚堆、拥挤,甚至相互践踏的现象,造成通道堵塞和发生不必要的人员伤亡,因此在逃生过程中应遵循依次逃离原则。

9. 穿过烟区弯腰跑

烟充满整个空间需要一定的时间,可利用这个时间逃生,要弯腰跑,千万不要站立行走。

10. 身上着火不乱跑

身上着火千万不能奔跑,因为越跑补充的氧气越充分,身上的火就越大;也不可将灭火器对准人体喷射,这样可能导致身体感染或加重中毒;可就地打滚或用厚重的衣物压灭火焰。

11. 室内着火闭门窗

发生火灾时不能随便开启门窗,防止新鲜空气大量涌入。

12. 不到关头不跳楼

一般在二、三楼跳楼还有一点生还的希望,在四楼以上跳楼生还的机会非常小,因此高楼着火不要惊慌失措,盲目跳楼。只有当所处楼层比较低,逃生无路,室内烟熏火烤不得已的情况下,才能采取跳楼逃生。跳楼逃生时,可先抛下棉被等物增加缓冲,俯身用手拉住窗台,头向上脚向下滑跳。

如果房间内充满浓烟造成呼吸困难,既不能沿通道撤离,又无法在室内立足,只能沿窗口逃生时,可利用绳索,或将床单等撕成条、拧成绳,从窗口顺梯滑下。如没有条件结绳,可骑坐在窗外空调机上,或者站立在窗外可供踩踏的突出物上。

13. 易燃易爆要记牢

必须清楚着火实验室内现存各种药品及试剂特别是易燃易爆物品的具体名称和数量,

以便前来处置的消防队及时了解火灾危险性和危害性程度,使用有效的灭火方法来灭火。

【复习思考题】

1. 请说出你经常出入的教学楼、实验楼及宿舍的安全出口和疏散通道。
2. 火场疏散和逃生的要点有哪些?
3. 消除火灾隐患,需要做好哪些工作?
4. 识别常用消防安全标识。

第七章 实验室危险废物的处理

第一节 危险废物的基础知识

一、危险废物的概念

危险废物是指列入国家危险废物名录，或者根据国家规定的危险废物鉴别标准和鉴别方法认定的具有危险特性的废弃物，它们具有毒性、腐蚀性、易燃性、爆炸性、反应性或感染性等特性。对于危险废物的定义和分类，不同国家、不同组织均不同。

二、实验室危险废物的概念

实验室危险废物是指在研究、开发、教学活动或生产中，化学、生物实验室等产生的废物，具有腐蚀性、毒性、易燃性、反应性、感染性等一种或多种危险特性，可能存在对环境、人体造成有害影响等。实验室各种废物应按不同方式进行处理，不得随意丢弃和排放，不得混放性质互相抵触的废弃物。

是否属于危险废物及危险废物的类别和代码的判断，均可参照《国家危险废物名录》（2021年版）。需要注意的是：列入《危险化学品目录》的化学品废弃后，均属于危险废物；对不明确是否具有危险特性的废物，应当按照国家规定的危险废物鉴别标准和鉴别方法进行判断；危险废物与其他废物的混合物，以及危险废物处理后废物的属性判断，应当按照国家规定的危险废物鉴别标准执行。

三、实验室危险废物的分类

实验室危险废物根据形态可以分为液态废物和固态废物。

液态废物主要包括：含有机溶剂类废物、含剧毒化学品类废物、含无机类废物、生物制剂类废物等。

固态废物主要包括：废弃化学试剂、废弃包装物、废弃容器、含有或直接沾染危险废物的实验室检测样品、清洗杂物和过滤介质等。

实验室垃圾主要包括生活垃圾和实验垃圾。生活垃圾参照各地现行的生活垃圾管理条例操作即可。实验垃圾作为一类特殊的实验室废物，由于特有的性质，其分类相对于生活垃圾更加复杂。实验垃圾若处理不好，可能时时刻刻危及师生们的生命和健康，实验垃圾统称为实验室"危险废物"。

实验室危险废物有毒有害，有些甚至是剧毒物或强致癌物质，若任其排放，必将污染环境，破坏生态平衡，威胁人类健康。对实验室危险废物的科学而严格的分类回收处理，是进一步加强实验室安全管理、创造安全良好的学习和科研环境的重中之重。实验室工作人员必须按照规定执行，否则不但会污染环境，也可能造成严重的安全事故。

实验室危险废物相比工业废物的特点在于量少、种类多，各种不同的污染物危害也不尽相同，对周围的植物、动物、微生物及其他生态环境（水体、气候、土壤等）带来不同程度的危害。

四、实验室危险废物处置不当导致的污染

1. 废气污染

实验室的废气包括燃料燃烧废气、试剂和样品的挥发物、分析过程的中间产物、泄漏和排空的标准气和载气等。具体有硫化氢、氨气、氯仿、四氯化碳、苯系物、氢氰酸、二氧化硫、汞蒸气、乙炔气等，均为刺激性气体，可造成呼吸道疾病或刺激眼睛角膜，引起造血系统及中枢神经系统损坏。在实验操作过程中，有些操作者不按规范操作，只图方便省事。例如，使用正丁醇、乙醚、甲醛、二甲苯、巯基乙醇等挥发性试剂时，规范的实验操作要求实验应在通风橱中进行，产生的废液回收后须进一步进行处理；而有些操作者直接在敞开的容器中完成操作，使整个实验室甚至楼道充满呛人的气味，造成实验室的空气污染。更有甚者，在实验完毕后，不回收就直接将这些试剂反应的废液倒入水池内，随排水管道排放室外，使污染领域进一步扩大。

2. 废液污染

实验室的教学和科研中用到的大量化学试剂很多是有毒性的。例如，亚硝酸盐、环氧氯丙烷等易引起人体产生癌变；一些有机溶剂如二甲苯、氯仿等能破坏人体免疫系统，造成人体机能失调；还有一些化学试剂具有很强的腐蚀性，如浓酸、浓碱等。如果不加处理，直接排入城市污水管网，可能会超过《污水排入城镇下水道水质标准》（GB/T 31962—2015）的要求，直接对环境造成二次污染。

3. 过期药品、试剂污染

实验室中由于实验项目或研究课题的变换，用过的、剩余的药品或试剂就会被长期保存，导致过期。若把这些过期的药品、试剂丢弃到垃圾桶，很多有毒试剂、重金属试剂就随垃圾一起被拉到郊外搁置或埋藏，造成当地土壤和水质的严重污染。例如，含 Hg、Pb 等的药品试剂释放到当地的水和土壤中，人和牲畜长期饮食含有这些离子的水和吸收了这些离子的

植物,会造成神经性的损害,严重的还能导致神经错乱甚至死亡。

4. 动物尸体处理不当造成的污染

生物类和医药类实验室经常要用到小鼠、鸡、牛蛙、兔子等实验生物,对用过的死亡生物如果处理不当,会造成极大的安全隐患。

5. 微生物污染

在生物实验室中经常进行微生物(细菌、真菌病毒)等方面的研究。部分微生物,如真菌会随着空气到处飞扬,人呼吸到口腔和鼻腔中,会引起咽炎和鼻炎。有些细菌、病菌可以直接引起人的免疫系统失调,使人丧失对机体的调控能力,直接威胁人的身体健康。

第二节 实验室危险废物的收集

一、实验室化学废液

(一)化学废液的分类

一般实验室的化学废液可分为:

(1)有机溶剂废液,如甲苯、乙醇、冰醋酸、卤化有机溶剂等。

(2)无机溶剂废液,如重金属废液、含汞废液、废酸液、废碱液等。

实验室收集废液,一般按碱性废水、酸性废水、挥发性有机溶剂、低挥发性有机溶剂、含卤素有机溶剂、含重金属废液等分类收集。

(二)化学废液收集注意事项

(1)实验室产生的一般化学废液应自行分类,存放在专用废液桶中并加贴标签,桶口、瓶口要能良好密封,不要使用敞口或者有破损的容器。

(2)收集一般化学废液时,应详细记录倒入收集桶内化学废液的主要成分。倒入废液前应仔细查看该收集桶的记录,确认倒入后不会与桶内已有化学物质发生异常反应。如有可能发生异常反应,则应单独暂存于其他容器中,并贴上详细的标签,做好记录。

(3)装废液的容器应存放于实验室较阴凉处、远离火源和热源的位置。

(4)收集桶中的废液不应超过容器最大容量的80%,收集的废液由实验室责任人通过"江苏省危险废物全生命周期监控系统"进行产废申报,由学校统一回收并处理。

(5)对不同种类的剧毒废液,应分别暂存在单独的容器中并做详细记录,不能将几种剧毒废液混装在一个容器中。对剧毒化学品废液的处理,应报告校资产与实验室安全管理处,由学校负责与主管部门联系处理,不可擅自处理。

二、实验室固体废物

实验室固体废物,是实验室工作人员在实验活动中产生的固态、半固态废弃物质,主要包括废弃固体化学药品、沾染危险化学品的实验手套、纸张和包装盒等、破损器皿、残次品、废弃化学试剂空瓶、动物尸体，等等。

实验室固体废物的暂存及处置，应注意以下几点：

（1）实验室产生的无机废弃药品或危险化学固体，应及时装瓶或装入专用的废物袋中，加贴标签，由实验室责任人通过"江苏省危险废物全生命周期监控系统"进行产废申报，由学校统一回收并处理。

（2）沾染危险化学品的实验手套、纸张和包装盒等，应及时装在专用的垃圾袋中，由实验室责任人通过"江苏省危险废物全生命周期监控系统"进行产废申报，由学校统一回收并处理；未沾染危险化学品的实验垃圾，可作为生活垃圾扔到生活垃圾桶内。

（3）废弃剧毒化学品，应报告校资产与实验室安全管理处，由学校负责与主管部门联系处理，不可擅自处理。

（4）破损玻璃器皿、针头、动物尸体等的处理，参见第五章的"第五节　实验室生物废物的处置"部分。

第三节　实验室危险废物的前处理

一、常见前处理方法

由于实验室废物的制造者更熟悉产生的废物，因此产生后及时处理，相比实验室废物处理公司的处理容易得多，并且能大大减少实验室的废物产生量，许多时候还能变废为宝，继续利用。目前对实验室废物的前处理方法包括：回收再利用、稀释法、中和法、氧化法和还原法。

1. **回收再利用**

实验中产生的大量有机废液可以采用蒸馏法进行回收，在满足要求的前提下可重复使用；一些贵重金属可以采用沉淀法、结晶法、吸附法、离子交换法等方法进行回收；实验中的冷却水可以经外部冷却后循环使用。

2. **稀释法**

实验室废物如某些金属盐、可溶于水的易燃有机溶剂等，可以做适当稀释后直接排入下水道，具体要求按《污水综合排放标准》（GB 8978—1996）排放。

3. **中和法**

强酸类和强碱类实验室废物可中和到中性后直接排放，若中和后的废液中含有其他有害物质，需要做进一步处理。不含有害物质而其浓度在1%以下的废液，把它中和后即可排放。

4. **氧化法**

硫化物、氰化物、醛类、硫醇和酚类等化合物可以被氧化为低毒和低臭化合物，深度氧化

往往可以氧化成 CO_2 和水，然后直接排放。

5. 还原法

亚硫酸盐、过氧化物、许多有机药品和重金属溶液可以被还原成低毒物质。含六价铬的废液可以被酸、硫酸亚铁等还原剂还原为三价铬，废液中的汞、铅和银还原后，可以沉淀过滤出来。有机铅也可以通过类似的方法去除。将处理后的浓缩液收集后装入容器，送到指定地点处理。

二、前处理注意事项

对实验室废物前处理，通常需要注意以下几点。

（1）随着废液的组成不同，在处理过程中往往伴随着产生有毒气体及发热、爆炸等危险。因此，处理前必须充分了解废液的性质，然后分别加入少量所需添加的药品。同时，必须边观察边进行操作。

（2）含有配离子、螯合物之类物质的废液，只加入一种消除药品，有时不能把它处理完全。因此，要采取适当的措施，防止一部分还未处理的有害物质直接排放出去。

（3）对于为了分解氰基而加入次氯酸钠，以致产生游离氯，以及由于用硫化物沉淀法处理废液而生成水溶性的硫化物等情况，其处理后的废水往往有害。因此，必须把它们加以再处理。

（4）沾附有害物质的滤纸、包药纸、绵纸、废活性炭及塑料容器等东西，不要丢入垃圾箱内，要分类收集，安全储存，按国家规定处置，绝不允许随意丢弃和乱放。

（5）处理废液时，为了节约处理所用的药品，可将废铬酸混合液用于分解有机物，以及将废酸、废碱互相中和，要积极考虑废液的利用。

（6）尽量利用无害或易于处理的代用品，代替铬酸混合液之类会排出有害废液的药品。

（7）对甲醇、乙醇、丙酮及苯之类用量较大的溶剂，原则上要回收利用，对其残渣加以处理。

第四节 实验室危险废物的储存与管理

实验室必须设置危险废物存放柜（箱、架），并设有明显的警示标志，存放在室内，要做到安全、牢固，远离火源、水源。废液容器上须贴上专用的标签纸，填写清楚标签纸上的内容，以明确每个收集桶是用来收集哪种类别的废液。标签上的记录数据至少应包括下列几项：废液名称、废液特性的标志、产生单位、储存期间、储存数量。过期试剂、药剂、浓度过高或反应剧烈的母液等不得倒入收集容器内，应连原包装物一起收集进行处理。标签粘贴位置应明显，使相关人员易于辨识标签上所记载的内容，以便于废液的分类收集、储存及后续处理处置。由实验室责任人或实验室工作人员通过"江苏省危险废物全生命周期监控系统"进行储存申报。

1. 直接盛装危险废物的容器的要求

直接盛装危险废物的容器必须满足以下要求：

（1）容器的材质必须与危险废物相容（不互相反应）。

（2）容器要满足相应的强度和防护要求。

（3）容器必须完好无损，封口严紧，防止在搬动和运输过程中泄漏、遗撒。

（4）每个盛装危险废物的容器上都必须粘贴明显的标签（或原有的，或贴上新的标签，注明所盛物质的中文名称及危险性质），标签不能有任何涂改的痕迹。

（5）凡盛装液体危险废物的容器都必须留有适量的空间，不能装得太满。

2. 废液收集桶使用注意事项

实验室往往需要放置废液收集桶，对于临时存储的危险废物必须做到：

（1）按类分别存放，不相容的物质应分开存放，以防发生危险。

（2）易碎包装物及容器容量小于 2 L 的直接包装物应按性质不同分别固定在木箱或牢固的纸箱中，并加装填充物，防止碰撞、挤压，以保证安全存放。

（3）直接盛装危险废物的容器在存储过程中（含在间接包装箱中）应避免倾斜、倒置及叠加码放。

（4）实验室的危险废物存储时间不宜超过 6 个月，存量不宜过多。

3. 已收集的实验室废物存放注意事项

已收集的实验室废物在存放时需注意以下几点：

（1）漂白粉和无机氧化剂的亚硝酸盐、亚氯酸盐、次亚氯酸盐不得与其他氧化剂混合存放。

（2）硝酸盐不得与硫酸、氯磺酸、发烟硫酸混合存放，无机氧化剂与硝酸、发烟硫酸、氯磺酸均不得混合存放。

（3）氧化剂不得与松软的粉状可燃物混合存放。

（4）遇水易燃烧的物质不得与含水的液体物质混合存放。

（5）无机剧毒物及有机剧毒物中的氰化物不得与酸性腐蚀物质混合存放。

（6）氨基树脂不得与氟、氯、溴、碘及酸性物质混合存放。

第五节　放射性废物的处理

放射性废物为含有放射性核素或被放射性核素污染，其浓度或活度大于国家主管部门规定的清洁解控水平，并且预计不再利用的物质。放射性废物的危害包括物理毒性、化学毒性和生物毒性。通常主要是物理毒性（指的是辐射作用），有些核素（如铀）还具有化学毒性。

对放射性物质进行处理,要注意以下几点:

(1) 放射性废物应存放在专用容器内,并防止泄漏或沾污,存放地点应有效屏蔽,防止外照射。

(2) 放射性废物应与其他废物分开存放,不可将任何放射性废物投入非放射性垃圾桶或下水道。

(3) 放射性废物要妥善保存好,防止丢失,包装完整易于存取,包装上一定要标明放射性废物的核素名称、活度、其他有害成分及使用者和日期。应经常对存放点进行检查和检测,防止发生泄漏事故。

(4) 放射性废物在实验室临时存放的时间不要过长,应按照主管部门的要求送往有资质的单位进行处置。

【复习思考题】

1. 简述化学废液分类收集注意事项。
2. 实验室产生的所有垃圾都是危险废物吗?哪些实验室垃圾可以作为生活垃圾处理?
3. 简述实验室固体废物的暂存和处置注意事项。

附　录

附录一　危险化学品标识图例

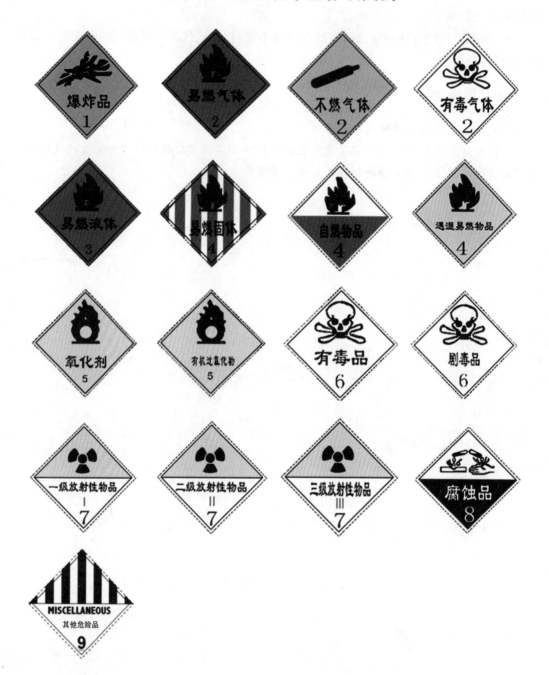

附录二 易制毒化学品名录

分类	第一类	第二类	第三类
化学品通用名称	1. 1-苯基-2-丙酮	1. 苯乙酸	1. 甲苯
	2. 3,4-亚甲二氧苯基-2-丙酮	2. 醋酸酐（乙酸酐）	2. 丙酮
	3. 胡椒醛	3. 三氯甲烷	3. 甲基乙基酮
	4. 黄樟素	4. 乙醚	4. 高锰酸钾
	5. 黄樟油	5. 哌啶	5. 硫酸
	6. 异黄樟素	6. 溴素（液溴）	6. 盐酸
	7. N-乙酰邻氨基苯酸	7. 1-苯基-1-丙酮（苯丙酮）	7. 苯乙腈
	8. 邻氨基苯甲酸	8. α-苯乙酰乙酸甲酯	8. γ-丁内酯
	9. 麦角酸*	9. α-乙酰乙酰苯胺	
	10. 麦角胺*	10. 3,4-亚甲基二氧苯基-2-丙酮缩水甘油酸	
	11. 麦角新碱*	11. 3,4-亚甲基二氧苯基-2-丙酮缩水甘油酯	
	12. 麻黄素、伪麻黄素、消旋麻黄素、去甲麻黄素、甲基麻黄素、麻黄浸膏、麻黄浸膏粉等麻黄类物质*		
	13. 羟亚胺		
	14. 邻氯苯基环戊酮		
	15. 1-苯基-2-溴-1-丙酮		
	16. 3-氧-2-苯基丁腈（溴化苯丙酮）		
	17. N-苯乙基-4-哌啶酮		
	18. 4-苯胺基-N-苯乙基哌啶		
	19. N-甲基-1-苯基-1-氯-2-丙胺		

注：1. 第一类、第二类所列物质可能存在的盐类，也纳入管制。

2. 带有＊标记的品种为第一类中的药品类易制毒化学品，第一类中的药品类易制毒化学品包括原料药及其单方制剂。

3. 高锰酸钾既属于易制毒化学品，也属于易制爆化学品。

附录三　化学品安全技术说明书(MSDS)(以 NaN_3 为例)

第一部分　化学品基本信息

化学品中文名	叠氮化钠
英文名	sodium azide
分子式	NaN_3
分子量	65.1

第二部分　成分/组成信息

有害物成分	叠氮化钠
含量	100%
CAS 号	26628-22-8

第三部分　危险性概述

危险性类别	第6.1类毒害品
侵入途径	吸入、食入、经皮肤吸收
健康危害	本品和氰化物相似,对细胞色素氧化酶和其他酶有抑制作用,并能使体内氧合血红蛋白形成受阻,有显著的降压作用。对眼和皮肤有刺激性。急性中毒会出现头晕、头痛、全身无力、血压下降、心动过缓和昏迷等症状。本品在有机合成中可有叠氮酸气体逸出,若吸入,会中毒,出现眩晕、虚弱无力、视觉模糊、呼吸困难、昏厥感、血压降低、心动过缓等症状
环境危害	对环境有害
燃爆危险	不燃,无特殊燃爆特性。受撞击、摩擦,遇明火或其他点火源极易爆炸

第四部分　急救措施

皮肤接触	脱去污染的衣着,用肥皂水和清水彻底冲洗皮肤。如有不适感,须就医
眼睛接触	提起眼睑,用流动清水或生理盐水冲洗。如有不适感,须就医。
吸入	迅速逃离现场至空气新鲜处,保持呼吸道通畅。若呼吸困难,给输氧;若呼吸、心跳停止,立即进行心肺复苏术,并送医院救治
食入	饮足量温水,催吐,就医

第五部分　消防措施

危险特性	受热、接触明火或受到摩擦、震动、撞击时可发生爆炸。本品与酸类剧烈反应产生爆炸性的叠氮酸。与重金属及其盐类形成十分敏感的化合物
有害燃烧产物	无意义

续表

灭火方法	本品不燃。根据着火原因,可选择适当灭火剂灭火
灭火注意事项及措施	由于火场中可能发生容器爆破的情况,消防人员须在有防爆掩蔽处操作。尽可能将容器从火场移至空旷处。喷水,保持火场容器冷却,直至灭火结束

第六部分 泄漏应急处理

应急行动	隔离泄漏污染区,限制人出入。建议应急处理人员戴防尘口罩,穿防毒服。在穿上适当的防护服前,严禁接触破裂的容器和泄漏物。尽可能切断泄漏源。用塑料布覆盖泄漏物,减少飞散。勿使水进入包装容器内。用洁净的铲子收集泄漏物,并置于干净、干燥、盖子较松的容器中,将容器移离泄漏区

第七部分 操作处置与储存

操作注意事项	密闭操作,提供充分的局部排风。操作尽可能机械化、自动化。操作人员必须经过专门培训,严格遵守操作规程。建议操作人员佩戴头罩型电动送风过滤式防尘呼吸器,穿连衣式防毒衣,戴橡胶手套。避免产生粉尘。避免与氧化剂、酸类物质、活性金属粉末接触。搬运时要轻装轻卸,防止包装及容器损坏。禁止震动、撞击和摩擦。配备泄漏应急处理设备,因倒空的容器可能残留有害物
储存注意事项	储存于阴凉、通风良好的专用库房内,实行"双人收发、双人保管"制度。远离火种、热源。库温不宜超过30 ℃。包装密封。应与氧化剂、酸类物质、活性金属粉末、食用化学品分开存放,切忌混储。储区应备有合适的材料收容泄漏物

第八部分 接触控制/个体防护

呼吸系统防护	可能接触粉尘时,必须佩戴过滤式防尘呼吸器。遇紧急事态抢救或撤离时,须佩戴空气呼吸器
眼睛防护	戴化学安全防护眼镜
身体防护	穿连衣式防毒衣
手防护	戴橡胶手套
其他防护	工作现场禁止吸烟、进食和饮水。工作完毕,淋浴更衣。单独存放被毒物污染的衣服,洗后备用。保持良好的卫生习惯

第九部分 理化特性

外观与性状	无色六角结晶性粉末,有剧毒
熔点/℃	275
溶解性	溶于水、液氨,不溶于乙醚,微溶于乙醇
主要用途	用于制造炸药及用作分析试剂等

第十部分　稳定性和反应性

稳定性	不稳定
禁配物	酸类物质、酰基氯、活性金属粉末、强氧化剂
避免接触条件	受热、摩擦、震动、撞击
聚合危害	不聚合
分解产物	氮氧化物

第十一部分　毒理学资料

特异性靶器官系统毒性——一次接触	轻微刺激眼睛和上呼吸道；可能对心血管系统和中枢神经系统造成影响；可能导致血压降低、心脏异常和中枢神经系统功能障碍；大量食入，会造成死亡；吸入粉尘，可能导致哮喘样反应(RADS)
特异性靶器官系统毒性——反复接触	无资料
吸入危害	扩散时，尤其是粉末，可较快地达到空气中颗粒物有害浓度

第十二部分　生态学资料

生态毒性	无资料
持久性和降解性	无资料
生物富集或生物积累性	无资料
土壤中的迁移性	无资料

第十三部分　废弃处置

废弃物性质	危险废物
废弃处置方法	根据国家和地方有关法规的要求处置；或与厂商或制造商联系，确定处置方法
废弃注意事项	把倒空的容器归还厂商或在规定场所掩埋。废物处置人员必须接受过专门的爆炸性物质废弃处置培训

第十四部分　运输信息

包装类别	Ⅱ(仅供参考，请核实)
包装方法	按照生产商推荐的方法进行包装。例如，开口钢桶，安瓿瓶外普通木箱，螺纹口玻璃瓶，铁盖压口玻璃瓶，塑料瓶或金属桶(罐)外普通木箱等
运输注意事项	不得与食品和饲料一起运输

第十五部分　法规信息

下列法律、法规、规章和标准，对该化学品的管理做了相应的规定：
组分 Sodium azide，CAS：26628-22-8。

《危险化学品目录》(2015 版)。

第十六部分　其他信息

1. 编写和修订信息:略。
2. 参考文献:略。
3. 其他信息。

加热时,酸和叠氮化钠水溶液易于转化成叠氮酸。每当处理叠氮盐时,均可能产生叠氮酸蒸气。吸入超高浓度的叠氮酸可能导致包括肺水肿在内的严重呼吸道刺激。叠氮化钠分解产生大量气体,在有限空间内具有爆炸危险。

附录四　实验室常用安全防护用品与用具

一、个人防护用品

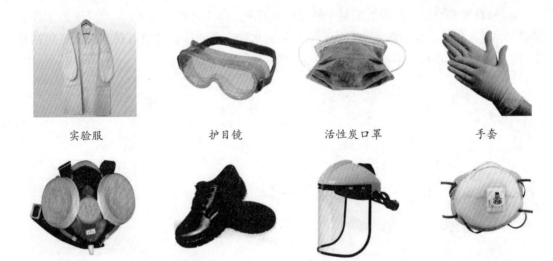

实验服　　　护目镜　　　活性炭口罩　　　手套

防毒面具　　　安全鞋　　　防护面罩　　　防毒口罩

二、危险化学品的分类储存柜

 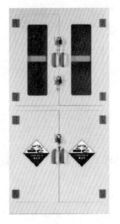 

防火安全柜　　　　　　酸碱柜　　　　　　剧毒品柜
（可燃/易燃化学品用）　（强酸/强碱等腐蚀品用）

三、气体钢瓶固定装置

固定板　　　　　　固定架　　　　　　钢瓶车　　　　　　气体钢瓶柜

四、实验室废弃物收集容器（废弃物分类收集用）

防火垃圾桶(可燃/易燃废弃物用)　　　　　　医疗废弃物用

放射性废弃物用　　　　　　利器盒(针头、刀片、碎玻璃等锐器收集用)

 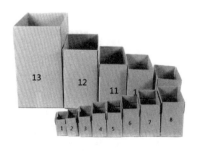

实验室废液回收装置及容器　　　　　　固体废物回收用纸箱

五、生物安全用设备

高压灭菌锅

生物安全柜

六、其他实验室安全设备

医药箱

防爆冰箱

紧急喷淋洗眼装置

附录五　实验室安全标识图例

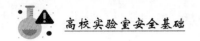

模 拟 试 卷

模拟试卷（Ⅰ）

（适用于化工与制药类、环境科学与工程类专业）

（共计 100 分,时间 60 分钟）

一、单选题（共 40 题,每题 1 分,共 40 分）

1. 交流电路断电后,（　　）。

A. 内部的电容可能会电死人

B. 用仪表测量电容值时,会损坏仪表

C. 内部的电容有高电压

D. 以上选项都正确

2. 当触电者脱离电源以后,如果触电者神志不清、呼吸困难或停止,应(　　)。

A. 摇晃触电者的身体、掐其人中

B. 用水泼

C. 立即将其移到附近空气清新的地方,及时进行人工呼吸,并请医务人员前来抢救

D. 打强心针

3. 压力容器的工作压力是指容器(　　)在正常工艺操作时的压力。

A. 顶部　　　　B. 底部　　　　C. 内部　　　　D. 以上选项都正确

4. 金属梯子不适用于(　　)的工作场所。

A. 有触电可能　　　　　　　　B. 坑穴或密闭

C. 高空作业　　　　　　　　　D. 以上选项都正确

5. 下列对于锐利物的描述错误的是(　　)。

A. 指所有能穿透皮肤的物品

B. 可分为感染性废物、限制性医学废物、固体废物或有害化学废物

C. 通常指完好的器皿

D. 锐利物为机械危险废物,可造成刺破伤或划破伤

6. (　　)是一种安全、可靠的非手术止血法,也是目前最常用的止血方法。

A. 加压包扎止血法　　　　　　B. 指压止血法

C. 填塞止血法　　　　　　　　D. 止血带止血法

7. 可能导致锅炉爆炸的主要原因是( )。

A. 24 h 不停地使用锅炉　　　　　　B. 炉水长期处理不当

C. 炉渣过多　　　　　　　　　　　D. 以上选项都正确

8. 实验大楼因出现火情,浓烟已穿入实验室内时,下列做法正确的是( )。

A. 沿地面匍匐前进,当逃到门口时,不要站立开门

B. 打开实验室门后不用随手关门

C. 从楼上向楼下外逃时可以乘坐电梯

D. 以上选项都正确

9. 《电离辐射防护与辐射源安全基本标准》(GB 18871—2002)中,电离辐射警告标志的中文语句是( )。

A. 当心射线　　　　　　　　　　　B. 当心电离辐射

C. 小心射线　　　　　　　　　　　D. 小心电离辐射

10. 下列关于离心机的使用注意事项的表述错误的是( )。

A. 使用离心机时要穿束紧袖口的实验服,束起长发,不能系领带

B. 使用前应检查离心机是否摆放平稳

C. 将离心管对称地放入离心机套管中,若只有一支离心管,要在对称位置放入另一支装有等量水的同型号离心管

D. 离心机从低速开始启动,可以长时间连续运转,但使用过程中不能离人

11. 遇水发生剧烈反应,容易产生爆炸或燃烧的化学品是( )。

A. K、Na、Mg、Ca、Li、AlH$_3$、电石

B. K、Na、Ca、Li、AlH$_3$、MgO、电石

C. K、Na、Ca、Li、AlH$_3$、电石

D. K、Na、Mg、Li、AlH$_3$、电石

12. 1896 年,法国科学家发现天然放射现象,通常人们把这一重大发现看成是核物理的开端,并以他的名字作为放射性活度单位,此科学家是( )。

A. 卢瑟福　　　　B. 贝可勒尔　　　　C. 汤姆孙　　　　D. 居里夫人

13. 下列关于感染性废物安全处理过程中标签的说法错误的是( )。

A. 已经确认的感染性废物应分类丢入垃圾袋

B. 所有收集感染性废物的容器都应有"生物危害"标志,或使用"红色"容器

C. 所有运输未经处理的感染性废物的容器上都应有"生物危害"标志

D. 装有锐利物品的容器根据需要使用"生物危害"标志

14. 临床试验废物不包括( )。

A. 反应活性较高的化学品　　　　　B. 化学废弃物

C. 感染性废弃物　　　　　　　　　D. 无害废弃物

15. 进行危险性实验时,应( )。

A. 单人操作　　　　　　　　　　　B. 至少要有两人操作

C. 必须要有三人操作　　　　　　　　D. 以上选项都正确

16. 阻拦报火警或者谎报火警者给予(　　)处罚。
A. 劳动教养　　　　　　　　　　　　B. 撤掉其电话
C. 警告、罚款或者十日以下拘留　　　D. 以上选项都正确

17. 安装电源开关箱时其底部对地垂直高度是(　　)。
A. 1～1.2 m　　B. 1.3～1.5 m　　C. 1.8 m　　D. 以上选项都正确

18. 国家对放射源实行分类管理,根据对人体健康和环境的潜在危害程度,将放射源分为(　　)类。
A. Ⅰ、Ⅱ　　　　　　　　　　　　　B. Ⅰ、Ⅱ、Ⅲ、Ⅳ
C. Ⅰ、Ⅱ、Ⅲ　　　　　　　　　　　D. Ⅰ、Ⅱ、Ⅲ、Ⅳ、Ⅴ

19. 关于通风柜的使用,下列做法正确的是(　　)。
A. 在进行有毒化学品实验时,可以在通风柜外进行
B. 当通风柜开始运行时,手需通过门下方伸进柜内进行实验
C. 实验结束后应立即关闭通风柜
D. 有了通风柜,实验人员可以不穿戴防护用品

20. 放射性同位素和射线装置失控导致3人以上(含3人)急性死亡,属于(　　)。
A. 一般辐射事故　　　　　　　　　　B. 重大辐射事故
C. 较大辐射事故　　　　　　　　　　D. 特别重大辐射事故

21. 有毒化学品不包括(　　)。
A. 盐酸　　　　B. 有机溶剂　　　　C. 光气　　　　D. 酒精
E. CO

22. 人体内每天因食物摄入的放射性物质,(　　)最多。
A. K-40　　　　B. K-41　　　　C. I-131　　　　D. I-133

23. 压力容器常用的泄压装置是(　　)。
A. 安全阀和压力表　　　　　　　　　B. 安全阀和防爆片
C. 温度计和防爆片　　　　　　　　　D. 以上选项都正确

24. 若在实验中有强酸溅入口中并已下咽,先饮用大量水,再服用(　　)。
A. 氢氧化铝溶液、鸡蛋白
B. 乙酸果汁、鸡蛋白
C. 硫酸铜溶液(30 g溶于一杯水中)催吐
D. 以上选项都正确

25.《放射性同位素与射线装置安全和防护条例》《电磁辐射环境保护管理办法》《射线装置分类办法》《放射性同位素与射线装置安全和防护管理办法》等法律法规及标准,属于(　　)范畴。
A. 电离辐射管理　　　　　　　　　　B. 化学品管理
C. 生化管理　　　　　　　　　　　　D. 水电管理

26. 经呼吸道吸入的中毒,首先应该( )。

A. 清除未吸入的毒物　　　　　B. 排出已吸入的毒物

C. 立即脱离中毒现场　　　　　D. 使用特效解毒剂

E. 对症治疗

27. 用灭火器灭火时,应对准火焰的( )部位喷射灭火剂。

A. 根部　　　B. 中部　　　C. 上部　　　D. 以上选项都正确

28. 下列关于中和剂的使用的说法错误的是( )。

A. 苯胺污染皮肤时可用肥皂水冲洗

B. 酚可用10%乙醇冲洗

C. 使用中和剂可减轻化学物的毒性

D. 在冲洗前使用中和剂

E. 强碱污染皮肤可用1%醋酸中和

29. 下列气体必须在通风柜内进行操作的是( )。

A. 硫化氢　　　B. 氟化氢　　　C. 氯化氢　　　D. 以上选项都正确

30. 对α源的防护主要是( )。

A. 内照射防护　　　　　　　B. 外照射防护

C. 不用防护　　　　　　　　D. 以上选项都正确

31. 下列进入避难房间后的做法错误的是( )。

A. 关闭房门

B. 用胶带封闭所有能看得见的空调出风口

C. 打烂房间的窗户

D. 用浸湿的毛巾捂住眼鼻

E. 使用打火机引人注意

32. 下列关于漏电伤人事故中处理方法正确的是( )。

A. 直接拉开触电者

B. 若高压电线触电,需双脚跳远离

C. 对呼吸心跳停止者,需等专业救护人员到场救护

D. 先拉开触电者,再切断电源

E. 高压电线触电,选择20 m之外切断电源

33. 下列关于放射性活度衰减规律的说法正确的是( )。

A. 加压、加热可以改变指数衰减规律

B. 加电磁场可以改变指数衰减规律

C. 机械运动可以改变指数衰减规律

D. 放射性衰变是由原子核内部运动规律所决定的,外部条件不能改变其衰减规律

34. 同一建筑物内不同用途的房间应( )布置。

A. 统一　　　B. 分开　　　C. 分层　　　D. 单独

35. 被电击的人能否获救,关键在于(　　)。

A. 触电的方式

B. 能否尽快脱离电源和施行紧急救护

C. 触电电压的高低

D. 人体电阻

36. 下列粉尘可能会发生爆炸的是(　　)。

A. 生石灰　　　B. 面粉　　　C. 水泥　　　D. 钛白粉

37. 在心肺复苏(CPR)的基础生命支持阶段首选的开放气道的方法是(　　)。

A. 气管插管　　B. 口咽通气道　　C. 托下颌法　　D. 仰头举颏法

E. 球囊面罩通气

38. 下列不属于一般安全防护用品的是(　　)。

A. 安全帽　　　B. 护目镜　　　C. 防护服　　　D. 电笔

39. 发生火灾时,将湿毛巾折叠8层为宜,其烟雾浓度消除率可达(　　)。

A. 40%　　　B. 60%　　　C. 80%　　　D. 95%

40. 欲除去氯气时,下列(　　)作为吸收剂最为有效。

A. 氯化钙　　　B. 稀硫酸　　　C. 硫代硫酸钠　　　D. 氢氧化铅

二、多选题(共15题,每题2分,共30分)

1. 电流对人体会造成(　　)伤害。

A. 灼伤　　　B. 烙伤　　　C. 死亡　　　D. 肌肉抽搐

2. 下列防止交、直流电触电的基本措施有(　　)。

A. 为带电设备设置必要的防护,以防意外接触、接近

B. 对于偶然带电的设备,应采用保护接地和保护接零或安装漏电断路器等措施

C. 要对电气线路或电气设备进行检查、修理或试验时,需要使用适当的个人防护用具

D. 以上选项都不正确

3. 常见的爆炸化合物有(　　)。

A. 乙炔类化合物　　　　　　B. 叠氮化合物

C. 亚硝基化合物　　　　　　D. 过氧化物

4. 使用和保存强氧化剂时,应注意(　　)。

A. 储存温度低于30 ℃　　　　B. 通风良好

C. 禁止接触明火　　　　　　D. 不要与有机物和还原物共同存放

5. 下列关于超纯水的说法正确的是(　　)。

A. 超纯水在总有机物指标方面相同

B. 超纯水的水电阻率为 18.2 MΩ·cm

C. 超纯水在细菌、内毒素等指标方面并不相同

D. 水越纯,电阻率越大

6. 下列属于强腐蚀类的试剂有（　　）。

　A. 氯磺酸　　　　B. 乙酸钾　　　　C. 苯酚　　　　D. 甲酸

7. 电脑着火了，下列紧急处理方式错误的是（　　）。

　A. 迅速往电脑上泼水灭火

　B. 拔掉电源插头，然后用湿棉被盖住电脑

　C. 马上拨打火警

　D. 找泡沫型灭火器灭火

8. 高校实验室常见事故类型分为（　　）。

　A. 火灾性事故　　　　　　　　B. 爆炸性事故

　C. 毒害性事故　　　　　　　　D. 机械伤人事故

　E. 漏电伤人事故

9. 新购买的压力容器，其随附的出厂文件至少应有（　　）。

　A. 产品合格证　　　　　　　　B. 产品数据表

　C. 产品设计图纸　　　　　　　D. 产品安全性能监督检验证书

10. 依据现行法律法规条款，公安部门主要负责（　　）的监管。

　A. 剧毒品　　　　　　　　　　B. 特定易制爆品

　C. 易制毒品　　　　　　　　　D. 食品

11. 下列关于仪器拆装维护的说法正确的是（　　）。

　A. 仪器拆装维护时要先断电再操作

　B. 在缺乏技术指导的时候不应私自拆卸修理

　C. 在未验明电气设备是否带电时，一律认为电气设备带电，不能盲目触及

　D. 一些技术性要求较高的操作，尽量让专业人员来做

12. 对于由化学物质所造成的烧伤，下列说法不正确的是（　　）。

　A. 对于由化学物质所造成的烧伤，可使用中和剂，不必用清水冲洗创面

　B. 对于由化学物质所造成的烧伤，在用大量清水冲洗之前无论何种烧伤都不用中和剂，以免加重损伤

　C. 对于由强碱物质所造成的烧伤，在用大量清水冲洗之前可使用中和剂

　D. 对于由化学物质所造成的烧伤，在用大量清水冲洗之前无论何种烧伤都应先使用中和剂

　E. 对于由强酸物质所造成的烧伤，在用大量清水冲洗之前可使用中和剂

13. 下列属于实验动物废物处置的是（　　）。

　A. 非感染性、非致癌性动物尸体，必须用专用的黄色垃圾袋密封包装，放置指定地点冷冻储存，进行无害化处理

　B. 感染性动物尸体、垫料（排泄物），经过严格的消毒灭菌后装入专用黄色垃圾袋，放置指定地点冷冻储存，进行无害化处理

　C. 非感染性、非致癌性动物使用垫料（包括排泄物）必须装入黑色垃圾袋，存放于指定

地点,按特殊医用垃圾处理

　　D. 以上说法都正确

14. 实验室发生安全事故,常用报警电话有( )。但是,如果发生人身伤亡事故,应立即拨打120;发生重大火灾、爆炸等事故,应迅速拨打110或119。

　　A. 120　　　　B. 110　　　　C. 119　　　　D. 999

15. 闻到煤气味道时,必须做到( )。

　　A. 立即报警　　　　　　　　B. 关闭煤气开关
　　C. 打开排风扇通风　　　　　D. 打开门窗

三、判断题(共30题,每题1分,共30分)

1. 接头松动会使得接触电阻过大,从而使接头附近产生极大的热量,容易引发火灾。( )

2. 发生突发性不可抗拒的雷电、水灾、地震、房屋垮塌等自然灾害事故后,应在领导小组的指挥下,马上组织疏散、抢救现场工作人员或进行自助自救,以确保人员的人身安全,做好善后工作。( )

3. 鞋套应具备防水及防滑功能。( )

4. 感染性废物的储存地应有"生物危险"标志。( )

5. 毒物在科研生产中以气体、蒸气、烟、尘、雾等形态存在,其中气体、蒸气为分子状态,可直接进入人体肺泡。( )

6. 使用危险化学品单位应当制定本单位事故应急救援预案,配备应急救援人员和必要的应急救援器材、设备,并定期组织演练。( )

7. 辐射剂量只要控制在可接受的指导水平即可,不需要考虑是否达到最优化。( )

8. 处理辐射事故时环保部门负责辐射事故的医学应急,参与辐射事故应急工作。( )

9. 在稀释浓硫酸时,不能将水往浓硫酸里倒,而应将浓硫酸缓缓倒入水中,不断搅拌均匀。( )

10. 对有关涉密的文件和资料的制作、保管,建立病毒防护系统后可上网查询。( )

11. 洗眼器只作为事故应急使用,严禁在常规情况下使用。( )

12. 水银泄漏时的正确处理方法是:将洒落的水银集中收集到容器中,用水覆盖,密闭保存;然后在污染处撒上硫黄粉,集中收集。( )

13. 过期的、不知名的固体化学药品也要妥善保存,由学校统一处理。( )

14. 皮肤接触活泼金属(如钾、钠)时,可用大量清水冲洗。( )

15. 当进行高度危险性的操作,如清理溢出的感染性物质时,若不能安全有效地将气溶胶限定在一定的范围内,应当使用呼吸防护装备。( )

16. 涉及生物安全性的动物实验,都必须在相应级别的生物安全实验室内进行。( )

17. 正在进行实验时,可戴着防护手套接听电话。( )

18. 对于在易燃、易爆、易灼烧及有静电发生的场所作业的工人,可以发放和使用化纤防护用品。(   )

19. 为安全起见,平时应将低沸点溶剂保存于普通冰箱内以降低溶剂蒸气压。(   )

20. 因实验室特殊要求,细胞培养房内用的气体钢瓶可用小推车等形式进行固定。(   )

21. 对于特殊化学性实验废物,处理封装好容器后,每个容器(内装按规定收集的废物)都必须用铅笔写上一个"特殊化学性实验废物复核身份证明表"。(   )

22. 射线装置按照使用用途可分为医用射线装置和非医用射线装置。(   )

23. 学生在使用剧毒物品时,必须由教师或实验室工作人员在场指导。(   )

24. 产生有毒气体的实验应在通风橱内进行,通过排风设备将毒气排到室外,以免污染室内空气。(   )

25. 对涉及有特殊资格要求的岗位,必须配备符合相应上岗资质的专业技术人员。(   )

26. 按照气体的理化性质,气体一般分为易燃气体、不燃无毒气体、有毒气体三类。(   )

27. 压力表指示的压力值为相对压力。(   )

28. 不接触低压电源,不靠近高压电源。(   )

29. 实验室建筑物楼面应符合荷载要求规范。(   )

30. 感染性废物的处置,即指减少或限制其潜在致病性的过程,若焚烧不尽,可能会造成感染,因此不推荐使用。(   )

模拟试卷(Ⅱ)

(适用于化工与制药类、环境科学与工程类专业)

(共计 100 分,时间 60 分钟)

一、单选题(共 40 题,每题 1 分,共 40 分)

1. 户外灯具一般应选用( )型灯具。
　A. 普通　　　　B. 防水　　　　C. 防爆　　　　D. 防冻

2. 对高压容器、大型容器及安全泄放量较大的中低压容器安全阀,最好选用( )。
　A. 先导式安全阀　　　　　　B. 全启式安全阀
　C. 微启式安全阀　　　　　　D. 以上选项都正确

3. 连二亚硫酸钠,俗称保险粉,接触少量水或潮湿空气能发热、引起冒烟燃烧甚至爆炸,下列做法可行的是( )
　A. 阴雨天运输或转仓　　　　B. 与氧化剂混放
　C. 与酸混放　　　　　　　　D. 存放于干燥清洁的仓库里

4. 窒息性气体虽然不燃无毒,但当其在空气中浓度过大时,使空气中的氧分压降低,可发生窒息危害。下列属于窒息性气体的有( )。
　A. 一氧化碳　　B. 二氧化硫　　C. 氮气　　　　D. 氯气

5. 危险化学品的毒害包括( )。
　A. 皮肤腐蚀性、刺激性、眼损伤、刺激
　B. 急性中毒致死,器官或呼吸系统损伤,生殖细胞突变性,致癌性
　C. 水环境危害性,放射性危害
　D. 以上都是

6. 特种设备出现故障或者发生异常情况时,特种设备使用单位应当( )。
　A. 停止使用设备,并对其进行全面检查,消除安全隐患,方可继续使用
　B. 停止设备,重新启动
　C. 继续使用,注意观察
　D. 无视,继续使用

7. 下列有关漏电保护器的使用的说法正确的是( )。
　A. 漏电保护器既可用来保护人身安全,还可用来对低压系统或设备的对地绝缘状况起到监督作用
　B. 漏电保护器安装点以后的线路不可对地绝缘
　C. 漏电保护器在日常使用中不可在通电状态下按动实验按钮来检验其是否可靠

D. 漏电保护器对两相触电起保护作用

8. 化学实验中,若有毒气体不仅对呼吸道有伤害,而且对人的皮肤和眼睛有刺激和腐蚀作用,应该选择(　　)。

A. 普通活性炭口罩　　　　　　B. 半面罩式防毒口罩

C. 全面罩式防毒面具　　　　　　D. 棉布口罩

9. 一般居民住宅、办公场所,若以防止触电为主要目的时,应选用漏电动作电流为(　　)的漏电保护开关。

A. 6 mA　　　　B. 15 mA　　　　C. 30 mA　　　　D. 50 mA

10. 对常用的易制毒的试剂,应(　　)。

A. 放在试剂架上

B. 放在抽屉里,并由专人管理

C. 锁在实验室的试剂柜中,并由专人管理

D. 以上选项都正确

11. 危险化学品包括(　　)。

A. 爆炸品、易燃气体、易燃喷雾剂、氧化性气体、加压气体

B. 易燃液体、易燃固体、自反应物质、可自燃液体、自燃自热物质、遇水放出易燃气体的物质

C. 氧化性液体、氧化性固体、有机过氧化物、腐蚀性物质

D. 以上选项都正确

12. 进行高电压实验时,实验人员必须(　　)人以上。

A. 1　　　　　B. 2　　　　　C. 3　　　　　D. 4

13. 漏电保护器对(　　)情况不起作用。

A. 单手碰到带电体

B. 人体碰到带电设备

C. 双手碰到两相电线(此时人体作为负载,已触电)

D. 人体碰到漏电机壳

14. 防辐射的护目镜的用途是(　　)。

A. 主要用于防御金属或砂石碎屑等对眼睛的机械损伤

B. 防御有刺激或腐蚀性的溶液对眼睛的化学损伤

C. 用于防御过强的紫外线等辐射线对眼睛的危害

D. 防近视

15. 下面(　　)溶剂不属易燃类液体。

A. 甲醇、乙醇　　　　　　　　　B. 四氯化碳、乙酸

C. 乙酸丁酯、石油醚　　　　　　D. 丙酮、甲苯

16. 下列(　　)不是绝缘材料。

A. 铁丝　　　　B. 棉布　　　　C. 木材　　　　D. 矿物油

17. (　　)的废物具有腐蚀性。

A. pH 值大于 12.5　　　　　　　　B. pH 值大于 11.5

C. pH 值小于 2.5　　　　　　　　　D. pH 值小于 3.5

18. 下列关于处置实验过程中产生的剧毒药品废液的说法错误的是(　　)。

A. 妥善保管　　　　　　　　　　　B. 不得随意丢弃、掩埋

C. 集中保存,统一处理　　　　　　D. 稀释后用大量清水冲净

19. 当遇到火灾时,要迅速向(　　)逃生。

A. 着火相反的方向　　　　　　　　B. 人员多的方向

C. 安全出口的方向　　　　　　　　D. 以上选项都正确

20. 防止人体触电最根本的措施是(　　)。

A. 对电气工作人员或用电人员进行安全教育和管理

B. 在容易触电的场合使用安全电压

C. 对电气设备进行安全接地

D. 绝缘盒保护措施

21. 下列关于眼睛接触毒物后的做法错误的是(　　)。

A. 及时充分地冲洗　　　　　　　　B. 用大量流动水冲洗

C. 有条件者可使用洗眼器　　　　　D. 冲洗时间为 0.5～1 h

E. 没有冲洗条件的可用一盆清水冲洗眼部

22. 火场逃生的原则是(　　)

A. 抢救国家财产为上　　　　　　　B. 先带上日常生活必需品及钱财要紧

C. 安全撤离、救助结合　　　　　　D. 逃命要紧

23. 学校教学楼应配备的灭火器是(　　)

A. ABC 干粉灭火器　　　　　　　　B. BC 干粉灭火器

C. 泡沫灭火器　　　　　　　　　　D. 以上选项都正确

24. 使用手持电动工具时,下列措施不正确的是(　　)。

A. 使用静电防护毯　　　　　　　　B. 戴防护手套

C. 使用漏电保护器　　　　　　　　D. 穿绝缘鞋

25. 1931 年,日本富山县出现一种"痛痛病",经分析,是由于当地水源被(　　)污染。

A. Cd　　　　　B. F　　　　　C. Al　　　　　D. Bi

26. 下列说法正确的是(　　)。

A. 家庭电路中的熔丝熔断,一定是发生了短路

B. 有金属外壳的家用电器,一定要插在三孔插座上

C. 家用电能表上的示数表示家庭用电的总功率

D. 电风扇工作时,消耗的电能全部转化为机械能

27. 氯气急性中毒可引起严重并发症,如气胸、纵隔气肿等,不会引起(　　)症状。

A. 中、重度昏迷 B. 支气管哮喘

C. 慢性支气管炎 D. 严重窒息

28. 乙炔瓶的储藏仓库,应该避免阳光直射,与明火距离不得小于(　　)。

A. 5 m B. 10 m C. 15 m D. 以上选项都正确

29. 下列不属于实验室护目镜的是(　　)。

A. 防固体碎屑的护目镜 B. 防近视的护目镜

C. 防化学溶液的护目镜 D. 防辐射的护目镜

30. 白磷的自燃点为 30 ℃,下列说法正确的是(　　)。

A. 不到 30 ℃不必放在水中 B. 任何时候都必须放在水中

C. 放在冰箱中,可不必放在水中 D. 以上选项都正确

31. 加热和蒸馏有易燃试剂的实验时,不能用(　　)。

A. 水浴锅 B. 明火 C. 通风柜 D. 以上选项都正确

32. 有毒化学品可以通过皮肤、消化道及呼吸系统三种主要途径对人体健康产生危害,下列防护措施不正确的是(　　)。

A. 实验过程中使用三氯甲烷时应戴防尘口罩

B. 实验过程中移取强酸、强碱溶液应戴防酸碱手套

C. 实验场所严禁携带食物;禁止用饮料瓶装化学药品,防止误食

D. 称取粉末状的药品时,要戴过滤式防尘口罩防止吸入

33. 下列(　　)不属于死亡的特征。

A. 呼之不应 B. 呼吸停止 C. 心跳停止 D. 双侧瞳孔散大固定

34. 下列说法正确的是(　　)

A. 对于由化学物质所造成的烧伤,应首先脱去被浸渍的衣物,迅速用冷水冲洗,冲洗时间一般在 10 min 以上

B. 对于由化学物质所造成的烧伤,应首先脱去被浸渍的衣物,迅速用冷水冲洗,冲洗时间一般在 30 min 以上

C. 对于由化学物质所造成的烧伤,应首先脱去被浸渍的衣物,迅速用温水冲洗,冲洗时间一般在 30 min 以上

D. 对于由化学物质所造成的烧伤,应首先脱去被浸渍的衣物,迅速用温水冲洗,冲洗时间一般在 10 min 以上

E. 对于由化学物质所造成的烧伤,应迅速用冷水冲洗,然后脱去被浸渍的衣物,冲洗时间一般在 30 min 以上

35. 在使用可燃气体时,下列安全注意事项错误的是(　　)。

A. 在使用可燃性气体时,气体管路中一定要有防止回火的装置

B. 一旦气瓶漏气,除非有丰富的维修经验,能确保人身安全,否则不能擅自检修,可采取一些基本措施,首先应关闭阀门,然后打开窗户或防爆排风装置通风,并迅速请有经验的

专业人员处置

C. 如易燃气瓶漏气,请注意附近不要有明火,不要开灯和电器等,以防产生火花。如有可能,将气瓶转移到室外阴凉、安全地带

D. 可燃气瓶可以用惰性气瓶改装而成

36. 如果工作场所潮湿,为避免触电,使用手持电动工具的人应(   )。

A. 站在铁板上操作   B. 站在绝缘胶板上操作

C. 穿防静电鞋操作   D. 戴上安全帽

37. 下列危险废物的处理方法错误的是(   )。

A. 应弃置于专门设计的、专用的和有标识的用于处置危险废物的容器内

B. 可积存垃圾和实验室废物

C. 装量不能超过建议的装载容量

D. 应由经过培训的人员处理危险废物,并应穿戴适当的个人防护装备

38. 有几位同学讨论关于安全用电的问题时,发表了几种见解,下列见解不正确的是(   )。

A. 经验证明,不高于 36 V 的电压才是安全电压

B. 下雨天,不能用手触摸电线杆的拉线

C. 日常生活中,不要靠近高压输电线路

D. 空气潮湿时,换灯泡时不用切断电源

39. 容器中的溶剂或易燃化学品发生燃烧,应(   )。

A. 用灭火器灭火或加沙子灭火   B. 加水灭火

C. 用不易燃的瓷砖、玻璃片盖住瓶口   D. 用湿抹布盖住瓶口

40. 要简单辨认有味的化学药品,方法为(   )。

A. 用鼻子对着瓶口去辨认气味

B. 用舌头品尝试剂

C. 将瓶口远离鼻子,用手在瓶口上方扇动,稍闻其味即可

D. 以上选项都正确

二、多选题(共 15 题,每题 2 分,共 30 分)

1. 一般实验活动涉及的特殊化学性实验废物包括(   )。

A. 通过兼容性(或可混性)测试的废物

B. 反应活性较高的化学品

C. 遇水反应的化学品

D. 废弃的化学品

2. 下列关于呼吸防护装备的描述正确的是( )。

A. 防御空气缺氧

B. 防御金属或砂石碎屑等对眼睛的机械损伤

C. 防止空气污染物进入人体呼吸道

D. 是保护呼吸系统免受伤害的防护装备

3. 金属钠着火可采用的灭火方式有( )。

A. 干砂　　　B. 水　　　C. 干粉灭火器　　　D. 泡沫灭火器

4. 携带( )类常见物质不可以靠近核磁设备。

A. 手机　　　B. 硬币　　　C. 金银首饰　　　D. 手表

5. 2007年,ICRP第103号出版物《国际放射防护委员会2007年建议书》把所有照射区分为( )、( )和( )三类。

A. 计划照射　　　B. 干预照射　　　C. 应急照射　　　D. 既存照射

6. 发生电器火灾时可以使用的灭火设备包括( )。

A. 干粉灭火器　　　　　　　B. 泡沫灭火器

C. 二氧化碳灭火器　　　　　D. 灭火水龙

7. 内照射防护的一般措施有( )。

A. 包容　　　B. 隔离　　　C. 净化　　　D. 稀释

8. 在外伤现场进行有效止血后,需要对伤口进行包扎。包扎具有( )的特点。

A. 应用范围广

B. 保护创面、固定敷料、防止污染

C. 止血、止痛

D. 有利于伤口早期愈合

9. 放射性同位素防护的方法有( )。

A. 时间防护　　　B. 距离防护　　　C. 屏蔽防护　　　D. 稀释

10. 为了防止发生爆炸,我们可以采取的措施有( )

A. 把浓度控制在爆炸极限的下限以下

B. 把浓度控制在爆炸极限的上限以上

C. 打开门窗,增强通风

D. 严禁使用明火

11. 下列处置实验服的方法正确的是( )。

A. 实验室人员离开实验室时,必须脱下实验服并将之留在实验室内

B. 实验室人员可穿着实验服外出

C. 用过的实验服应先在实验室中消毒,然后统一洗涤或丢弃

D. 实验室人员不能携带实验服回家

12. 下面( )试剂易侵蚀玻璃而影响纯度,应保存在塑料瓶中。
   A. 浓硫酸   B. 氢氟酸   C. 氟化物   D. 王水
   E. 苛性碱

13. 高校实验室安全应急预案事关人身财产安全,其坚持的基本原则是( )。
   A. 先救人,后救物   B. 先救治,后处理
   C. 先制止,后教育   D. 先处理,后报告

14. 下列电器起火紧急处理方式错误的是( )。
   A. 立即拨打电话报警   B. 应用灭火器灭火
   C. 赶紧远离电器   D. 切断电源

15. 关于立式洗眼器,下列说法错误的是( )。
   A. 只有洗眼系统,没有喷淋系统
   B. 既有洗眼系统,又有喷淋系统
   C. 洗眼系统和喷淋系统都无
   D. 只有喷淋系统,没有洗眼系统

三、判断题(共 30 题,每题 1 分,共 30 分)

1. 对于实验室内溅落的汞物体,应尽量捡拾起来放好,然后撒上硫黄、多硫化钙等,使汞生成不挥发的难溶盐。( )

2. 电源插座、接线板、电线的容量应满足电器功率的需要。( )

3. 电器着火时,应先切断电源再救火。( )

4. 二氧化碳灭火器不可以在窄小的空间内使用。( )

5. 室温较高时,开启易挥发溶剂瓶盖时,应先将试剂瓶在冷水中浸泡一段时间。( )

6. 若用旧试剂瓶收集液体废弃物,只需要将旧试剂瓶中的液体倒掉。( )

7. 在实验室内一切有可能产生毒性蒸气的工作必须在通风橱中进行,并有良好的排风设备。( )

8. 实验大楼因出现火情发生浓烟时应迅速离开,当浓烟已穿入实验室内时,要沿地面匍匐前进,因地面层新鲜空气较多,不易中毒而窒息,有利于逃生。当逃到门口时,千万不要站立开门,以避免被大量浓烟熏倒。( )

9. 同样电压的直流电的危害比交流电的危害大。( )

10. 实施急救的顺序:若有呼吸、心跳停止的,先行复苏,然后止血、包扎、骨折固定或脱臼复位(固定)、搬运。( )

11. 电磁式电流互感器在使用中副边不许开路,电压互感器在使用中副边不许短路。( )

12. 冷凝冷却系统上连接用的橡胶管必须定期检查更换,避免管子老化而引起漏水事故的发生。( )

13. 自燃物质是指化学性质活泼、自燃点低、空气中易发生氧化反应的物质,这类物质

燃烧也需要外界火源。(　　)

14．放射性同位素应单独存放,不得与易燃、易爆、腐蚀性物品等一起存放,并采取有效的防火、防盗、防射线泄漏的安全措施,指定专人负责保管。(　　)

15．苯、三硝基甲苯、二硫化碳、丙烯腈、四氯化碳、甲醛、苯胺、氯丙烯、溴甲烷、环氧氯丙烷、光气、一氧化碳等具有高毒性。(　　)

16．当被烧伤时,应该以最快的速度用冷水冲洗烧伤部位。(　　)

17．特殊情况下无辐射安全许可证,可订购放射性核素及其标记化合物。(　　)

18．使用危险化学品的地方应备有相应的防护用品和急救器材,人员须具备消防、急救知识,并有定期检查和培训制度。(　　)

19．实验室内可以使用明火电炉烧开水,运转的仪器设备可以处于无人看管状态。(　　)

20．化学试剂空瓶不可与生活垃圾桶一起堆放,也应同化学废液一起交专业部门统一处理。(　　)

21．低温液体不存在爆炸危险。(　　)

22．可互相发生作用的药品不能混放,必须隔离存放。易燃物、易爆物及强氧化剂只能少量存放。(　　)

23．当水银仪器破损时,应尽量将洒落的水银收集起来,并在残迹处洒上硫黄粉。(　　)

24．在实验室的工作人员应该一直或者持续穿着防护服。(　　)

25．有关单位必须对临床实验室可能产生的感染性废物加以确定,并采取安全、有效、经济的隔离和处理方法。必须由专业人员严格区分感染性和非感染性废物,一旦分开后,对感染性废物必须加以隔离。(　　)

26．存放强氧化剂时环境温度不宜过高,应通风良好,并不要与有机物或还原性物质共同存放。(　　)

27．普通的视力校正眼镜能起到可靠的防护作用,实验过程中不要另戴护目镜。(　　)

28．如溴滴落到皮肤上,应立即用水冲洗,再用1体积25%的氨水、1体积松节油和10体积(75%)酒精混合液涂敷;也可先用苯甘油除去溴,然后用水冲洗。(　　)

29．在装置汞的仪器下面应放一搪瓷盘,以免不慎将汞洒在地上。(　　)

30．火灾发生后,千万不要盲目跳楼,可利用疏散楼梯、阳台、窗口等逃生自救。也可用绳子或把床单、被套等撕成条状连成绳索,紧拴在窗框、铁栏杆等可靠的固定物上,用毛巾、布条等保护手心,顺绳滑下,或下到未着火的楼层进行逃生。(　　)

模拟试卷(Ⅲ)

(适用于其他工学类专业)

(共计 100 分,时间 60 分钟)

一、单选题(共 40 题,每题 1 分,共 40 分)

1. 施工现场照明设施的接电,应采取的有效防触电措施为(　　)。

A. 戴绝缘手套　　　　　　　　B. 切断电源

C. 站在绝缘板上　　　　　　　D. 穿防护套

2. 下列说法正确的是(　　)。

A. 被化学品灼伤时,应在现场迅速脱去衣服,立即用大量流动清水长时间冲洗创伤部位

B. 被化学品灼伤时,应立即远离现场,不必脱去衣服,立即用大量流动清水长时间冲洗创伤部位

C. 被化学品灼伤时,应立即远离现场,迅速脱去衣服,立即用大量清水长时间浸泡创伤部位

D. 被化学品灼伤时,应立即远离现场,迅速脱去衣服,立即用大量流动清水短暂冲洗创伤部位后送医

E. 被化学品灼伤时,应立即远离现场,迅速脱去衣服,立即用大量流动清水长时间冲洗创伤部位

3. 领取及存放化学药品时,下列说法错误的是(　　)。

A. 确认容器上标识的中文名称是否为需要的实验用药品

B. 学习并清楚化学药品危害标识和图样

C. 化学药品应分类存放

D. 有机溶剂,固体化学药品,酸、碱化合物可以存放于同一药品柜中

4. 在使用数控铣床铣削加工时,正确的操作顺序是(　　)。

A. 传输程序—自动加工

B. 传输程序—安装工件—高速空运行—自动加工

C. 传输程序—将刀具远离工件—自动加工

D. 传输程序—将刀具远离工件—空运行—自动加工

5. 在运输气瓶的过程中,下列操作不正确的是(　　)。

A. 装运气瓶中,横向放置时,头部朝向一方

B. 车上备有灭火器材

C. 同车装载不同性质的气瓶,并尽量多装

D. 以上选项都正确

6. 辐射致癌属于( )效应。

　　A. 急性　　　　B. 遗传　　　　C. 随机性　　　　D. 确定性

7. 使用行车时,应注意( )。

　　A. 学生可自行操作　　　　　　B. 学生可在老师指导下操作

　　C. 持专业上岗证才能操作　　　D. 有机动车驾驶执照可操作

8. 操作折弯机进行板料折弯操作时,应正确选择折弯压力,偏载时压力应小于最大压力的( )。

　　A. 1/3　　　　B. 1/4　　　　C. 1/2　　　　D. 2/3

9. 下列最危险的触电电流途径是( )。

　　A. 左手至胸部　　B. 左手至脚　　C. 左手至右手　　D. 右手至脚

10. 热处理实验采用的淬火介质,如水、矿物油、其他混合介质等,使用后如直接排入下水道会造成( )的污染。

　　A. 空气质量　　B. 水环境　　C. 人身　　D. 以上选项都正确

11. 购买和使用放射源、非密封放射性物质及射线装置,应提前向( )部门提出申请。

　　A. 安全委员会　　　　　　B. 技术安全办公室

　　C. 辐射防护办公室　　　　D. 保卫处

12. 压力容器的压力表的检验周期是( )。

　　A. 每半年检验一次　　　　B. 每年检验一次

　　C. 每两年检验一次　　　　D. 以上选项都正确

13. 当不慎把少量浓硫酸滴在皮肤上(在皮肤上没形成挂液)时,正确的处理方法是( )。

　　A. 用酒精棉球擦　　　　　　B. 不做处理,马上去医院

　　C. 用碱液中和后,用水冲洗　　D. 用水直接冲洗

14. 某高校进行实验室搬迁,雇了一些工人来负责搬运清理,其中有位工人发现某仓库有十几只篮球般大小的铅罐,觉得好玩,就打开了一只,看看只有几颗小金属粒就准备重新盖好,这时正好有知情的老师过来,告诉他这是放射性物质专门储藏罐,并告知这位工人他已受到了辐射,需马上送医院检查。所幸的是该放射性物质的强度一般,而且接触时间短,送医又及时,这位工人住院半个月,身体就慢慢恢复了健康。下列说法错误的是( )。

　　A. 该实验室的管理虽已采取了一定的措施,但仍不规范,台账不是很清楚,搬运时又没有专门人员负责,这是管理上的问题

　　B. 从工人的角度来说,缺乏基础知识,好奇心强,盲目操作,终于造成伤害

　　C. 对于放射性物质的采购、保管、使用和废弃都必须严格按照规定执行,杜绝随意、不负责任的行为,保障人身安全

D. 该实验室主要负责人在搬迁前没有对工人进行简要说明,防护安全管理工作失责,按照有关条例,此次事故属于一般辐射事故,要对有关人员追究刑事责任

15. 下列不属于化学性实验废物收集原则的是( )。

A. 分类收集,妥善存放

B. 在实际工作中,应选择简单的方法检测,以节约时间

C. 废物排放应符合国家有关环境排放标准

D. 定期交由专业机构分别集中处理(无害化或回收有价物质)

16. 在一般情况下,人体电阻可以按( )考虑。

A. $50\sim100\Omega$ B. $800\sim1\,000\Omega$

C. $100\sim500\Omega$ D. $1M\sim5M\Omega$

17. 放射性核素的半衰期$\left(\dfrac{T}{2}\right)$的定义是( )。

A. 放射性核素的原子核数目衰变一半时的概率

B. 放射性核素衰减时间为其寿命一半时的原子核数目

C. 放射性核素的原子核数目衰变一半所需要的时间

D. 以上选项都不对

18. 火灾中对人员威胁最大的是( )。

A. 火   B. 烟气   C. 可燃物   D. 以上选项都正确

19. 触电急救时,口对口吹气的人工呼吸法效果较好,对吹气次数的要求是:对儿童每分钟吹气$18\sim24$次,对成年人每分钟吹气( )次。

A. $12\sim14$ B. $14\sim16$ C. $18\sim20$ D. $20\sim22$

20. 苯属于( )物质。

A. 剧毒   B. 高毒   C. 低毒   D. 微毒

21. 下列有关实验操作的说法正确的是( )。

A. 可以对容量瓶、量筒等容器加热

B. 在通风柜内操作时,可将头伸入通风柜内观察

C. 在脱下非一次性防护手套前,必须将之冲洗干净,而对一次性手套,必须从后向前把里面翻出来脱下后再扔掉

D. 可以抓住塑料瓶子或玻璃瓶子的盖子搬运瓶子

22. 下列不属于碱性腐蚀品的是( )。

A. 氢氧化钠   B. 氢氧化钾   C. 氨水   D. 甲醛溶液

23. 最常用的洗消方法是( )。

A. 拍打法   B. 隔离法   C. 冲洗法   D. 吸附法

E. 化学法

24. 工作地点相对湿度大于75%时,则此工作环境属于( )易触电的环境。

A. 危险   B. 特别危险   C. 一般   D. 以上选项都正确

25. 对铸件进行落砂清理时,应注意( )。
   A. 直接伸手测试铸件温度　　　　　　B. 直接伸手测试型砂温度
   C. 戴好防护手套再进行落砂清理　　　D. 以上选项都正确

26. 下列关于皮肤接触毒物后彻底清洗皮肤的方法错误的是( )。
   A. 用大量的流动清水彻底冲洗
   B. 可用热水冲洗
   C. 冲洗时间为 30 min 左右
   D. 对一些强刺激物,可酌情延长冲洗时间
   E. 冲洗时应注意不要遗漏指(趾)甲及皮肤皱褶处

27. 静电电压最高可达( ),放电时易产生静电火花,引起火灾。
   A. 50 V　　　　　B. 上万伏　　　　　C. 220 V　　　　　D. 380 V

28. 在冲压过程中装卸工件时,应注意( )。
   A. 脚应随即离开脚踏开关
   B. 脚应一直放在脚踏开关上
   C. 脚应时而踩在脚踏开关上,时而离开脚踏开关
   D. 以上选项都正确

29. 下列符合急救与防护"四先四后"原则的是( )。
   A. 先抢后救　　　B. 先轻后重　　　C. 先缓后急　　　D. 先病后伤

30. 液化石油气钢瓶属于( )。
   A. 高压气瓶　　　B. 中压气瓶　　　C. 中低压气瓶　　　D. 低压气瓶

31. 实验室内的明、暗插座距地面的高度一般不低于( )。
   A. 0.3 m　　　　B. 0.2 m　　　　C. 0.1 m　　　　D. 0.4 m

32. 盛装废物的容器放置条件不包括( )。
   A. 潮湿　　　　　B. 避光　　　　　C. 低温　　　　　D. 通风

33. 下列( )疾病不是油漆工因为接触油漆涂料引起的。
   A. 呼吸道损坏　　　　　　　　　　B. 视网膜损坏
   C. 接触性皮炎　　　　　　　　　　D. 过敏性鼻炎

34. 热量积聚与( )无关。
   A. 可燃物的导热率　　　　　　　　B. 堆积状态
   C. 空气的流通　　　　　　　　　　D. 温度

35. 废机油处理的规定是( )。
   A. 若量不大,可以倒在土地上自然渗掉
   B. 集中一定量后卖给小贩
   C. 集中一定量后交设备处
   D. 统一由专人负责烧掉

36. 安全用接地线应采用( )。

　　A. 红线　　　　B. 蓝线　　　　C. 黄绿线　　　　D. 黑线

37. 易燃固体是指燃点较低,在摩擦、遇热、撞击或与某些物品接触后,会引起强烈燃烧的固体,下列不属于易燃固体的是( )。

　　A. 红磷　　　　B. 硫黄　　　　C. 铅　　　　D. 萘

38. 使用离心机时( )的操作是错误的。

　　A. 离心机必须盖紧盖子　　　　B. 不需要考虑离心管的对角平衡

　　C. 液体不能超过离心管的 2/3　　　　D. 每次使用后要清洁离心机腔

39. 在化学实验中,如用到真空系统,下列安全注意事项错误的是( )。

　　A. 如使用玻璃控件系统,在开启或关闭活塞时,应当双手操作,一手握活塞套,一手缓慢地旋转内塞,防止玻璃系统各部分产生力矩,甚至折裂

　　B. 玻璃容器要选择厚度合适的器皿,可以是球体形状或锥形平底形状

　　C. 玻璃系统要固定牢靠,防止震动、碰撞

　　D. 如需加热玻璃真空系统,一定要等到内部压力平衡稳定后再进行

40. 数控电火花线切割机床在正常加工时钼丝突然折断,应采取( )处理措施。

　　A. 关闭机床总电源　　　　B. 关闭运丝电源

　　C. 关闭实验室总电源　　　　D. 以上选项都正确

二、多选题(共15题,每题2分,共30分)

1 当车床启动后,主轴不旋转,其原因可能是( )。

　　A. 车床电源开关未合上　　　　B. 主轴变速手柄未扳到位

　　C. 车床离合手柄位置不对　　　　D. 开合螺母手柄处于中间位置

2. 风险分析又可依次细分为( )步骤。

　　A. 机械限制的确定　　　　B. 危险识别

　　C. 风险评价　　　　D. 风险评估

3. 判断患者是否发生心脏骤停,下列( )是要看的内容。

　　A. 眼睛　　　　B. 面色　　　　C. 口鼻　　　　D. 颈部

　　E. 胸部

4. 发生电击伤的原因是( )。

　　A. 违章操作　　　　B. 电器年久失修

　　C. 大树下避雨遭雷击　　　　D. 直接触拉触电者

　　E. 意外情况

5. 对锐利物进行管理,应( )。

　　A. 无传染疾病的可能性

　　B. 防止穿刺或划伤

　　C. 确保锐利物被彻底破坏

　　D. 放置在容器内,不必与其他废物分别存放

6. 生活中也需要安全用电,下列说法正确的是( )。

A. 可以在高压线下放风筝

B. 家庭电路中的保险丝越粗越好

C. 给电冰箱供电要使用三孔插座

D. 家庭电路、动力电路一旦触电,就可能有危险

7. 存储化学品时应注意的事项有( )。

A. 化学危险物品应当分类、分项存放,相互之间保持安全距离

B. 对遇火、遇潮容易燃烧、爆炸或产生有毒气体的化学危险品,不得在露天、潮湿、漏雨或低洼容易积水的地点存放

C. 受阳光照射易燃烧、易爆炸或产生有毒气体的化学危险品和桶装、罐装等易燃液体、气体,应当在阴凉通风地点存放

D. 化学性质防护和灭火方法相互抵触的化学危险品,不得在同一仓库或同一储存室存放

8. 焊接电弧所产生的弧光辐射可造成( )。

A. 对人体眼睛的伤害　　　　B. 对人体皮肤的灼伤

C. 场地火灾事故　　　　　　D. 急性电光性眼炎

9. 为保证实验室使用的各种气体钢瓶的安全,下列做法正确的是( )。

A. 加保险阀并用绳索相对稳定　　B. 远离火源、电和其他热源

C. 放置在阴凉或空气流通的地方　　D. 紧靠设备放置

10. 实验室安全教育的目的是( )。

A. 提高实验室人员的安全意识,充分认识实验室安全的重要性

B. 使实验室人员掌握基本的安全知识,从而能安全、有效地进行工作

C. 为了安全评比取得好成绩

D. 以上选项都正确

11. 物质燃烧必须同时具备的条件是( )。

A. 着火源　　　B. 助燃物　　　C. 温度　　　D. 可燃物

12. 当触电者脱离电源以后,如果触电者神志不清、呼吸困难或停止,下列处理错误的是( )。

A. 摇晃身体、掐人中

B. 用水泼

C. 立即将其移到附近空气清新的地方,及时进行人工呼吸,并请医务人员前来抢救

D. 打强心针

13. 存放易燃化学品时应注意( )。

A. 单独存放于阴凉通风处

B. 单独存放于干燥密封处

C. 如必须存放于冰箱中,一定要使用防爆冰箱

D. 注意远离热源

14. 辐射工作场所的分区包括有（　　）。
A. 监督区　　　　B. 控制区　　　　C. 工作区　　　　D. 非工作区

15. 下列（　　）物质会灼伤皮肤。
A. 液氮　　　　B. 稀草酸　　　　C. 强碱　　　　D. 强氧化剂
E. 溴　　　　F. KBr、NaBr 溶液　　G. 冰醋酸

三、判断题（共 30 题，每题 1 分，共 30 分）

1. 清洗和消毒防护服时可与其他衣物一起进行。（　　）

2. 激光加工机床工作时，操作者必须佩戴防护眼镜。（　　）

3. 使用钻床钻孔时，身体与钻床主轴可以靠近些，这样工作起来比较方便。（　　）

4. 在通风柜前面，应设有不滑动的玻璃视窗，将通风柜内外进行分隔。（　　）

5. 安全隐患不会引发安全事故。（　　）

6. 在使用高压灭菌锅、烤箱等高压加热设备时，必须有人值守。（　　）

7. 在液压压力机的合模区域安装安全光幕来保证工作时的安全，安装光幕时需要计算安全距离。（　　）

8. 当发生强碱溅洒事故时，应用固体硼酸粉撒盖溅洒区，扫净并报告有关工作人员。（　　）

9. 保险丝和自动开关可以有效地防止电气火灾。（　　）

10. 当某些用石蜡封住瓶塞的装有挥发性物质或易受热分解放出气体的药品瓶子打不开时，可将瓶子放在火上烘烤。（　　）

11. 禁止油脂物质与易燃或助燃气体相接触，这是预防爆炸事故的重要安全措施。（　　）

12. 数控电火花线切割机床在加工工件时，操作者可以用手触摸钼丝。（　　）

13. 在实验室同时使用多种电气设备时，应计算所有用电的总容量，它应小于实验室的设计容量。（　　）

14. 在化学实验中，不要闻未知毒性的试剂。（　　）

15. 通常有害药品经呼吸器官、消化器官或皮肤吸入体内，引起中毒。因此，我们切忌口尝、鼻嗅及用手触摸药品。（　　）

16. 实验室内电源根据需要可自行拆装、改线。（　　）

17. 化学危险物品应当分类、分项存放，还原性试剂与氧化剂、酸与碱类腐蚀剂等不得混放，相互之间保持安全距离。（　　）

18. 计算机使用完毕后，应将显示器的电源关闭，以避免电源接通，产生瞬间的冲击电流。（　　）

19. 进行有机合成实验时，加热或放热反应不能在密闭的容器中进行。（　　）

20. 丙酮的爆炸极限是 3%~11%。（　　）

21. 外照射的主要防护方式是：时间防护、距离防护和屏蔽防护措施。（　　）

22. 不准随意乱动铸造车间的设备，对设备确实感兴趣的，必须首先告知师傅，经师傅

批准后在师傅指导下,方可启动。(   )

23. 在铸造实习时,操作者进行舂实砂型过程中,手要离开砂箱,避免砸手。(   )

24. 不能在纸上称量过氧化钠。(   )

25. 使用易燃易爆气体时,工作人员应穿防静电服和绝缘鞋。气瓶存放场地应远离或隔离工作人群,并且通风情况良好。(   )

26. 在使用电动机的过程中,如发现有不正常声响,局部温升或嗅到绝缘漆过热产生的焦味,电机倒转,应立即切断电源,并报告教师进行检查。(   )

27. 万一发生化学品泄漏事故,逃生时可用防毒面具、防毒口罩和捂湿毛巾等方法防止其对呼吸道造成的伤害。(   )

28. 一定强度的电场、磁场、电磁场都可能对人有损害。(   )

29. 电火花成型机床开机后可以用手同时分别触摸正负电极。(   )

30. 在学校的实验室、办公室及学生宿舍内禁止为电瓶车电瓶充电。(   )

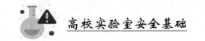

模拟试卷（Ⅳ）

（适用于其他工学类专业）

（共计100分，时间60分钟）

一、单选题（共40题，每题1分，共40分）

1. 大量试剂应放在（　　）。

A. 试剂架上　　　　　　　　B. 实验室内试剂柜中

C. 实验台下柜中　　　　　　D. 试剂库内

2. 实验室仪器设备或线路发生故障着火时，应立即（　　），并组织人员用灭火器进行灭火。

A. 将贵重仪器设备迅速转移　B. 切断现场电源

C. 将人员疏散　　　　　　　D. 以上选项都正确

3. 目前实验动物中，比较严重的人畜共患病是（　　）。

A. 兔瘟病　　B. 犬瘟热　　C. 出血热病　　D. 猴B病毒病

4. 在进行分子生物学实验时，也要注意安全防控，下列说法错误的是（　　）。

A. 实验前应做好试剂的配制、用品的灭菌等准备工作。配制各种试剂，可以使用自来水

B. 使用后的器皿必须认真清洗干净，洗完后还要用重蒸水冲洗三次

C. 凡是可以进行灭菌的试剂与用具都必须要经过高压蒸汽灭菌后进行使用，防止其他杂质或酶对DNA、RNA或蛋白质的降解

D. 凡操作所用的一切塑料器具在使用前都应装入盒子和瓶子中灭菌，且装盒或装瓶过程中都应采用镊子，或戴上一次性手套进行操作，不能直接用手去拿，严防手上杂酶污染

5. 实验室的过道，一般情况下需安装（　　）。

A. 大开窗　　B. 应急灯设备　　C. 排风窗　　D. 通风窗

6. 机械设备应考虑其"寿命"的各阶段：设计、制造、安装、调整、使用（设定、示教、编程或过程转换、运转、清理）、查找故障和维修、拆卸及处理。在机器产品寿命周期的各环节中，决定机器产品安全性的最关键环节是（　　）。

A. 设计　　　B. 制造　　　C. 使用　　　D. 维修

7. 使用电烙铁时应注意（　　）。

A. 不能乱甩焊锡

B. 及时放回烙铁架，用完及时切断电源

C. 周围不得放置易燃物品

D. 以上选项都正确

8. 充装惰性气体钢瓶的检验周期是( )。

A. 三个月 B. 一年 C. 两年 D. 五年

9. 易燃固体不得与酸类、( )等物质同库储存,使用中应轻拿轻放,避免摩擦和撞击,以免引起火灾。

A. 碱类 B. 氧化剂 C. 还原剂 D. 盐类

10. 在学生开始参与实验室工作前,( )。

A. 有条件的可以对学生进行安全教育

B. 必须对学生进行安全教育

C. 进行不进行安全教育均可

D. 以上选项都正确

11. 金属切削加工机械安全标准属于机械安全标准( )。

A. 基础安全标准(A 类)　　B. 通用安全标准(B 类)

C. 特种安全标准(D 类)　　D. 产品安全标准(C 类)

12. 三孔插座上( )孔是火线。

A. 右下 B. 左下 C. 上面 D. 以上选项都正确

13. 手动操作数控铣床,为了确定不会超程或撞到机床的其他设施,应检查( )。

A. 刀具的位置　　B. 主轴转速

C. 夹具位置　　D. 参数设置

14. 带电电气设备发生火灾时,不能用( )扑救。

A. 卤代烷 B. 水 C. 干粉 D. 以上都对

15. 下列( )起重机械操作员不需持有合格证书。

A. 汽车吊 B. 龙门吊 C. 葫芦吊 D. 以上选项都正确

16. 放置在阻燃防爆容器柜之外的可燃液体的总量不超过( )。

A. 10 L B. 20 L C. 30 L D. 40 L

17. 常用机床的工作原理是( )。

A. 工件和刀具做垂直切割

B. 刀具固定,工件做运动

C. 工件和刀具固定卡牢并带动工件和刀具进行相对运动

D. 以上选项都正确

18. 有机过氧化物是指分子组成中含有过氧基的有机物,下列不属于其性质的是( )。

A. 易分解 B. 易燃易爆 C. 对热不敏感 D. 对摩擦敏感

19. 下列实验室操作及安全的叙述正确的是( )。

A. 实验后剩余的药品应小心倒回原容器,以免浪费

B. 当强碱溶液溅出时,可先用大量的水稀释后再处理

C. 温度计破碎流出的汞,宜洒上盐酸,使之反应为氯化汞后再弃之

D. 以上选项都正确

20. 金属钾、钠、锂、钙、电石等固体化学试剂,遇水即可发生剧烈反应,并放出大量热量,也可引起爆炸,它们应( )。

A. 直接放在试剂瓶中保存

B. 浸没在煤油中保存(容器不得渗漏,附近不得有盐酸、硝酸等散发酸雾的物质存在)

C. 用纸密封包裹存放

D. 放在铁盒子里

21. 在普通冰箱中不可以存放( )。

A. 普通化学试剂　　B. 酶溶液　　　　C. 菌体　　　　　D. 有机溶剂

22. 临床试验废物为( )。

A. 反应活性较高的化学品　　　　　B. 遇水反应的化学品

C. 感染性废物　　　　　　　　　　D. 生物实验危险废物

23. 可燃物混合物的初始浓度提高,其爆炸极限范围会( )。

A. 变窄　　　　　B. 变宽　　　　　C. 不变　　　　　D. 无规律变化

24. 多用表使用完后,应将切换旋钮放在( )。

A. 电阻挡　　　　　　　　　　　　B. 直流电压挡

C. 交流电压最高挡　　　　　　　　D. 电流量挡

25. 测量绝缘电阻可用( )。

A. 多用表　　　　B. 兆欧表　　　　C. 示波器　　　　D. 电笔

26. 频闪效应属于( )危险。

A. 与机器使用环境有关的　　　　　B. 机械

C. 人机工效学　　　　　　　　　　D. 辐射

27. 下列属于剧毒化学品的是( )。

A. 碘化钾　　　　B. 碘化汞　　　　C. 碘化镉　　　　D. 碘化铅

28. 下列有关稀硫酸溶液的制备方法正确的是( )。

A. 在搅拌下,加水于浓硫酸中

B. 在搅拌下,加浓硫酸于水中

C. 水加于浓硫酸中或浓硫酸加于水中都无所谓

D. 水与浓硫酸两者一起倒入容器混合

29. 干粉灭火器不适宜扑救( )。

A. 金属燃烧　　　　　　　　　　　B. 石油产品火灾

C. 有机溶剂火灾　　　　　　　　　D. 油漆火灾

30. 下列( )燃料不可在锅炉炉膛里燃烧。

A. 煤炭　　　　　B. 汽油　　　　　C. 油渣　　　　　D. 以上选项都正确

31. 最简便有效的止血方法为( )。

A. 止血带止血　　　　　　　　　　B. 局部加压包扎止血

C. 止血钳止血 D. 手术止血

E. 填塞止血

32. 大型实验实验室门宽度要求大于( )m。

A. 1.2 B. 1.5 C. 1.6 D. 1.8

33. 扑灭电器火灾不宜使用( )。

A. 二氧化碳灭火器 B. 干粉灭火器

C. 泡沫灭火器 D. 灭火砂

34. 影响触电伤害程度的因素不包括( )。

A. 流过人体的电流大小 B. 触电电压的高低

C. 电流通过人体的持续时间 D. 触电者的身体健康状态

35. 窒息灭火法是将氧气浓度降低至最低限度,以防止火势继续扩大。其主要工具是( )。

A. 沙子 B. 水

C. 二氧化碳灭火器 D. 干粉灭火器

36. 下列对剪切机的操作的规定错误的是( )。

A. 操作前要进行空车试转

B. 操作前,为保证准确,应用手直接帮助送料

C. 电动机不准带负荷驱动

D. 电动机开车前应将离合器拖开

37. 对于比水轻又不溶于水的易燃和可燃液体,如苯、甲苯、汽油、轻柴油等的火灾,不可以( )。

A. 用水灭火 B. 用泡沫覆盖

C. 用沙子掩埋 D. 用二氧化碳灭火剂

38. 盛装的动物实验废物达到包装物或者容器的( )时,应当进行封口处理。

A. 1/2 B. 2/3 C. 3/4 D. 4/5

39. 实验室中常用的氧气钢瓶颜色为( )。

A. 蓝色 B. 黑色 C. 红色 D. 灰色

40. 下列关于用电常识的说法错误的是( )。

A. 不用潮湿的手接触电器

B. 电源裸露部分应有绝缘装置

C. 如有人触电,应迅速切断电源,然后进行抢救

D. 可用试电笔去试高压电

二、多选题(共15题,每题2分,共30分)

1. 下列使用压力气瓶的方法正确的是( )。

A. 压力气瓶要放置稳固、防止倾倒,要避免碰撞、烘烤和曝晒,受射线辐照易发生化学反应的介质的压力气瓶应远离放射源或采取屏蔽措施

B. 不得对压力气瓶进行焊接或改造；不得更改气瓶的钢印或颜色标记；不得使用已报废的气瓶；气瓶内的残液不能自行处理；气瓶内的介质不能向其他容器内充装

C. 易燃、易爆或有毒介质的压力气瓶，可以放心地安放在室内使用，不必担心出问题

D. 易燃和助燃气瓶保持距离、分开存放是不必要的

E. 气瓶内的介质不能用尽，要留有剩余压力

F. 开阀时要慢慢开启，防止附件升压过快

2. 高校实验室自我管理层主要职责涵盖四个方面，即（　　）。
   A. 宣教动员　　　　B. 组织活动　　　　C. 监督检查　　　　D. 信息收报

3. 摩擦是产生静电的一种主要原因，尤其在干燥的环境中，人体的活动和物体的移动都会产生很强的静电。静电在突然释放的时候会对人体或设备造成损伤。下列防止静电事故的主要办法有（　　）。
   A. 人体接触对静电敏感设备时提前释放自己身体中积累的电荷，如带静电防护手环、使用静电防护毯

   B. 在重要场合铺设防静电地板

   C. 增加空气中的湿度，降低静电产生的条件

   D. 用电设备都良好接地

4. 下列混合物废物处理方法正确的是（　　）。
   A. 一般情况下，混合性废物中包含有生物性、化学性和放射性物质的，应当优先考虑生物性废物的消毒

   B. 含有较多化学性废物的混合性废物，一般不采用高温灭菌法

   C. 消毒后的混合性废物，可按照化学性废物和放射性废物的处理原则进行处理

   D. 只有 A 和 B 选项正确

5. 发现有人触电，下列做法错误的是（　　）。
   A. 立即用手拉开触电人员　　　　B. 用绝缘物体拉开电源或触电者
   C. 去找专业电工进行修理　　　　D. 大声呼叫

6. 高校实验室实行生物安全等级认证制度，共分（　　）。
   A. BSL-1　　　　B. BSL-2　　　　C. BSL-3　　　　D. BSL-4

7. 停在高压电线上的小鸟不会触电，下列说法错误的是（　　）。
   A. 高压线外面包有一层绝缘层
   B. 小鸟是绝缘体，所以不会触电
   C. 小鸟只停在一根电线上，两爪间的电压很小
   D. 小鸟的适应性强，耐高压

8. 基本的实验室防火措施有（　　）。
   A. 加强实验室人员的消防安全教育　　　　B. 加强易燃易爆化学品的管理
   C. 严格执行操作规程　　　　D. 严格用电管理

9. 下列表述正确的是(　　)。

A. 一度冻伤,可让自己主动活动,并按摩受冻部位,促进血液循环

B. 二度冻伤的水疱可在消毒后刺透

C. 三度冻伤,应尽快脱离低温环境,除去湿的衣服,进入羽绒睡袋保暖

D. 当全身冻伤者出现脉搏、呼吸变慢的话,就要保证呼吸道畅通,必要时进行人工呼吸和心脏按压,送去医院做进一步治疗

E. 确保伤处完全干燥。有创面的用消毒棉球消毒,无创面的用干净、松软的棉垫包裹保护伤处并保温

10. 下列关于防护服的使用方法正确的是(　　)。

A. 化学实验过程中实验者必须穿着防护服

B. 天气热的情况下,防护服可以披着,不用扣住

C. 当知道防护服已被危险物质污染后应立即更换

D. 离开实验室区域之前应该脱去防护服

11. 实验开始前应该做好(　　)准备。

A. 必须认真预习,理清实验思路

B. 应仔细检查仪器是否有破损,掌握正确安装、使用仪器的要点

C. 弄清水、电、气的管线开关和标记,保持清醒头脑,避免违规操作

D. 了解实验中使用的药品的性能和有可能引起的危害及相应的防护措施

12. 准备核磁相关实验时,下列说法正确的是(　　)。

A. 实验前积极咨询工作人员实验所需要的样品条件

B. 核磁管反复多次使用,即使核磁管有轻微破损也没有问题

C. 核磁管管帽紧紧扣在核磁管管口

D. 将核磁管套入转子时,接触转子的手尽量干燥,不要有汗珠

13. 下列操作符合安全用电要求的是(　　)。

A. 开关应和用电器串联,再与火相接　　B. 螺丝口灯座的螺旋套应与零线相接

C. 发现有人触电时,应迅速把他拉开　　D. 更换保险丝时,绝不能用导线代替

14. 依据现行法律法规条款,食药部门负责(　　)的申购审批。

A. 麻醉品　　　　　B. 精神药品　　　　　C. 食盐　　　　　D. 生物物品

15. 实验完成后,离开实验室时应进行的检查是(　　)。

A. 切断房间内所有电源　　　　　　B. 关闭房间内所有水源

C. 观察房间内是否还有灯亮　　　　D. 聆听房间内有无异常声音

三、判断题(共30题,每题1分,共30分)

1. 扑救毒害性、腐蚀性或燃烧产物毒害性较强的火灾时,必须配戴防护面具。(　　)

2. 电源插座附近不应堆放易燃物等杂物。(　　)

3. 雷电发生时,如果作业人员孤立处于暴露区并感到头发竖起时,应该立即双膝下蹲,向前弯曲,双手抱膝,并拿去身上佩戴的金属饰品和发卡、项链等。(　　)

4. 重复接地是指零线上的一处或多处通过接地装置与大地再连接,可提高线路的安全性。(　　)

5. 安装工件时,工件要装正、夹紧,装、卸工件后必须及时取下卡盘扳手。(　　)

6. 脱下实验服后,不得将其与日常衣服放在一起,也不得放在洁净区域。(　　)

7. 实验室人员离开实验室时,不得穿着外出实验服,必须脱下实验服并留在实验室内,更不能携带回家。(　　)

8. 从事辐射工作的人员,只要经过专业知识的培训就可上岗工作。(　　)

9. 对于一些吸入或食入少量即能中毒致死的化学试剂,生物试验中致死量(LD_{50})在50 mg/kg以下的称为剧毒化学试剂。(　　)

10. 机床运行后,操作者不准离开机床,且要集中精神。(　　)

11. 清洗电动机械时可以不用断开电源。(　　)

12. 当室温较高,开启易挥发溶剂瓶盖时,应先将试剂瓶在冷水中浸泡一段时间。(　　)

13. 打开气瓶阀门时应缓慢,如果阀门不好打开,可以用扳手等工具打开。(　　)

14. 关于固体放射性实验废物的处置,长半衰期核素以焚烧法加埋存法。(　　)

15. 实验室人员必须定期检查设备、水电线路、门窗等是否完好,如发现问题,必须及时进行维修。(　　)

16. 锻床锻造结束后,任何人的身体不得接触尚未冷却透的锻件。(　　)

17. 禁止穿拖鞋、背心、短裤(裙)进入实验室,可以穿高跟鞋进入实验室。(　　)

18. 若要经常使用针或刀,可以将它们放在普通容器内,以方便拿取。(　　)

19. 操作者在铣床上进行装卸铣刀时,应用手握住铣刀刃,将刀柄装入主轴。(　　)

20. 交、直流回路可以合用一条电缆。(　　)

21. 酚灼伤皮肤时,应立即脱掉被污染衣物,用10%酒精反复擦拭,再用大量清水冲洗,直至无酚味为止,然后用饱和硫酸钠湿敷。(　　)

22. 为安全起见,平时应将低沸点溶剂保存在普通冰箱内,以降低溶剂蒸气压。(　　)

23. 高氯酸应远离其他氧化性化学品,远离酸性化学品存放。(　　)

24. 辐射工作场所的入口处不必放置辐射警示标志和工作信号。(　　)

25. 实验室实行生物安全等级认证制度,共分四级:BSL-1、BSL-2、BSL-3、BSL-4(其中动物为ABSL),且需经政府部门审批,获取相关资质。(　　)

26. 声级计的传声器可自行拆卸。(　　)

27. 爆炸极限是化学物质产生爆炸的最低浓度。(　　)

28. 常用的危险化学品按照其主要危险特性分为7类。(　　)

29. 学生进入车间后,不准在车间打闹,不准随意攀登吊车、墙梯或者其他设备,不准在吊车吊运物体运行线上行走或停留,不准随意乱动车间的设备。(　　)

30. 做实验时要爱护实验设备,同时注意自身的安全,避免发生事故。(　　)

模拟试卷(Ⅴ)

(适用于人文经管类专业)

(共计100分,时间60分钟)

一、单选题(共40题,每题1分,共40分)

1. 灭火的四种方法是( )。

A. 捂盖法、扑打法、浇水法、隔开法

B. 扑灭法、救火法、化学法、泡沫法

C. 隔离法、窒息法、冷却法、化学抑制法

D. 以上选项都正确

2. 实验大楼安全出口的疏散门应( )。

A. 自由开启 B. 向外开启

C. 向内开启 D. 关闭,需要时可自行开启

3. 储存可燃物资仓库的管理,必须执行国家有关( )管理规定。

A. 消防安全   B. 物资安全   C. 劳动安全   D. 以上选项都正确

4. 下述( )部门负责特种设备的管理及从业人员的培训。

A. 出入境   B. 环保

C. 质量监督 D. 食药

5. 心搏骤停心电表现最常见的是( )。

A. 快速性室性心动过速   B. 无脉电活动

C. 心脏停搏   D. 心动过缓

E. 心室颤动

6. 在火灾初发阶段,应采取( )方法撤离。

A. 乘坐电梯

B. 用湿毛巾捂住口鼻,低姿势从安全通道撤离

C. 跳楼逃生

D. 跑到楼顶呼救

7. 关于浓硫酸烧伤后的现场处置,下列说法正确的是( )。

A. 未经大量水冲洗就用碱性药物在皮肤上直接中和,这样会加重皮肤损伤

B. 在用大量水冲洗前用碱性药物在皮肤上直接中和

C. 在用大量水冲洗的同时用碱性药物在皮肤上直接中和

D. 在用大量水冲洗前少量使用碱性药物在皮肤上中和

8. 实验室生物安全防护的内容包括(　　)。

A. 安全设备、个体防护装备和措施

B. 严格的管理制度和标准化的操作程序

C. 实验室的特殊设计和建设要求

D. 以上选项都正确

9. 特种作业人员经过(　　)合格取得操作许可证者,方可上岗。

A. 专业技术培训考试　　　　　B. 文化考试

C. 体能测试　　　　　　　　　D. 以上都对

10. 对小面积烧伤,需用冷水至少冲淋(　　)。

A. 5～10 min　　　　　　　　B. 10～20 min

C. 20～30 min　　　　　　　 D. 30～60 min

E. 1～2 h

11. 防化学溶液的护目镜的用途是(　　)。

A. 防止金属或砂石碎屑等对眼睛的机械损伤

B. 防止有刺激或腐蚀性的溶液对眼睛的化学损伤

C. 防止过强的紫外线等辐射线对眼睛的危害

D. 防近视

12. 二氧化碳灭火器不适宜扑救(　　)。

A. 贵重仪器设备　　　　　　　B. 档案资料

C. 计算机　　　　　　　　　　D. 钾、钠、镁、铝等物质

13. 锅炉的三大安全附件分别是安全阀、压力表和(　　)。

A. 电表　　B. 温度计　　C. 水位表　　D. 以上选项都正确

14. 心脏骤停后,4分钟内实施心肺复苏,复苏的成功率为(　　)。

A. 0.5　　B. 0.6　　C. 0.7　　D. 0.8

E. 0.9

15. 有机物或能与水发生剧烈化学反应的药品着火,应用(　　),以免扑救不当造成更大损害。

A. 其他有机物灭火　　　　　　B. 自来水灭火

C. 灭火器或沙子扑灭　　　　　D. 以上选项都正确

16. 下列进入避难房间后的做法错误的是(　　)。

A. 关闭房门

B. 用胶带封闭所有能看见的空调出风口

C. 打烂房间的窗户

D. 用浸湿的毛巾捂住眼鼻

E. 使用打火机引人注意

17. 下列关于化学性实验废物处置的描述正确的是(　　)。

A. 搬运废物时不必轻拿轻放

B. 可将废物放置在通风柜、试剂柜、实验室内的过道旁

C. 可将废物随意丢弃于垃圾箱(站)

D. 实验室一般不对化学性实验废物进行现场的无害化处理

18. 电线插座损坏时,将会引起(　　)。

A. 工作不方便　　　　　　　　B. 不美观

C. 触电伤害　　　　　　　　　D. 以上选项都正确

19. 无论是废物临时仓库还是中转点,需由(　　)部门审批,生活垃圾与实验垃圾分别存放,严禁混放。

A. 教育　　　B. 环保　　　C. 公安　　　D. 消防

20. 建筑面积在 30 m² 的实验室应设有(　　)安全出口。

A. 两个　　　B. 三个　　　C. 四个　　　D. 多个

21. 因实验需要拉接电源线,下列说法正确的是(　　)。

A. 不得任意放置于通道上,以免因绝缘破损造成短路或影响通行

B. 插座不足时,可连续串接

C. 插座不足时,可连续分接

D. 不考虑负荷容量

22. 停电检修时,在一经合闸即可送电到工作地点的开关或刀闸的操作把手上,应悬挂(　　)标示牌。

A. 在此工作　　　　　　　　　B. 止步,高压危险

C. 禁止合闸,有人工作　　　　D. 今日休息

23. 一台 1.5 kW 的三相交流电机,其绕组采用星形连接,满负荷工作时其相电流是(　　)。

A. 1 A 左右　　B. 1.5 A 左右　　C. 3 A 左右　　D. 7 A 左右

24. 以下属于防护服的是(　　)。

A. 短袖衬衫　　B. 正压防护服　　C. 裙装　　D. 短裤

25. 下列废液可以相互混合的是(　　)。

A. 过氧化物与有机物　　　　　B. 氰化物、硫化物、次氯酸盐与酸

C. 铵盐、挥发性胺与碱　　　　D. 盐酸和硫酸盐

26. 电分强电和弱电。下列说法正确的是(　　)。

A. 强电和弱电开关等元件可通用

B. 弱电开关等元件不可用在强电电路

C. 开关不分强弱

D. 弱电开关等元件可用在强电电路

27. 实验室窗台的安全高度不小于( )m。

A. 1　　　　　　B. 0.8　　　　　　C. 1.2　　　　　　D. 1.4

28. 为防止静电火花引起事故,凡是用来加工、储存、运输各种易燃气体、液体、粉体的金属设备、非导电材料都必须( )。

A. 有足够大的电阻　　　　　　B. 有足够小的电阻

C. 可靠接地　　　　　　　　　D. 可靠绝缘

29. 公安消防人员在灭火过程中,应当( )。

A. 优先救人　　　　　　　　　B. 优先抢救财物

C. 优先灭火　　　　　　　　　D. 以上选项都正确

30. 实验室、宿舍内禁止使用电热水壶、热得快。热得快的功率为( )。

A. 100 W 左右　　　　　　　　B. 200 W 左右

C. 500 W 左右　　　　　　　　D. 1 500 W 以上

31. 下列( )不是呼吸、心跳停止的表现。

A. 意识忽然丧失　　　　　　　B. 颈动脉搏动不能触及

C. 面色苍白转而紫绀　　　　　D. 瞳孔缩小

32. 下列使用电梯的事项不正确的是( )。

A. 按安全警示标志操作

B. 7 岁以下儿童可以独立使用电梯

C. 未经管理人员许可,不得使用载人电梯运载货物

D. 以上选项都正确

33. 对实验室安全检查的重点是( )。

A. 可燃易燃性、可传染性、放射性物质、有毒物质的使用和存放

B. 清除污染和废物处置情况

C. 规章制度的建立和执行情况

D. 以上选项都正确

34. 下列( )功能属于通风柜应具有的功能。

A. 隔离　　　　　　B. 代替　　　　　　C. 倒流　　　　　　D. 易变性

35. 国内民用照明电路电压为( )。

A. 直流电压 220 V　　　　　　B. 交流电压 280 V

C. 交流电压 220 V　　　　　　D. 交流电压 110 V

36. 多用表使用完后,应将切换旋钮放在( )。

A. 电阻挡　　　　　　　　　　B. 直流电压挡

C. 交流电压最高挡　　　　　　D. 电流量挡

37. 对实验室电气设备所引起的火灾,应( )。

A. 用水灭火　　　　　　　　　B. 用二氧化碳或干粉灭火器灭火

C. 用泡沫灭火器灭火　　　　　D. 以上选项都正确

38. 在室外灭火时,应站在( )位置。
A. 上风　　　B. 下风　　　C. 随便哪里　　　D. 以上选项都正确

39. 下列( )不属于手套的作用。
A. 防止吸入空气中的化学毒气或其他有害物质
B. 防止化学渗透
C. 隔热
D. 用于搬运或处理尖锐、易碎物品

40. 下列关于足部防护装备使用注意事项的说法错误的是( )。
A. 在化学实验室内可以穿露趾鞋
B. 鞋套和靴套使用后不得到处走动,以免带来交叉污染
C. 用鞋套套在鞋外,可防止将病原体带离工作地点,扩散到实验室以外的场所
D. 鞋套应具备防水及防滑功能,并要合身,以免影响步行

二、多选题(共15题,每题2分,共30分)

1. 电器线路火灾的基本原因有( )。
A. 短路　　　B. 过负荷　　　C. 接触电阻过大　　　D. 电火花
E. 电弧

2. 干冰灭火器的灭火原理为( )。
A. 冷却法　　　B. 隔离法　　　C. 窒息法　　　D. 疏散隔离法

3. 按爆炸过程的性质,通常将爆炸分为( )。
A. 物理爆炸　　　B. 化学爆炸　　　C. 核爆炸　　　D. 固体爆炸
E. 液体爆炸

4. 根据有毒有害气体产生的情况,实验室需安装( )。
A. 全面通风装置　　　　　　　B. 风扇
C. 电机　　　　　　　　　　　D. 局部通风装置

5. 实验室工作人员应根据( )来选择个人防护装备。
A. 不同级别安全水平　　　　　B. 自己爱好
C. 工作性质　　　　　　　　　D. 自身搭配

6. 高校实验室实行生物安全等级认证制度,共分( )。
A. BSL-1　　　B. BSL-2　　　C. BSL-3　　　D. BSL-4

7. 实验室中使用气体钢瓶等,下列被严格禁止的行为是( )。
A. 带压拆卸压紧螺栓
B. 气体钢瓶螺栓受冻,不能拧开,可以用火烧烤
C. 在搬动、存放、更换气体钢瓶时,不安装防震垫圈
D. 学生在没有经过培训、没有老师在场指导的情况下使用气瓶

8. 实验室的全面通风装置有( )。
A. 气瓶柜　　　B. 手套箱　　　C. 顶排风　　　D. 排风扇

9. 实验结束或离开实验室前,必须关闭( ),最后离开实验室者要负责检查。

A. 电源   B. 水源   C. 气源   D. 门窗

10. 下列( )特种设备的管理人员需经过有关机构的培训,并获取相应的资质证书,方可上岗。

A. 电梯   B. 锅炉   C. 开水箱   D. 起重设备

11. 实验室生物安全防护的内容包括( )。

A. 安全设备、个体防护装备和措施

B. 严格的管理制度

C. 实验室的特殊设计和建设要求

D. 标准化的操作程序

12. 关于实验室用水注意事项,下列说法正确的是( )。

A. 水龙头、阀门要做到不滴、不漏、不冒、不放任自流

B. 晚上离开实验室时可以不关闭冷凝水

C. 实验室在建设时需要安装地漏

D. 对于已冰冻的水龙头应用滚烫的水来浇,加速其解冻

13. 实验室安全事故责任追究对象(人员)包括( )。

A. 职能部门负责人和管理人员

B. 二级教学科研单位负责人

C. 实验室负责人、研究生导师、实验指导教师、科研团队负责人

D. 直接责任人(含学生)

E. 校级责任领导

14. 火灾蔓延的途径有哪些( )。

A. 热传导   B. 热对流   C. 热辐射   D. 以上选项都不正确

15. 高校实验室常见事故类型分为( )。

A. 火灾性事故   B. 爆炸性事故

C. 毒害性事故   D. 机械伤人事故

E. 漏电伤人事故

三、判断题(共30题,每题1分,共30分)

1. 因吸入少量氯气、溴蒸气而中毒,可用碳酸氢钠溶液漱口,不可进行人工呼吸。( )

2. 低年级本科生可以从事简单的消防、卫生检查;高年级本科生可以从事药品、设备的检查;研究生可以从事专业性较强的检查。( )

3. 实验室人员发生触电时,应迅速切断电源,将触电者上衣解开,取出口中异物,然后进行人工呼吸。当患者恢复呼吸时,应立即送医院。( )

4. 护目镜要专人使用,防止传染眼病。( )

5. 搬运废物时应轻拿轻放,尤其是对于含有过氧化物、硝酸甘油、已过氧化的乙醚之类

的爆炸性物质的废液,须更加谨慎。(　　)

6. 实验室内电源根据需要可自行拆装、改线。(　　)

7. 在潮湿或高温或有导电灰尘的场所,实验时应该降低电压供电。(　　)

8. 临时用电时,要向相关领导申请手续,用电设备的安装要符合安全规程要求,验收合格后方可接电,用电期间电力设施应有专人看管,用完及时拆除,不准长期带电。(　　)

9. 冷却灭火法是将可燃物冷却到其燃点以下,停止燃烧反应。(　　)

10. 对酸痛的肌肉冷敷有助于损伤组织的修复及痉挛的缓解。(　　)

11. 保险丝断了,可以用细铜丝代替。(　　)

12. 护目镜可以多人共用一副。(　　)

13. 洗眼器可以使用循环水。(　　)

14. 进行需要戴防护眼镜的实验时,戴隐形眼镜的近视者可不戴防护眼镜。(　　)

15. 危险不是每时每刻都在,只要我们做好防护,零危险的安全状态可以存在。(　　)

16. 按照气体的理化性质,气体一般分为易燃气体、不燃无毒气体、有毒气体三类。(　　)

17. 工程上所说的压力实际上是压强。(　　)

18. 发生触电时,应对患者进行人工呼吸,可以适量使用兴奋剂。(　　)

19. 为保证安全用电,配电箱内所用的保险丝应该尽量粗。(　　)

20. 一次性手套不得重复使用。不得戴手套离开实验室。(　　)

21. 用手搬运重物时,应先以半蹲姿势,抓牢重物,然后用腿肌出力站起,切勿弯腰,以防伤及背部和腰。(　　)

22. 由墨菲定律可知:在实验室安全管理中,人们为什么不能忽视小概率事件的科学道理;安全管理必须发挥警示职能及预防为主的作用。(　　)

23. 对溅入口中并已下咽的强碱,先饮用大量水,再服用乙酸果汁、鸡蛋清。(　　)

24. 实验大楼因出现火情发生浓烟时应迅速离开,当浓烟已穿入实验室内时,要沿地面匍匐前进,因地面层新鲜空气较多,不易中毒而窒息,有利于逃生。当逃到门口时,千万不要站立开门,以避免被大量浓烟熏倒。(　　)

25. 实验室内特种设备设施管理人员需经过有关机构的培训,并获取相应的资质证书,方可进行操作。(　　)

26. 高校实验室,不得随意排放废气、废水,不得随意丢弃废物,不得污染环境。(　　)

27. 防护服的清洗和消毒可与其他衣物一起进行。(　　)

28. 实验室安全事故的表现形式主要有:火灾、爆炸、中毒、灼伤、病原微生物感染、辐照和机电伤人等。(　　)

29. 易燃物应避光保存,并远离一切有氧化作用的酸或能产生火花火焰的物质,且储存量不可太多,需及时处理。(　　)

30. 火或热水等引起的小面积烧伤、烫伤,必须用冷水冲洗 30 min 以上,然后用烧伤膏涂抹,切不可用牙膏、酱油、盐等覆盖。(　　)

模拟试卷（Ⅵ）

（适用于人文经管类专业）

（共计 100 分，时间 60 分钟）

一、单选题（共 40 题，每题 1 分，共 40 分）

1. 实验解剖用过的无污染动物尸体，应该（　　）。

A. 随意丢弃

B. 放入塑料袋，直接作为生活垃圾处理

C. 放入垃圾桶中

D. 必须用专用的黄色垃圾袋密封包装，放置指定地点冷冻储存，进行无害化处理

2. 下列有关冻伤现场急救处理不正确的是（　　）。

A. 立即将患者移至防风保暖处

B. 将紧裹伤部的鞋袜、手套脱掉，用毛毯或其他可能的方法包裹保温

C. 如足部与鞋袜冻结在一起，切勿强行脱下

D. 如足部与鞋袜冻结在一起，可小心剪开、去除

E. 如足部与鞋袜冻结在一起，应强行脱下或剪出

3. 化学强腐蚀烫、烧伤事故发生后，应（　　），保持创伤面的洁净，以待医务人员治疗。或用适合于消除这类化学药品的特种溶剂、溶液仔细洗涤烫、烧伤面。

A. 迅速用大量清水冲洗干净皮肤

B. 迅速解脱伤者被污染衣服，立即用大量清水冲洗皮肤

C. 迅速解脱伤者被污染衣服

D. 以上选项都正确

4. 心脏骤停后，（　　）秒钟后患者即出现脑死亡或植物状态。

A. 240　　　B. 300　　　C. 420　　　D. 480

E. 600

5. 消防车和消火栓的颜色是（　　）。

A. 白色　　　B. 黄色　　　C. 红色　　　D. 以上选项都正确

6. 对于易制毒品及特定易制爆品，需报所在地（　　）审批后方可购置、存储、使用等。

A. 海关部门　　B. 教育部门　　C. 公安部门　　D. 安检部门

7. 烟头的中心温度大概是（　　）。

A. 200 ℃～300 ℃　　　　　　B. 400 ℃～500 ℃

C. 700 ℃～800 ℃　　　　　　D. 900 ℃～1 000 ℃

8. 化学垃圾房内,有专门堆放强氧化剂瓶子的地方,这是因为( )。

A. 强氧化剂的瓶子比较贵重

B. 防止与还原剂相遇发生强烈的氧化还原反应

C. 可以让丢弃人复查

D. 以上选项都正确

9. 对实验室内的浓酸、浓碱进行处理,一般可( )。

A. 先中和后倾倒,并用大量的水冲洗管道

B. 不经处理,沿下水道流走

C. 不需中和,直接向下水道倾倒

D. 以上选项都正确

10. 防固体碎屑的护目镜的用途是( )。

A. 主要用于防御金属或砂石碎屑等对眼睛的机械损伤

B. 防御有刺激或腐蚀性的溶液对眼睛的化学损伤

C. 用于防御过强的紫外线等辐射线对眼睛的危害

D. 防近视

11. 对常用的易制毒的试剂,应( )。

A. 放在试剂架上

B. 放在抽屉里,并由专人管理

C. 锁在实验室的试剂柜中,并由专人管理

D. 以上选项都正确

12. 火灾发生时,湿毛巾折叠8层为宜,其烟雾浓度消除率可达( )。

A. 40%   B. 60%   C. 80%   D. 95%

13. 可使生物活性灭活90%以上,用于所有种类的感染性废物处理的措施是( )。

A. 冲入卫生间下水道   B. 填埋

C. 焚烧   D. 高压灭菌

14. 强酸、强碱中毒时,应用( )解毒。

A. 氧化剂   B. 还原剂   C. 氧化还原剂   D. 保护剂

E. 沉淀剂

15. 单相三芯线电缆中的红线代表( )。

A. 零线   B. 火线   C. 地线   D. 不明确

16. ( )为环境污染事故第一责任人。

A. 直接责任人   B. 间接责任人

C. 安全员   D. 单位法人

17. 下列说法正确的是( )。

A. 黄磷烧伤后尽可能除去残磷,或外用硫酸铜溶液,使之形成红色颗粒,易于去除,但应注意使用面积不应超过20%,以免铜中毒

B. 黄磷烧伤后尽可能除去残磷,或外用硫酸铜溶液,使之形成绿色颗粒,易于去除,但应注意使用面积不应超过20%,以免铜中毒

C. 黄磷烧伤后尽可能除去残磷,或外用硫酸铜溶液,使之形成蓝色颗粒,易于去除,但应注意使用面积不应超过20%,以免铜中毒

D. 黄磷烧伤后尽可能除去残磷,或外用硫酸铜溶液,使之形成黄色颗粒,易于去除,但应注意使用面积不应超过20%,以免铜中毒

E. 黄磷烧伤后尽可能除去残磷,或外用硫酸铜溶液,使之形成黑色颗粒,易于去除,但应注意使用面积不应超过20%,以免铜中毒

18. 下列对针具的管理方法正确的是(　　)。

A. 废弃的针具必须丢入黄色塑料袋内

B. 尽量减少对针具的操作

C. 可以将针形废物直接丢入生物危险袋中,与其他废物混合丢弃

D. 如果连接针具的附属物(如注射器、血袋)内有 50 mL 以下的液体,处理前可以不必排净

19. 急性有机磷中毒特效解毒剂为(　　)。

A. 阿托品　　　　B. 亚甲蓝　　　　C. 纳洛酮　　　　D. 亚硝酸异戊酯

E. 氟马西尼

20. 下列对于废物放置的描述错误的是(　　)。

A. 搬运时要轻拿轻放

B. 不得储放于通风柜、试剂柜中

C. 可以放置在垃圾箱

D. 不得对周围环境有影响

21. 发现心搏骤停患者,AED(全自动体外除颤仪)准备就绪。下列操作正确的是(　　)。

A. 先做 CPR(心肺复苏)5 个循环,再电除颤

B. 先电除颤 1 次,再做 CPR 5 个循环,后评估

C. 先气管插管,应用肾上腺素,再电除颤

D. 若除颤一次不成功,可连续电除颤

E. 先静脉应用胺碘酮,再电除颤

22. 干粉灭火器适用于(　　)。

A. 电器起火　　　　　　　　　B. 可燃气体起火

C. 有机溶剂起火　　　　　　　D. 以上选项都正确

23. 经呼吸道吸入的中毒,首先应该(　　)。

A. 清除未吸入的毒物　　　　　B. 排出已吸入的毒物

C. 立即脱离中毒现场　　　　　D. 使用特效解毒剂

E. 对症治疗

24. 易燃、易爆物品和杂物等应该堆放在( )。
A. 烘箱、箱式电阻炉等附近　　　　B. 冰箱、冰柜等附近
C. 单独通风的实验室内　　　　　　D. 以上选项都正确

25. 实验室用得最多的水是( )。
A. 自来水　　B. 蒸馏水　　C. 去离子水　　D. 超纯水

26. 心脏骤停后,4分钟内实施心肺复苏,复苏的成功率为( )。
A. 0.5　　B. 0.6　　C. 0.7　　D. 0.8
E. 0.9

27. 电线插座损坏时,将会引起( )。
A. 工作不方便　　B. 不美观　　C. 触电伤害　　D. 以上选项都正确

28. 感染性废物的管理程序不包括( )。
A. 指定专人负责和协调感染性废物的管理
B. 确定感染性废物的产生地并确定废物的成分及数量
C. 应有措施和能力安全处理和处置实验室危险废物
D. 建立隔离、包装、转运、保存和处置程序

29. 扑救易燃液体火灾时,应( )灭火。
A. 用灭火器　　B. 用水泼　　C. 扑打　　D. 以上选项都正确

30. 在火灾逃生方法中,下列方法不正确的是( )。
A. 用湿毛巾捂着嘴巴和鼻子
B. 弯着身子快速跑到安全地点
C. 躲在床底下,等待消防人员救援
D. 马上从最近的消防通道跑到安全地点

31. 造成触电事故的因素是( )。
A. 电流流过人体　　B. 电压　　C. 电场　　D. 磁场

32. 在做需要带电操作的低电压电路实验时,下列说法正确的是( )。
A. 双手操作比单手操作安全　　　　B. 单手操作比双手操作安全
C. 单手操作和双手操作一样安全　　D. 操作与空气湿度有关

33. 设备使用时需要有地线,而房间里没有地线时可以( )。
A. 不接地线　　　　　　　　　　　B. 将地线搭在暖气管上
C. 把地线连接在零线上　　　　　　D. 找电路维护人员解决

34. 为避免误食有毒的化学药品,下列说法正确的是( )。
A. 可把食物、食具带进化验室
B. 在实验室内可吃口香糖
C. 使用化学药品后须先洗净双手,方能进食
D. 在实验室内可以吸烟

35. 进行照明设施的接电操作,应采取的防触电措施为(　　)。

A. 湿手操作　　　　　　　　B. 切断电源

C. 站在金属凳子或梯子上　　D. 戴上手套

36. 下列关于生物实验危险废物处置的说法错误的是(　　)。

A. 在消毒灭菌或最终处置之前,应存放在指定的安全地方

B. 不应从实验室取走或排放不符合相关运输或排放要求的实验室废物

C. 不可在实验室内消毒灭菌含活性高致病性生物因子的废物

D. 如果法规许可,只要包装和运输方式符合危险废物的运输要求,可以运送未处理的危险废物到指定机构处理

37. 漏电保护器可防止(　　)。

A. 触电事故　　B. 电压波动　　C. 电流过大　　D. 双手触电事故

38. 我国消防宣传活动日是每年的(　　)。

A. 11月9日　　B. 1月19日　　C. 9月11日　　D. 9月10日

39. 雷电由于瞬间的强大电流释放巨大能量,不仅会伤及人员,还会损坏设备,甚至引起火灾。室内防止雷电灾害的最主要的一项措施是(　　)。

A. 在较高建筑的顶端及露天的配电设施要装避雷装置

B. 雷雨时不使用计算机上网,而且尽可能关闭机器,拔掉电源线和网线

C. 雷雨时不使用手机

D. 不使用电烙铁

40. 如果睡觉时被烟火呛醒,正确的做法是(　　)。

A. 寻找逃生通道　　　　　　B. 往床底下钻

C. 找衣服穿或抢救心爱的东西　　D. 以上选项都正确

二、多选题(共15题,每题2分,共30分)

1. 特种设备使用单位应当建立特种设备安全技术档案,包括(　　)。

A. 特种设备的设计文件、产品质量合格证明、安装及使用维护保养说明、监督检验证明等相关技术资料和文件

B. 安装、维护、大修、改造等相关资料和文件

C. 特种设备登记卡、特种设备使用登记证、相关检验报告

D. 特种设备的定期检验和定期自行检查记录

2. 压力表的检定,有(　　)规定。

A. 由于科学技术的高速发展和制造技术的精良,压力表的质量越来越好,完全可以不经过检定而直接投入使用

B. 新安装的压力容器,在投入使用前必须先检定压力表,否则不能投入使用

C. 压力表至少每半年检定一次

D. 不得使用未经检定的压力表

3. 发生火灾拨通"119"后,应向"119"台报告(   ),并派人到适当位置迎接消防车到来。

 A. 火灾详细地点   B. 火势大小

 C. 燃烧物质及受影响的物质   D. 人员被困情况

4. 下列关于放射性实验废液的说法正确的是(   )。

 A. 放射性实验废液一般有水溶液或能与水互相混匀的有机溶液、不能与水混匀的有机溶液两类

 B. 两类放射性实验废液处置方法相同,可以一起收集

 C. 放射性实验废液处置方法基本上与固体实验放射性废物处置方法相同

 D. 处置含有长半衰期核素的放射性实验废液以埋存法为主

5. 手套的作用有(   )。

 A. 隔热   B. 防止化学渗透

 C. 防御过强的紫外线   D. 防辐射

6. 下列属于强酸的有(   )。

 A. 硫酸   B. 硝酸   C. 盐酸   D. 氢氟酸

 E. 食醋

7. 保证安全的技术措施有(   )。

 A. 工作票制度   B. 停电   C. 验电   D. 挂地线

 E. 悬挂标示牌   F. 装设遮拦(围栏)   G. 操作票制度

8. 与实验安全相关的法律法规主要涉及(   )等方面。

 A. 环境保护、建筑与消防安全

 B. 化学安全、生物安全

 C. 特种设备安全、辐射安全

 D. 安全生产、职业防护

9. 传统的心肺复苏主要是指(   )。

 A. 胸外按压   B. 人工呼吸   C. 电除颤   D. 气管插管

 E. 脑复苏

10. 对"锐利物"进行管理,应(   )。

 A. 无传染疾病的可能性

 B. 防止穿刺或划伤

 C. 确保锐利物被彻底破坏

 D. 所有锐利物都必须放置在容器内,不必与其他废物分别存放

11. 进入公共场所,应注意细心观察场所的疏散情况,记住(   ),以利于发生火灾情况下的紧急疏散。

 A. 进出口位置   B. 安全出口位置

 C. 疏散通道楼梯的方位   D. 电梯的位置

12. 下列处置实验服的方法正确的是(　　)。

A. 离开实验室时,必须脱下实验服并留在实验室内

B. 可穿着实验服外出

C. 用过的实验服应先在实验室中消毒,然后统一洗涤或丢弃

D. 不能携带实验服回家

13. 患者发生了心脏骤停,呼吸状态可表现为(　　)。

A. 无呼吸　　　B. 呼吸深快　　　C. 喘息　　　D. 呼吸浅快

E. 呼吸呈潮式呼吸

14. 下列对于锐利物品的处理方法正确的是(　　)。

A. 实验室应尽量减少使用可生成锐利物的用品

B. 采用有皱的包装材料包装易碎的玻璃和塑料制品

C. 在包装中同时加入吸附性材料

D. 针或刀应保存在泡沫盒中

15. 日常安全用电包括(　　)。

A. 人走关灯,关闭房间总电源　　　B. 每天下班拔掉计算机电源插头

C. 功率型用电设备要随时有人看守　　　D. 上班过程中只要不用电就关掉电源

三、判断题(共30题,每题1分,共30分)

1. 二氧化碳灭火器使用不当,可能会造成冻伤。(　　)

2. 实验中遇到严重割伤,可在伤口上部10 cm处用纱布扎紧,减慢流血,并立即送医院。(　　)

3. 起重机在作业中,被吊物悬空后,人员可以在吊物下迅速穿行,但不得在吊物下停留。(　　)

4. 当触电者脱离电源以后,如果神志清醒,呼吸正常,皮肤也未灼伤,只需安排其到空气清新的地方休息,令其平躺,不要行走。(　　)

5. 加强对实验动物管理工作,防止人畜共患病和动物传染病的发生,是搞好生物安全管理工作的根本目标。(　　)

6. 在易燃、易爆、易灼烧及有静电发生的场所,可以使用化纤防护用品。(　　)

7. 对触电者实施抢救时,可以采用掐人中、用水泼或打强心针等方法。(　　)

8. 隐患就是在某个条件、事物及事件中所存在的不稳定,并且影响到个人或者他人安全利益的因素,它是一种潜藏着的因素。(　　)

9. 当可燃烧液体呈流淌状燃烧时,应将灭火剂的喷流对准火焰根部由近及远并左右扫射,向前快速推进,直至火焰扑灭。(　　)

10. 实验室应对仪器设备加强维护保养,定期校验和检修。(　　)

11. 对于一般实验室安全事故,通常是首先在力所能及的范围内控制事故的进一步发展恶化,或者将事故控制在初起萌芽阶段,同时按程序逐级上报。(　　)

12. 高校实行实验项目安全审核备案制度,凡涉及具有较大安全风险的科研项目和教

学实验项目,实施前应申报。(　　)

13. 建筑物发生火灾时,乘坐电梯疏散既快速又安全省力。(　　)

14. 学生晚上回宿舍时,其在实验室的计算机主机应关闭,显示器一般不用关闭。(　　)

15. 按照气体的理化性质,气体一般分为易燃气体、不燃无毒气体、有毒气体三类。(　　)

16. 气瓶的充装和使用人员可以穿着化纤衣服。(　　)

17. 实验室内可以使用电炉、微波炉、电磁炉、电饭煲等取暖、做饭。(　　)

18. 实验室内可用电炉、电加热器取暖。(　　)

19. 触电事故是因电流流过人体而造成的。(　　)

20. 进行电路维护时不能进行带电操作。(　　)

21. 火灾发生后,千万不要盲目跳楼,可利用疏散楼梯、阳台、窗口等逃生自救。也可用绳子或把床单、被套等撕成条状连成绳索,紧拴在窗框、铁栏杆等可靠的固定物上,用毛巾、布条等保护手心,顺绳滑下,或下到未着火的楼层进行逃生。(　　)

22. 未经允许不得随意拆卸实验仪器和设备。(　　)

23. 坚持安全第一的原则,把安全作为衡量实验室工作好坏的一项基本内容,作为一项有"否决权"的指标,不安全不准进行实验。(　　)

24. 当发生火情时尽快沿着疏散指示标志和安全出口方向迅速离开火场。(　　)

25. 烘箱(干燥箱)在加热时,门可以开启。(　　)

26. 对于容易产生静电的场所,应保持地面潮湿,或者铺设导电性能好的地板。(　　)

27. 防护服的清洗和消毒可与其他衣物一起进行。(　　)

28. 实验结束或离开实验室前,必须关闭电源、水源、气源、门窗;最后离开实验室者要负责检查确认。(　　)

29. 为避免线路负荷过大而引起火灾,功率1 000 W以上的设备不得共用一个接线板。(　　)

30. 各单位应实行实验室准入制度,采取有效措施,保证进入实验室的人员100%经过安全培训并通过考核。(　　)

模拟试卷答案

模拟试卷（Ⅰ）

一、单选题

1. D　2. C　3. A　4. A　5. C　6. A　7. B　8. A　9. B　10. D
11. C　12. B　13. D　14. A　15. B　16. C　17. B　18. D　19. B　20. D
21. D　22. A　23. B　24. A　25. A　26. C　27. A　28. D　29. D　30. A
31. E　32. E　33. D　34. B　35. B　36. B　37. D　38. D　39. B　40. C

二、多选题

1. ABCD　2. ABC　3. ABCD　4. ABCD　5. BCD　6. ABCD
7. ACD　8. ABCDE　9. ABCD　10. ABC　11. ABCD　12. ACDE
13. AB　14. ABC　15. ABD

三、判断题

1. 正确　2. 正确　3. 正确　4. 正确　5. 正确　6. 正确
7. 错误　8. 错误　9. 错误　10. 错误　11. 错误　12. 正确
13. 正确　14. 错误　15. 正确　16. 正确　17. 错误　18. 错误
19. 错误　20. 正确　21. 错误　22. 正确　23. 正确　24. 错误
25. 正确　26. 正确　27. 正确　28. 正确　29. 正确　30. 错误

模拟试卷（Ⅱ）

一、单选题

1. B　2. B　3. D　4. C　5. D　6. A　7. A　8. C　9. C　10. C
11. D　12. B　13. C　14. C　15. B　16. A　17. A　18. D　19. C　20. A
21. D　22. C　23. A　24. A　25. A　26. B　27. C　28. C　29. B　30. B
31. B　32. A　33. A　34. B　35. B　36. B　37. B　38. D　39. A　40. C

二、多选题

1. BCD　2. ACD　3. AC　4. ABCD　5. ACD　6. AC
7. ABCD　8. ABCD　9. ABC　10. ACD　11. ACD　12. BCE
13. ABCD　14. ABC　15. BCD

三、判断题

1. 正确　2. 正确　3. 正确　4. 正确　5. 正确　6. 错误

7. 正确　　8. 正确　　9. 错误　　10. 正确　　11. 正确　　12. 正确
13. 错误　　14. 正确　　15. 正确　　16. 正确　　17. 错误　　18. 正确
19. 错误　　20. 正确　　21. 错误　　22. 正确　　23. 正确　　24. 正确
25. 正确　　26. 正确　　27. 错误　　28. 正确　　29. 正确　　30. 正确

模拟试卷（Ⅲ）

一、单选题

1. B　　2. E　　3. D　　4. D　　5. C　　6. C　　7. C　　8. C　　9. A　　10. B
11. C　　12. A　　13. D　　14. D　　15. B　　16. B　　17. C　　18. B　　19. B　　20. B
21. C　　22. D　　23. C　　24. A　　25. C　　26. B　　27. B　　28. A　　29. A　　30. D
31. A　　32. A　　33. B　　34. D　　35. C　　36. C　　37. C　　38. B　　39. B　　40. B

二、多选题

1. AB　　2. ABD　　3. ABCDE　　4. ABCDE　　5. BC　　6. CD
7. ABCD　　8. ABD　　9. ABC　　10. AB　　11. ABD　　12. ABD
13. ACD　　14. AB　　15. ACDEG

三、判断题

1. 错误　　2. 正确　　3. 错误　　4. 正确　　5. 错误　　6. 正确
7. 正确　　8. 正确　　9. 错误　　10. 正确　　11. 正确　　12. 错误
13. 正确　　14. 正确　　15. 正确　　16. 错误　　17. 正确　　18. 正确
19. 正确　　20. 正确　　21. 正确　　22. 正确　　23. 正确　　24. 正确
25. 正确　　26. 正确　　27. 正确　　28. 正确　　29. 错误　　30. 正确

模拟试卷（Ⅳ）

一、单选题

1. D　　2. B　　3. C　　4. A　　5. B　　6. A　　7. D　　8. D　　9. B　　10. B
11. D　　12. A　　13. A　　14. B　　15. C　　16. A　　17. C　　18. C　　19. B　　20. B
21. D　　22. C　　23. B　　24. C　　25. C　　26. C　　27. B　　28. B　　29. A　　30. B
31. B　　32. A　　33. C　　34. D　　35. C　　36. B　　37. A　　38. C　　39. A　　40. D

二、多选题

1. ABEF　　2. ABCD　　3. ABC　　4. ABC　　5. ACD　　6. ABCD
7. ABD　　8. ABCD　　9. ABCDE　　10. ACD　　11. ABCD　　12. ACD
13. BD　　14. AB　　15. ABCD

三、判断题

1. 正确　　2. 正确　　3. 正确　　4. 正确　　5. 正确　　6. 正确
7. 正确　　8. 错误　　9. 正确　　10. 正确　　11. 正确　　12. 正确
13. 错误　　14. 正确　　15. 正确　　16. 正确　　17. 错误　　18. 错误

19. 错误　　20. 错误　　21. 正确　　22. 错误　　23. 正确　　24. 错误
25. 正确　　26. 错误　　27. 错误　　28. 错误　　29. 正确　　30. 正确

模拟试卷(Ⅴ)

一、单选题

1. C　　2. B　　3. A　　4. C　　5. E　　6. B　　7. A　　8. D　　9. A　　10. C
11. B　　12. D　　13. C　　14. A　　15. C　　16. E　　17. D　　18. C　　19. B　　20. A
21. A　　22. C　　23. A　　24. B　　25. D　　26. B　　27. A　　28. C　　29. A　　30. D
31. D　　32. B　　33. D　　34. A　　35. C　　36. C　　37. B　　38. A　　39. A　　40. A

二、多选题

1. ABCDE　　2. AC　　3. ABC　　4. AD　　5. AC　　6. ABCD
7. ABCD　　8. CD　　9. ABCD　　10. ABD　　11. ABCD　　12. AC
13. ABCDE　　14. ABC　　15. ABCDE

三、判断题

1. 正确　　2. 正确　　3. 正确　　4. 正确　　5. 正确　　6. 错误
7. 正确　　8. 正确　　9. 正确　　10. 错误　　11. 错误　　12. 错误
13. 错误　　14. 错误　　15. 错误　　16. 正确　　17. 正确　　18. 错误
19. 错误　　20. 错误　　21. 正确　　22. 正确　　23. 正确　　24. 正确
25. 正确　　26. 正确　　27. 错误　　28. 正确　　29. 正确　　30. 正确

模拟试卷(Ⅵ)

一、单选题

1. D　　2. E　　3. B　　4. E　　5. C　　6. C　　7. C　　8. B　　9. A　　10. A
11. C　　12. B　　13. C　　14. D　　15. B　　16. D　　17. E　　18. B　　19. A　　20. C
21. B　　22. D　　23. C　　24. C　　25. A　　26. A　　27. C　　28. C　　29. A　　30. C
31. A　　32. B　　33. D　　34. C　　35. B　　36. C　　37. A　　38. A　　39. A　　40. A

二、多选题

1. ABCD　　2. BCD　　3. ABCD　　4. AC　　5. AB　　6. ABCD
7. BCDEF　　8. ABCD　　9. ABC　　10. BC　　11. ABC　　12. ACD
13. AC　　14. ABC　　15. AC

三、判断题

1. 正确　　2. 正确　　3. 错误　　4. 正确　　5. 正确　　6. 错误
7. 错误　　8. 正确　　9. 正确　　10. 正确　　11. 正确　　12. 正确
13. 错误　　14. 正确　　15. 正确　　16. 正确　　17. 错误　　18. 错误
19. 正确　　20. 正确　　21. 正确　　22. 正确　　23. 正确　　24. 正确
25. 错误　　26. 正确　　27. 错误　　28. 正确　　29. 正确　　30. 正确

参 考 文 献

［1］朱莉娜，孙晓志，弓保津，等. 高校实验室安全基础［M］. 天津：天津大学出版社，2014.

［2］何晋浙. 高校实验室安全管理与技术［M］. 北京：中国计量出版社，2009.

［3］北京大学化学与分子工程学院实验室安全技术教学组. 化学实验室安全知识教程［M］. 北京：北京大学出版社，2012.

［4］胡洪超，蒋旭红，舒绪刚. 实验室安全教程［M］. 北京：化学工业出版社，2019.

［5］蔡乐. 高等学校化学实验室安全基础［M］. 北京：化学工业出版社，2018.

［6］冯建跃. 高校实验室安全工作参考手册［M］. 北京：中国轻工业出版社，2020.

［7］徐涛. 实验室生物安全［M］. 北京：高等教育出版社，2010.

［8］李勇. 实验室生物安全［M］. 北京：军事医学科学出版社，2009.

［9］瞿涤，鲍琳琳，秦川. 动物生物安全实验室操作指南［M］. 北京：科学出版社，2019.

［10］魏长宾. 生物实验室安全手册［M］. 北京：中国农业出版社，2020.

［11］李云霞，吴春荣，谢飞. 消防基础知识教程：初级［M］. 天津：天津科学技术出版社，2011.

［12］孙绍玉，郭克河，秦鸿，等. 火灾防范与火场逃生概论［M］. 北京：中国人民公安大学出版社，2001.

［13］赵华绒，方文军，王国平. 化学实验室安全与环保手册［M］. 北京：化学工业出版社，2013.

［14］吴宜灿. 辐射安全与防护［M］. 合肥：中国科学技术大学出版社，2017.

［15］生态环境部核与辐射安全中心. 电磁环境相关法规标准汇编［M］. 北京：中国环境出版集团，2020.